高职高专“十四五”物业管理专业系列规划教材

物业管理实务

WUYE GUANLI SHIWU

主编 赵琴 洪媛

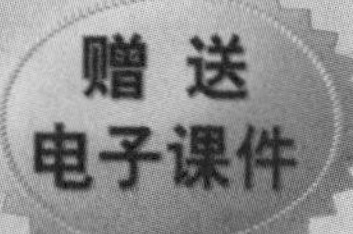

内容提要

本书立足于物业管理市场现状，着眼于物业管理行业发展的未来，紧扣我国物业管理行业的特点，依据国家相关职业标准和物业管理行业的相关法律法规，参照高职高专物业管理专业的教育标准、培养方案和教学大纲组织编写，将物业管理理论与实践有机结合。全书基于物业管理实际工作过程，以一个完整的物业管理过程的全部项目为导向，从中提炼出典型的具体工作任务，并采用任务驱动的方式编写而成。

本书既可作为高职高专物业管理相关专业教材，也可作为物业服务企业岗位培训教材，同时也是物业管理相关人员一本很好的工具书。

前言

Foreword

中国物业管理发展20多年来，不仅推进了中国城市的文明化进程，推动了改革和经济建设，更重要的是为中国人带来了一种全新的生活方式。这一切均让人有充足的理由相信物业管理的前景会更加美好。随着社会的不断发展，各种层面上的因素日趋成熟，物业管理行业也将进入健康而有序的发展阶段。

本书立足于物业管理市场现状，着眼于物业管理行业发展的未来，紧扣我国物业管理行业的特点，依据国家相关职业标准和物业管理行业的相关法律、法规，参照高职高专物业管理专业的教育标准、培养方案和教学大纲组织编写，将物业管理理论与实践有机结合。全书基于物业管理实际工作过程，以一个完整的物业管理过程的全部项目为导向，从中提炼出典型的具体工作任务，并采用任务驱动的方式进行编写。书中主要内容包括物业管理基础、获取物业服务项目、物业管理早期介入、物业服务项目的承接验收、业主入住、物业装饰装修管理、日常物业管理服务与经营、物业服务企业管理、物业管理服务风险防范与紧急事件等。全书体系完整，内容新颖、充实，案例分析准确，具有较强的操作性与实用性。本书既可作为高职高专物业管理相关专业教材，也可作为物业服务企业岗位培训教材，同时也是物业管理相关人员一本很好的工具书。

本书由湖北财税职业学院的赵琴和长江职业学院的洪媛担任主编，湖北财税职业学院的李曦和珠海华发物业管理服务有限公司的陈芸担任副主编。具体编写分工如下：学习情境一、二、三、六、七由赵琴编写，学习情境四和五由洪媛编写，学习情境八由李曦编写，学习情境九由陈芸编写。

本书在编写过程中参阅了大量国内外学者的有关著作，浏览了多个网站，吸取了许多精华，在此表示衷心的感谢。书中存在许多不足之处，欢迎同行、专家和广大读者批评指正。

编者

2015年10月

目录

Contents

学习情境一
物业管理基础

学习目标

【知识目标】

1. 了解物业与物业管理的基础知识和我国物业管理发展的状况与未来趋势；

2. 理解物业的含义与物业管理的性质、特点；

3. 掌握物业管理的概念；物业管理与传统房屋管理之间的关系；掌握物业管理的基本工作环节；掌握物业管理的参与方及相互之间的关系。

【能力目标】

1. 锻炼学生查找资料的能力；

2. 培养学生对资料分析、归纳、总结的能力；

3. 锻炼学生的语言表达能力。

【技能目标】

1. 能结合物业管理工作内容与职业特色，树立"管理即服务"的理念；

2. 具有初步设计物业管理基本环节的能力。

情境导入

王女士经过多方咨询、筛选，最终选中了一处位置、价格、质量都较为理想的房屋。就在她准备签购房合同时，朋友告诉她，还应看看开发商是否重视物业管理，王女士不清楚其中的原委。她认为在目前，房地产开发与物业管理分别由两个不同的企业承担，其间能有什么必然的联系呢？

请问：如果你是她的朋友，你该怎样向她解释？

学习单元一　物业与物业管理

一、物业

（一）物业的概念

"物业"是香港地区人们对单元性房地产的称呼，如《香港房地产法》中称，"物业是单元性房地产，一住宅单位是物业，一工厂楼宇是物业，一农庄也是一物业。故物业可大可小，大物业可分割为小物业"。在英语中，"物业"用 "Real Estate"或"Property"等表示，其涵义包括财产、产业、个人的全部资产、地产等所有权，是一个较广义的范畴。而现实中所称的物业是一个狭义的范畴，是指单元性的房地产。从物业管理的角度讲，物业是指正在使用中或已经可以投入使用的各类建筑物及相关的设施设备和场地。

从物业的概念可以看出，物业包含以下三个基本要素：

(1)已建成投入使用或已经可以投入使用的各类建筑物。包括房屋建筑、构筑物(如桥梁、水塔等)、码头等。

(2)与建筑物相配套的设备、设施。设备指与屋宇相配套的专用机械、电气等设备，如电梯、备用电源等。设施指与屋宇相配套的共用管、线、路，如上下水管、消防、抢点、弱点、路灯，以及室外公建设施(如幼儿园、医院)等。

(3)相关场地。相关场地包括建筑地块、庭院、室外停车场、小区内非主干交通道路等。

(二)物业的性质

1. 自然属性

物业的自然属性又称物业的物理性质，是指与物业的物质实体或物理形态相联系的性质，它是物业社会经济性质的物质内容和物质基础。物业的自然属性主要指以下方面：

(1)物业的二元性。

物业的物质实体往往表现为具有特定用途和明确属主的建筑物。而无论何种建筑物，其基础总是建筑在土地之上，成为土地的附属物，土地的功能则借助于建筑物得以充分发挥。因此，在经济发达的社会，物业多为土地与建筑物的统一体，兼有土地与建筑物两方面的物质内容。当然，对于不同的物业，其二元组成的比重有所不同。例如，从总体而言，物业的建筑面积与土地面积的比值在城市就高于乡村，在经济、文化和商业中心就高于重工业基地。物业的二元性，是其他任何商品都不具备的，它决定了物业必然兼有土地与建筑物二者特有的各种性质。

(2)物业的有限性。

物业的有限性，从根本上来讲，是由土地的有限性决定的。天然的土地有限，用做兴建建筑物的优良建筑地段更有限，人类只能在有限的土地上开发建设。由于现代建筑物技术要求高、耗资大，因此物业的数量还受制于社会经济力量和技术水平。

(3)物业的差异性和多样性。

物业的差异性主要是就土地而言的。由于土地数量有限，随着人口的增加和经济的发展，人类就必须开发利用劣质土地。土地的优劣，在农村主要取决于土地的天然尺度和其他自然条件，在城市主要取决于地段的区位及其技术条件。物业的多样性主要是就建筑物而言的。由于建筑物的功能、位置、自然环境、技术经济条件的不同，形成了物业形式的多样性。每一建筑物都是单件产品，它们在类别、品种、规格、结构、式样、外观以及年代等方面，都存在着某种不同之处。

(4)物业的固定性。

物业的固定性主要是指物业空间位置上的不可移动性。人们无法将某一物业从偏远区位移动到商业中心，即使人们将地上建筑物与土地相分离，也只是改变物业用途，不能移动法律意义或实质上的物业位置。

(5)物业的永久性和长期性。

物业的永久性是就土地而言的。土地是永存的，具有不可毁灭性，而建筑物则可能灭失或逐渐损耗，直到丧失物理寿命。物业的长期性主要是就建筑物而言的。建筑物一经建筑完成，在正常情况下，其物理寿命期限可达到数十年甚至几百年，可供人们长期使用。所以，物业既可以一次性出售，也可以通过出租的方式零星出售，边流通边消费；其价值可以一次收回，也可以在较长时期中多次收回。

(6)物业的配套性。

物业的配套性，是指物业以其各种配套设施满足人们各种需要的特性。没有配套设施的物业不能满足人们的各种需要，人们的各种需求从客观上决定了物业的配套性。物业配套越齐全，其功能发挥就越充分。

2.社会属性

物业的社会属性即物业的社会经济性质，即与所有权和商品经济联系的性质。

物业的社会属性可以从两个方面来研究：作为一种商品，物业具有经济属性；从这一商品的生产关系和财产关系的调整及归属来看，物业具有法律属性，即物业权属问题。

(1)物业的经济属性。

首先，物业的经济属性表现为它的单一商品属性。物业的商品性是由物业的使用价值和商品经济决定的，它具有几方面的实质性内容：物业的价值和使用价值是通过市场交易活动得以实现的，物业的买卖、租赁、抵押、土地使用权的出让与转移，都是体现物业商品性的具体方式；物业的开发建设、经营管理都是商品经济活动，必须遵从价值规律这一最基本的经济运行规律；物业的分配与消费，即便是非盈利性的，也无不充斥着商品的行为，奉行着“商品—货币”的规则；参与物业开发建设、经营管理与消费的人与人之间的关系，本质上是一种商品经济的关系，从生产到消费都不是无偿的。

其次，物业的经济属性还表现为它的供应上的短缺性。物业在供应上的短缺，一方面表现为土地资源供应的绝对短缺，另一方面表现为建筑资源供应的相对短缺。

再次，物业的经济属性表现为它的保值、增值性。物业能够保值、增值，这已经为越来越多的人们所认识。应该看到，物业的增值是一种长期的趋势，而不是直线式的运动。从某一时期来看，物业的价格可能有升有降，上下波动；但从长期来看，它无疑呈现出在波动中上扬，呈螺旋式上升的趋势。

最后，物业的经济属性表现为宏观政策上的调控性。由于物业的稀缺性，也由于物业是关系到国计民生、社会稳定的重大问题，更由于我国的物业是从福利性分配享有到行政性管理转换过来的，政府在宏观政策上的调控就显得尤为重要。具体表现在：一是为了维护土地的社会主义公有性，合理保护、开发土地资源，实现城市经济、社会发展目标，科学、合理地规划、建设城市，并与城市的远景发展需要结合起来，政府通过各种政策、法令、法规，从宏观上来调控物业建设的数量、容积、布局、高度、类别等；二是物业建设是一个系统工程，涉及许多相关的法律、法规、政策，也涉及市容环境保护、绿化、治安管理等有关法规条例；三是作为物业本身，其管理也有一个法律和政策的约束、规范的过程。《城市房地产管理法》对物业管理公司资质验证、物业管理、产权产籍管理等都有明文规定。

(2)物业的法律属性。

物业的法律属性集中反映在物权的关系上。房地产物权，在我国是指物权人在法律规定的范围内享有的房屋的所有权及其占有土地的使用权。

与购置其他商品不同的是，购入物业就意味着购入一宗不动产之所有权(物权)，而且，物业的所有权不仅是一项单项权利,还是一个权利束,拥有多项权能,如租售、抵押,形成一个完整的、抽象的权利体系。在这一权利体系中,各种权利可以以不同形式组合,也可以相互分离,单独行使、享有。显然,房地产物权比其他商品财产权的结构更为复杂。

(三)物业的分类

根据使用功能的不同,物业可分为以下四类:居住物业、商业物业、工业物业和其他用途物业。不同使用功能的物业,其管理有着不同的内容和要求。

1.居住物业

居住物业是指具备居住功能、供人们生活居住的建筑,包括住宅小区、单体住宅楼、公寓、别墅、度假村等,当然也包括与之相配套的共用设施、设备和公共场地。

2.商业物业

商业物业有时也称投资性物业,是指那些通过经营可以获取持续增长回报或者可以持续升值的物业,这类物业又可大致分为商服物业和办公物业。商服物业是指各种供商业、服务业使用的建筑场所,包括购物广场、百货商店、超市、专卖店、连锁店、宾馆、酒店、休闲康乐场所等。办公物业是从事生产、经营、咨询、服务等行业的管理人员(白领)办公的场所,它属于生产经营资料的范畴。这类物业按照发展变化过程可分为传统办公楼、现代写字楼和智能化办公建筑等,按照办公楼物业档次又可划分为甲级写字楼、乙级写字楼和丙级写字楼。商业物业市场的繁荣与当地的整体社会经济状况相关,特别是与工商贸易、金融保险、顾问咨询、旅游等行业的发展密切相关。这类物业由于涉及物业流通与管理的资金数量巨大,所以常以机构(单位)投资为主,物业的使用者多用所有者提供的空间进行经营活动,并用部分经营所得支付物业租金。

3.工业物业

工业物业是指为人类的生产活动提供使用空间的房屋,包括轻、重工业厂房和近年来发展起来的高新技术产业用房以及相关的研究与发展用房及仓库等。工业物业有的用于出售,也有的用于出租。一般来说,重工业厂房由于其设计需要符合特定的工艺流程要求和设备安装需要,通常只适合特定的用户使用,因此不容易转手交易。高新技术产业(如电子、计算机、精密仪器制造等行业)用房则有较强的适应性。轻工业厂房介于上述两者之间。

4.其他用途物业

除了上述物业种类以外的物业,称为其他物业,有时也称为特殊物业。这类物业包括赛马场、高尔夫球场、汽车加油站、飞机场、车站、码头、高速公路、桥梁,隧道等物业。特殊物业经营的内容通常要得到政府的许可。特殊物业的市场交易很少,对这类物业的投资多属长期投资,投资者靠日常经营活动的收益来回收投资、赚取投资收益。这类物业的土地使用权出让的年限,国家规定最高为50年。

(四)物业与房地产、不动产的联系和区别

1.联系

《中华人民共和国行业标准——房地产业基本术语标准》对房地产、不动产、物业的定义如下:

房地产:是指可开发的土地及其地上定着物、建筑物,包括物质实体和依托于物质实体上的权益。

不动产：是指自然性质或法律规定不可移动的土地、土地定着物、与土地尚未脱离的土地生成物、因自然或者人力添附于土地并且不能分离的他物，包括物质实体和依托于物质实体上的权益。

物业：主要是指以土地和土地上的建筑物、构筑物形式存在的具有使用功能的不动产和相关财产。物业是单元性的、具体的房地产或不动产。

从以上概念可以看出，这三个词在实物形态上紧密相连，具有共同特征。

2. 区别

(1)内涵不同。

房地产一般是指一个国家、一个地区或一个城市所拥有的房产和地产的总和；而物业一般是指单元性的房地产，即一个单项的、具体的房地产；不动产则包含房地产和物业，不动产的内涵范围最大。

(2)称谓领域不同。

房地产一般是广义上对房屋开发、建设、销售等方面的统称，是对房屋建筑物进行描述时最常用的概念；不动产一般在界定法律财产关系时使用，其着眼点是该项财产实物形态的不可移动性；物业一般在描述房地产项目时使用，是针对具体房屋建筑及其附着物的使用、管理、服务而言的概念。

(3)适用范围不同。

房地产一般在经济学范畴内使用，用以研究房屋及其连带的土地的生产、流通、消费和随之产生的分配关系；不动产一般在法律范畴内使用，用以研究该类型财产的权益特性和连带的经济法律关系；物业一般在房屋消费领域内使用，而且特指在房地产交易、售后服务这一阶段针对使用功能而言的房地产，一般是指具体的房地产。

二、物业管理的含义及特点

(一)含义

国务院《物业管理条例》中对物业管理这样定义，“物业管理，是指业主通过选聘物业管理企业，由业主和物业管理企业按照物业服务合同约定，对房屋及配套的设施设备和相关场地进行维修、养护、管理，维护相关区域内的环境和秩序的活动”。

一般来讲，物业管理有下面几层含义：

(1)物业管理的管理对象是物业实体；

(2)物业管理的服务对象是人；

(3)实施物业管理，必须是具有法人资格的、经政府有关部门注册认可的专业化的管理组织——物业服务企业或专业服务公司；

(4)物业管理的宗旨和目标是以现代化的技术和经营管理手段为广大业主服务，创造安全、方便、整洁、舒适的居住和工作环境，实现经济效益、社会效益和环境效益的协调统一和同步提高；

(5)就法律属性而言，物业管理是具有中介性质的管理，接受业主委托，通过《物业服务合同》来规定相关各方的权利和义务。

物业管理的客体是物业，服务的对象是业主和使用人，是集管理、服务、经营于一体的有偿劳动。所以,按行业划分,属于社会服务性行业范畴;按产业划分,属于第三产业。可见,物业管理的性质就是"服务性",寓管理于服务之中,在管理中服务,在服务中管理。

(二)物业管理的特点

1. 社会化

物业管理是社会体系分工的组成部分。物业管理社会化有两个基本含义:一是物业的业主需到社会上通过招投标等方式选聘物业管理企业;二是物业管理企业要到社会上去寻找可代管的物业。即物业管理既是多个产权单位、产权人的总管家,又是政府各管理职能部门的社会总代管。

2. 专业化

物业管理的专业化,是指由专门的物业管理企业通过委托合同的签订,按照产权人和使用人的意志与要求去实施专业化管理。物业管理企业有专业的人员配备、专门的组织机构、专门的管理工具和设备、科学规范的管理措施和工作程序,运用现代管理方法和先进的维修、养护技术实施专业化的管理。

【案例 1-1】李强与朋友聊天,谈到物业管理专业化问题,一些朋友认为,现在社会上出现的清洁公司、保安公司、设备修理公司以及一些房屋维修专业公司,就是物业管理专业化。李强觉得很有道理,可又拿不准。

请问:社会上出现的这些清洁公司之类的专业公司就是物业管理专业化吗?

【案例分析】物业管理的专业性包含三层含义:一是指有专门的组织机构,表明这一行业从分散的劳动型转向了专业型;二是指有专业的人员配备,如机电维修、治安、消防、清洁、绿化等均有相应的专业人员负责;三是指有专门的管理工具和设备。除此之外,物业管理的保安、清洁、绿化等工作交由保安公司、清洁公司、绿化公司去做,也是物业管理专业性的一种体现。专业分工越细,物业管理的社会化程度就越高,这是物业管理的发展方向。

3. 市场化

物业管理市场化就是在物业管理活动中引入市场竞争机制,实行双向选择,进行物业管理的招投标。

4. 企业化

物业管理组织是企业组织,不是事业单位,也不具备政府行为职能,不能让物业管理企业成为政府的另一个居委会。物业管理的属性是经营,所提供的商品是服务,它推行的是有偿服务,合理收费,即经营性的服务。物业管理企业必须按现代企业制度组建,自主经营,自负盈亏,自我发展。物业管理企业应依照物业管理市场的运行规则参与市场竞争,用管理业绩创建企业品牌。

学习单元二 物业管理的产生与发展

一、早期的物业管理

物业管理起源于19世纪60年代的英国,当时英国工业正处于一个高速发展阶段,对劳动力的需求很大,城市住房的空前紧张成为一大社会问题。一些开发商相继修建一批简易住宅以低廉租金租给贫民和工人家庭居住。由于住宅设施极为简陋,环境条件又脏又差,不仅承租人拖欠租金严重,人为破坏房屋设施的情况也时有发生,严重影响了业主的经济收益。于是,在英国的第二大城市伯明翰，一位名叫奥克维娅·希尔(Octavia·Hill)的女物业主迫不得已为其出租的物业制定了一套规范——约束租户行为管理办法，要求承租者严格遵守。同时，女房东希尔女士本人也及时对损坏的设备、设施进行了修缮，维持了起码的居住环境。此举收到了意想不到的良好效果，使得当地人士纷纷效仿，并逐渐被政府有关部门重视，普遍推广到其他西方国家，因此被视为最早的物业管理。1885年，英国政府颁发了世界上第一个对住宅问题产生重要影响的物业管理法令——《1885年工人阶级住宅法》；1868年，组建了房地产专业协会——英国皇家测量师协会，它实际上可视为一个“准”全国性的物业管理协会。

二、现代物业管理

物业管理虽然起源于英国，但真正意义上的现代物业管理却是20世纪初期在美国形成并发展的。

公寓大厦、摩天办公大楼是现代物业管理的催生剂。19世纪末至20世纪初，美国进入垄断资本主义经济阶段，垄断资本在积累巨额财富的同时，也带来大规模的国内民工潮、国际移民潮和求学潮，这样就加速了美国城市化的过程。而美国政府出于环境保护和长远的考虑，对城市土地的使用面积进行了严格的控制，加上建筑新材料、新结构、新技术的出现和不断进步，于是，一幢幢高楼大厦迅速拔地而起，形成蔚为壮观的摩天大楼群体景观。然而，高层建筑附属设备多、结构复杂、防火安保任务繁重，特别是一些标志性建筑的清洁工作，技术要求很高。尤其棘手的是，摩天大厦的业主常常不是一个或几个，而是数十个或数百个，面临着不知由谁来管理的难题。结果，一种适应这种客观需要的专业性物业管理机构应运而生，该机构应业主的要求，对楼宇提供统一的管理和系列的服务，开启了现代物业管理的大门。

现代物业管理的另一标志是物业管理行业组织的诞生。随着物业管理机构的增加，为了协调众多机构的运作，物业管理行业组织也逐渐建立。

芝加哥摩天大楼的所有者和管理者乔治·A·霍尔特在管理工作中发现，与同行们经常一起交谈，既能相互学习，又能交流信息，解决了不少管理工作中的疑难问题。在他的策划下，1908年芝加哥建筑管理人员的组织(Chicago Building Managers Organization, CBMO)举行了第一次全国性会议，有来自美国各地的75名代表参加，宣告了世界上专门的物业管理行会诞生。

CBMO的诞生和运作，又推动了另外两个重要的全国性物业管理组织(建筑物业主组织BOO与建筑物业主和管理人员协会BOMA)的诞生。在CBMO诞生后的3年中，CBMO先后在底特律、华盛顿、克利夫兰等美国大城市举行了年会，促使了世界上第一个全国性的业主组织——建筑物业主组织(Building Owners Organization, BOO)问世。CBMO和BOO的成立，对美国物业管理的发展起了积极的作用。

在美国物业管理模式的影响下，欧洲很多国家在第二次世界大战前后都实现了这种管理行为与组织体制的有机结合。政府对物业管理行为的影响，一般不采取直接干预方式，而是通过法律与制度进行规范的引导，促使物业管理行业健康发展。

三、中国物业管理的发展

(一)香港特别行政区的物业管理

在香港回归祖国之前，当时的香港政府自20世纪50年代开始，为解决住房紧张问题，开始兴建公共住房，称为“公屋”，主要出租给低收入阶层。第一个拥有大量楼宇的屋村于1958年落成。另外，政府部门工务局也兴建了设备齐全的屋村，并由屋宇建设委员会负责管理。为筹划和管理好一批批公共楼宇和屋村，前香港政府特别从英国聘来房屋经理。从此，专业性房屋管理的概念正式引入香港。

由于对住房的需求量很大，单靠政府的财力还难以解决问题，于是，发展商也积极投资大型屋村的建设。当第一个大型私人屋村向政府申请规划许可证时，政府担心人口如此密集的大型屋村，如缺乏良好的管理，一旦出现问题时后果难以预料。所以，在批准其发展计划时，要求发展商承诺在批地契约后的全部年期内要妥善管理该屋村。这样，就出现了由发展商为私人屋村提供专业化物业管理的服务。

随着建筑物高度的增加和屋村规模的扩大，以及人们对居住环境要求的日益提高，单靠政府或开发商提供管理服务还难以适应。于是，发挥住户的自我管理、民主管理的作用就愈显得必要。为此，前香港政府于1970年制定了《多层大厦(业主立案法团)管理条例》，1993年修改后简称为《建筑物管理条例》，确定业主可以以“参与管理者”的身份，组织业主立案法团。业主立案法团由半数以上的自住(用)业主组成，是合法的管理组织。它可以收取管理费，可以雇用员工，也可以聘请专业管理公司，为大厦提供多方面的服务。

业主立案法团是通过召开业主会议，由业主会议委任管理委员会，再由管理委员会在获委托后28天内，向土地注册处处长申请将各业主注册成为法团，是具有法人资格的社团。

前香港政府主要是通过立法对物业管理进行引导，并分别由建筑事务监督员、消防专员、卫生专员按照法律规定进行有关的检查和监督，以确保物业管理的各项工作和内容能符合有关条例的要求。

(二)中国内地的物业管理

中国内地对物业管理的探索和尝试始于20世纪80年代初期。当时，被列为沿海开放城市的广州和深圳经济特区，在借鉴国外先进经验的基础上，结合中国的实际，大胆探索，在一些涉外商品房屋管理中，首先推行专业化的物业管理方式。

广州市试点实行新型住宅区管理是1982年在东湖新村开始的。该小区于1981年建成，建筑面积为6万多平方米，住户达3000多人，是东华实业公司和港商合作经营的商品房住宅区。为了管理这个小区，东华实业公司参考香港屋村管理经验，在新村内组建管理处，并在几个方面实施了具体管理措施：维护小区规划布局和楼房外观，制止乱搭乱建；楼内和楼外公共道路、空地等统一实行清洁卫生管理，统一种植和管理花木，实现美化、绿化环境；实施统一治安管理；向住户提供多层次服务，如代搞卫生，代购大米、瓶装石油气、家具等物品，以及代管房屋、车辆等，尽管初期的管理水平较低，但颇受好评，引起有关部门和社会的重视。

深圳市的物业管理也是从20世纪80年代初起步的。1981年3月10日，深圳市第一家涉外商品房管理的专业公司——深圳市物业管理公司正式成立，开始对深圳经济特区的涉外商品房实施统一的物业管理。

1985年底，深圳市住宅局成立后，对全市住宅区进行了调查研究，肯定了物业管理公司专业化、社会化、企业化的管理经验，并在全市推广，组织专业管理人员培训。到1988年，深圳市由企业实施管理，由住宅局实施业务指导和监督的住宅区管理体制已基本形成。

1994年3月，在沿海开放城市几年来物业管理试点经验的基础上，原建设部颁布了33号令，即《城市新建住宅小区管理办法》，明确指出：“住宅小区应当逐步推行社会化、专业化的管理模式，由物业管理公司统一实施专业化管理。”从而正式确立了我国物业管理的新体制，为房屋管理体制的改革指明了方向并提供了法规依据。自原建设部颁布33号令以后，全国新建住宅小区特别是沿海和经济发达地区的大中城市的新建住宅小区普遍实行了专业化、企业化、社会化的物业管理模式，不少城市的老住宅区也在尝试走物业管理之路，商业、办公楼宇及工业大厦实行物业管理愈来愈广泛。早在2001年时，全国物业管理覆盖面就已占物业总量的30%，经济发达的城市已达50%以上，深圳等城市已超过95%。

与此同时，物业管理行业也在迅速发展。早在2002年底，全国物业管理企业总数已超过2万家，从业人员已突破230万人，形成了包括房屋及相关设备维修养护、小区保安、环境保洁、绿化养护、居民服务、物业中介等系列的配套服务，物业管理已在房地产业与其他服务业相结合的基础上，发展成为和我国经济、社会协调发展，与广大人民生活、工作息息相关的一个相对独立的新兴行业。

与此同时，立法工作受到重视，物业管理法制环境得到改善，1994年以后，原建设部会同财政部等有关部门先后制定了《物业管理企业财务管理规定》《住宅共用部位共用设施设备维修基金管理办法》等部门规章，上海、广东、江苏、河南、广西、江西等20多个省市相继出台了物业管理条例。

2003年6月8日，国务院公布了第379号令《物业管理条例》，并自2003年9月1日起施行。

在多数省、市成立了物业管理协会的基础上，2000年10月15日，中国物业管理协会在北京成立，这是以物业管理企业为主体的行业性、全国性的自律组织，协会主要的职责是“为企业服务”“为政府服务”和“为行业服务”。协会的主要工作是：参与物业管理立法；开展行业调查和专题研究；制订行规行约，提高服务质量，规范收费行为；积极稳妥地推进企业改组改制，调整优化行业组织结构；开展新技术、新产品的推广应用工作，推动行业技术进步；开展信息交流、经验交流、对外交流和培训工作；协助政府评定物业管理企业资质等级，认真开展物业管理示范项目的考评验收等。中国物业管理协会以其规范的组织形式，积极开展活动，在推进我国物业管理行业发展中发挥了应有作用。

注重开展小区的社区文化建设，是中国物业管理的重要特色之一。许多物业管理企业组织丰富多彩的小区文化、文艺、体育活动和公益活动，组建小区社团、兴趣活动小组，营造小区亲善、团结、友好的大家庭氛围，培养小区居民的归属感、自豪感，增强了大家对物业管理企业的信任和认同。这样，小区居民就会更自觉遵守小区的各项管理规章制度，积极参与各种活动，达到了小区管理的民主化和良性互动的效果。

学习单元三 物业管理的基本工作环节

不管是什么管理工作，都是由一系列基本工作环节构成的，物业管理工作也一样，是由一系列基本工作环节所组成。这些基本环节包括：物业管理的策划阶段、物业管理的前期准备阶段、物业管理的启动阶段、物业管理的日常运作阶段以及物业管理的撤管阶段。

一、物业管理的策划阶段

这一阶段的工作包括物业管理的早期介入、制订物业管理方案、制定业主临时公约及有关制度、选聘物业管理企业四个基本环节。

(一)物业管理的早期介入

所谓物业管理的早期介入,是指物业服务企业在接管物业之前,就参与物业的项目决策、可行性研究、规划设计和施工建设,从业主、物业使用人及物业管理的角度提出意见和建议,以便物业建成后能满足业主和物业使用人的需求,方便日后的物业管理。早期介入不需要整个物业服务企业介入,只需物业服务企业的主要负责人和主要技术人员参与即可,也可邀请社会上的物业管理专家参加,倾听他们的意见。

物业管理的早期介入可以发挥如下几方面的作用:

(1)有助于完善物业的规划设计和使用功能。物业管理早期介入可在物业布局及配套、建筑造型、房型设计、电力负荷设计、垃圾站点布设、建材选用、供电供水、污水处理、电话及有线电视等的管线铺设及空调排烟孔位预留等方面根据经验提出建设性意见,从而充分考虑到住用人生活的安全、舒适与便利。

(2)有助于更好地监理建筑施工质量,最大限度地消除施工质量的隐患,从而保证后期住用人的可靠使用和物业管理的方便。

(3)早期介入能为验收接管打下基础。早期介入使物业服务企业对物业的土建结构、管线走向、设施建设及设备安装等情况了如指掌,有利于其缩短验收时间、提高验收质量,并便于其在发现问题后进行交接处理。

(4)早期介入使物业服务企业能更方便地制定日后维修保养计划,从而方便其日后进行检修和改建改造工程。

【案例1-2】某市某花园住宅小区,建筑面积10万平方米,分期开发建设。第一期由多幢12层小高层组成,每幢楼均设有电梯。第一期业主入住前,聘请了物业管理企业。在第一期物业管理期间,曾有一位老人被困电梯半小时,但无人知晓,原因是电梯轿厢没有设置对讲呼叫系统,也没有安装监控探头,电梯困人既听不见,也看不见。另外电梯井底没有安装自动抽水泵,万一电梯井进水,就很容易发生水浸电梯事故,造成运输设备的损失。该住宅小区的物业管理针对第一期物业电梯配套设施的不完善,提出了两点建议供建设单位进行改进。

(1)在电梯轿厢内加装对讲呼叫系统及监控探头。管理人员监控录像画面,如果发现电梯出现困人的情况,马上通过对讲系统安抚被困人员,并组织解救,保障住户人身安全。

(2)电梯井底加装抽水泵,一旦有水流入电梯井,井底的抽水泵可自动启动抽水,保护电梯。

建设单位十分重视物业管理处的意见,立即组织有关专业人员制定整改方案。

在该住宅小区第二期开发建设时,一进入规划设计阶段,建设单位就邀请物业管理企业参与其中。物业管理处根据第一期物业使用过程中的问题,提出中肯的改进意见,结果第二期的建设杜绝了第一期电梯配套不完善的问题。该住宅小区的销售价格从第一期均价4000元/平方米上升到4500元/平方米,而且很快销售一空。

【案例分析】该案例反映了没有物业管理早期介入和有早期介入的差异。规划设计上的一些疏忽,造成了使用过程中的安全隐患。发现时想改,但常常已经没有办法补救了,只能留下遗憾。第二期建设有物业管理早期介入,能及早避免和消除设备设施的安全隐患。同时,楼盘物业规划设计的完善又能够带动销售,给建设单位带来经济效益。

（二）制订物业管理方案

在房地产开发项目确定后，开发商可自行筹划制订物业管理方案，也可聘请物业服务企业代为制定。物业管理方案的核心是物业管理档次所决定的物业管理应达到的服务标准和收费标准。具体来说，制订物业管理方案包括以下几个方面：其一，根据物业类型、功能等客观条件以及住用人的群体特征和需求等主观条件来规划物业消费水平，确定物业管理的档次。其二，确定相应的物业服务标准。不同类型、功能和档次的物业，需要提供的物业服务项目及服务质量是有较大差别的。其三，进行年度财务收支预算，进而确定各项物业服务的收费标准和成本支出。

（三）制定业主临时公约及有关制度

建设单位应当在销售物业之前，制定业主临时公约，对有关物业的使用、维护、管理，业主的共同利益，业主应当履行的义务，违反公约应当承担的责任等事项依法作出约定。建设单位制定的业主临时公约，不得侵害物业买受人的合法权益。

建设单位应当在物业销售前将业主临时公约向物业买受人明示，并予以说明。建设单位还应制订物业共用部位和共用设施设备的使用、公共秩序和环境卫生的维护等方面的规章制度。

（四）选聘物业管理企业

达到一定规模的住宅物业的建设单位，应当通过招投标的方式选聘具有相应资质的物业管理企业，物业管理企业不得超越资质承接物业管理项目。建设单位应与选聘的物业管理企业签订《前期物业服务合同》，建设单位通过招投标方式选聘物业管理企业，新建现售商品房项目应当在现售前30日完成；预售商品房项目应当在取得《商品房预售许可证》之前完成；非出售的新建物业项目应当在交付使用前90日完成。

二、物业管理的前期准备阶段

物业管理的前期准备阶段包括物业管理企业的内部机构与人员岗位设置、物业管理人员的选聘与培训、规章制度的制定、物业租售的介入四个基本环节。

（一）物业管理企业内部机构与人员岗位设置

物业服务企业内部机构与人员岗位要依据所管物业的规模和特点灵活设置，既要分工明确，又要注意各部门间的衔接配合。在物业正式接管前，只要组织成立管理层，临近物业正式接管时则要考虑安排作业层人员到位。

（二）物业管理人员的选聘与培训

物业服务企业应依据物业管理面积的大小及物业本身的复杂程度，选聘管理类型和工程技术类型的物业服务人员。为适应物业管理专业化和现代化的需要，满足物业多元化的产权、现代化的房屋设施和多方位、多项目的服务内容的要求，必须对物业服务人员进行专业技术、管理方法和职业道德的培训，并对其上岗资格予以确认。

（三）规章制度的制定

物业管理规章制度是物业管理工作的必要准绳，是实施和规范物业管理行为的重要条件。物业服务企业从成立开始就应依据政府的有关法律法规、部门规章、政策文件和示范文本等，在借鉴国内外物业管理成功经验的同时,针对本物业的实际情况,制定一整套科学、行之有效的规章制度,并应在实践中反复补充修改,逐步提高和完善。

物业管理规章制度一般包括:管理规约、管理机构的职责范围、各类人员的岗位责任、物业各区域内的管理规定等。

(四)物业租售的介入

物业的租售在其建设阶段就已开始。一般情况下,房地产开发企业除自行进行市场营销与租赁外,还可委托给经纪代理机构进行。但是,物业服务企业在具备相应的资质,开始实施物业管理后,可介入剩余物业的销售与租赁工作。

三、物业管理的启动阶段

物业管理的启动阶段以物业的接管验收为标志,从物业的接管验收到业主委员会的正式成立,一般包括物业的接管验收、用户入住、产权备案和档案资料的建立、首次业主大会的召开及业主委员会的正式成立四个基本环节。

物业管理的前期准备及启动阶段统称为前期物业管理阶段。市场营销学中有一句名言:"满意的顾客是公司最好的广告。"对于物业服务企业来说,在前期物业管理中能否形成良好的管理秩序,能否在开发商和业主中间产生较高的满意度,对于能否树立良好的企业形象以及能否促成与成立后的业主委员会之间长期稳定的委托合同关系都是非常重要的。这是每一个物业服务企业不断扩大其目标市场范围、赢得竞争优势的有效途径。

(一)物业的接管验收

物业的接管验收包括新建物业的接管验收和原有物业的接管验收。新建物业的接管验收是项目竣工验收的基础上进行的接管验收。接管验收完成后,即由开发商或建设单位向物业管理企业办理物业管理的交接手续,这就标志着物业正式进入实施物业管理阶段。原有物业的接管验收通常发生在产权人将原有物业委托给物业管理企业管理之时;或发生在原有物业改聘物业管理企业、新老物业管理企业之间。对物业管理企业而言,物业的接管验收是对包括物业的共用部位、共用设施设备在内的接管验收。

物业的接管验收必须按照国家原建设部发布的《房屋接管验收标准》(ZBP30001—90)、《城市住宅小区竣工综合验收管理办法》(建法[1993]814 号)和《关于做好住宅工程质量分户验收工作的通知》(建质[2009]291 号)进行,同时做好档案资料的移交工作,以方便日后物业的管理和维修养护。必不可少的档案资料应包括规划图、竣工图、地下管网竣工图、各类房屋清单、单体建筑结构图、设备竣工图及合格证或保修书、公用设施设备及公共场地清单和有关业主或物业使用人的相关资料等。

(二)用户入住

物业用户入住,俗称"入住",是物业管理十分重要的环节和阶段。物业的住户包括业主与物业使用人。为向住户负责,物业服务企业应在住户入住前营造一个能使住户感到满意的工作和生活环境,并能向住户提供包括清洁卫生、室内检查、治安服务、交通通道维护、环境整治以及解决施工建设中存在的各种遗留问题在内的各种服务。

(三)产权备案和档案资料的建立

房地产的产权备案是物业管理十分重要的一个环节。根据国家规定,产权人应按照城市房地产行政主管部门颁发的所有权证规定范围行使权利，并承担相应的义务。物业公共设施及房屋公共部位是多个产权人共有的财产，其维修养护费用应由共有人按产权比例分担。

物业档案资料是对前期建设开发成果的记录，是以后实施物业管理时工程维修、配套、改造必不可少的依据，是更换物业服务企业时必须移交的内容之一。物业管理档案资料包括物业构成的技术资料、物业周围环境的资料和业主和物业使用人的资料等。

建立物业管理档案要抓好物业档案资料的收集、整理及归档等工作，同时要利用好历史和现状的物业管理档案资料。

（四）首次业主大会的召开和业主委员会的正式成立

住房和城乡建设部颁布实施的《业主大会和业主指导委员会指导规则》（建房[2009]274号）第八条规定："物业管理区域内，已交付的专有部分面积超过建筑物总面积50%时，建设单位应当按照物业所在地的区、县房地产行政主管部门或者街道办事处、乡镇人民政府的要求，及时报送筹备首次业主大会会议所需的文件资料。"第九条规定："符合成立业主大会条件的，区、县房地产行政主管部门或者街道办事处、乡镇人民政府应当在收到业主提出筹备业主大会书面申请后60日内，负责组织、指导成立首次业主大会会议筹备组。"第十五条规定："筹备组应当自组成之日起90日内完成筹备工作，组织召开首次业主大会会议，制定和通过管理规约、业主大会议事规则，选举产生业主委员会。"至此，物业管理工作从全面启动转向日常运作。

四、物业管理的日常运作阶段

物业管理的日常运作是物业管理最主要的工作内容，包括日常的综合服务与管理、系统的协调两个基本环节。

（一）日常综合服务与管理

日常综合服务与管理是指业主大会选聘新的物业管理企业并签订《物业服务合同》后，物业管理企业在实施物业管理中所做的各项工作。主要内容包括物业维修管理服务、设备维修养护管理服务、环境管理服务、安全防范管理服务等。

（二）系统的协调

物业管理社会化、专业化、市场化的特征，决定了其具有特定的复杂的系统内、外部环境条件。系统内部环境条件主要是物业管理企业与业主、业主大会、业主委员会的相互关系以及业主之间相互关系的协调；系统外部环境条件就是与相关部门及单位相互关系的协调。例如，供水、供电、居委会、通讯、环卫、房管、城管等有关部门，涉及面相当广泛。

五、物业管理的撤管阶段

物业管理的撤管指物业服务合同期满不再续签，或提前结束物业服务合同时，物业管理企业应做好的撤管工作。该阶段包括整理全部档案资料、清理账目、做好物业移交前的各项准备等工作。

学习单元四 物业管理的参与方

一、物业管理企业

(一)物业管理企业概述

1. 物业管理企业的概念

物业管理企业是指按合法程序建立并具备相应资质条件的对物业进行管理的企业性经济实体。它具有法人资格,根据合同接受业主的委托,依照有关法律、法规的规定,对物业实行专业化管理,并收取一定的费用。

2. 物业管理企业的类型

物业管理企业从组建情况看,分为以下类型:

(1)由房地产开发企业投资设立的分支机构;

(2)由房地产管理部门所属的房地产管理所转制建成的物业管理公司;

(3)由房产管理部门新组建的物业管理公司;

(4)以合作社为基础的物业管理公司;

(5)按照《公司》法的要求,由社会上的公司、个人发起组建的物业管理公司;

(6)由大中型企事业单位自行组建的物业管理公司。

(二)物业管理企业的权利和义务

1. 物业管理企业的权利

(1)参与和资质要求相对应的物业管理招投标;

(2)承接物业时,对物业共用部位、共用设施设备进行查验,并按规定接管相关资料;

(3)根据物业服务合同约定,对物业实施管理经营服务;

(4)根据法规、规章、政策的规定和物业服务合同与委托合同的约定,收取物业服务等费用;

(5)有权将物业管理区域内的专项服务业务委托给专业性服务企业;

(6)有权根据业主的委托提供物业服务合同约定以外的服务项目;

(7)有权接受水、电气、视、讯等公用事业单位的委托,提供上述公用事业费用的代收服务;

(8)有权与相关委托人在合同中约定相关费用、报酬;

(9)有权对物业管理区域内违反治安、环保、物业装饰装修等方面规定的行为予以制止;

(10)有权协助做好物业管理区域内的安全防范工作;

(11)有权向物业主管部门投诉物业管理活动中的相关事项;

(12)经业主、业主大会同意,有权利用物业共用部位,共用设施设备进行经营。

【案例 1-3】王大爷住了几十年的房子要拆迁了,他拿着政府给的拆迁补偿款和多年的积蓄买了一套商品房,办理入住手续后,物业管理公司要求王大爷交 2000 元的装修押金,否则不发门钥匙。装修完毕后,王大爷的子女到物业管理公司要求退还押金,没想到却被物业管理企业以违章装修为由罚了 500 元。王大爷的子女一气之下将物业管理公司告上法庭。

请问:物业管理企业有罚款权吗?为什么?

【案例分析】物业管理企业没有罚款权。因为罚款是一种行政处罚行为，而行政处罚应由具有行政处罚权的行政机关在法定的职权范围内实施，而物业管理企业只是一个企业法人或非法人组织，不是行政机关，无权实施包括罚款权在内的任何行政处罚行为。

为什么物业管理公司以违章装修为由罚了王大爷500元呢，这与物业管理公司的经营理念有很大的关系，可能这个物业管理公司还没有完全转变经营观念，没有认清自己是服务方状态，认为自己只具有管理性质，所以就认为罚款的权力也是自己所拥有的。而没有想到罚款是一种行政处罚行为，作为一个企业法人，它是没有行政处罚权的。

2.物业管理企业的义务

(1)按照物业服务合同的约定提供相应的服务；

(2)物业服务合同终止时，业主委员会移交物业管理用房和租接物业时所接管的相关资料，并与业主大会选聘的新的物业管理企业做好交接工作；

(3)不得随意改变物业管理用房的用途；

(4)不得将物业管理区域内的全部管理业务一并委托给他人；

(5)不得向业主收取水、电、气、视、讯等公用事业单位委托代收相关费用以外的手续费等额外费用；

(6)对区域内违反法律、法规规定的行为，必须及时向有关行政管理部门报告；

(7)改变公用建筑和共用设施用途的，必须提请业主大会讨论决定；

(8)因维修物业或者公共利益，确需临时占用、挖掘道路、场地的，应当征得业主委员会同意；

(9)告知业主房屋装饰装修中的禁止行为和注意事项；

(10)物业存在安全隐患，危及公共利益及他人合法权益时，应当及时维修养护。

(四)物业管理企业资质管理

1.企业资质等级标准

(1)一级资质。

一级资质的物业管理企业需具备以下条件：

①注册资本人民币500万元以上；

②物业管理专业人员以及工程、管理、经济等相关专业类的专职管理和技术人员不少于30人。其中，具有中级以上职称的人员不少于20人，工程、财务等业务负责人具有相应专业中级以上职称；

③物业管理专业人员按照国家有关规定取得职业资格证书；

④管理两种类型以上物业，并且管理各类物业的房屋建筑面积分别占下列相应计算基数的百分比之和不低于100%：

A.多层住宅200万平方米；

B.高层住宅100万平方米；

C.独立式住宅(别墅)15万平方米；

D.办公楼、工业厂房及其他物业50万平方米。

⑤建立并严格执行服务质量、服务收费等企业管理制度和标准，建立企业信用档案系统，有优良的经营管理业绩。

(2)二级资质。

二级资质的物业管理企业需具备下列条件：

①注册资本人民币 300 万元以上；

②物业管理专业人员以及工程、管理、经济等相关专业类的专职管理和技术人员不少于 20 人。其中，具有中级以上职称的人员不少于 10 人，工程、财务等业务负责人具有相应专业中级以上职称；

③物业管理专业人员按照国家有关规定取得职业资格证书；

④管理两种类型以上物业，并且管理各类物业的房屋建筑面积分别占下列相应计算基数的百分比之和不低于 100%：

A. 多层住宅 100 万平方米；

B. 高层住宅 50 万平方米；

C. 独立式住宅(别墅)8 万平方米；

D. 办公楼、工业厂房及其他物业 20 万平方米。

⑤建立并严格执行服务质量、服务收费等企业管理制度和标准，建立企业信用档案系统，有良好的经营管理业绩。

(3)三级资质。

三级资质的物业管理企业需具备下列条件：

①注册资本人民币 50 万元以上；

②物业管理专业人员以及工程、管理、经济等相关专业类的专职管理和技术人员不少于 10 人。其中，具有中级以上职称的人员不少于 5 人，工程、财务等业务负责人具有相应专业中级以上职称；

③物业管理专业人员按照国家有关规定取得职业资格证书；

④有委托的物业管理项目；

⑤建立并严格执行服务质量、服务收费等企业管理制度和标准，建立企业信用档案系统。

2. 资质等级的管理

(1)申请核定资质等级的物业管理企业应提交的材料。

新设立的物业服务企业应当自领取营业执照之日起 30 日内，向工商注册所在地直辖市、设区的市人民政府房地产主管部门申请资质。申请核定资质等级的物业服务企业，应当提交下列材料：

①企业资质等级申报表；

②营业执照；

③企业资质证书正、副本；

④物业管理专业人员的职业资格证书和劳动合同，管理和技术人员的职称证书和劳动合同，工程、财务负责人的职称证书和劳动合同；

⑤物业服务合同复印件；

⑥物业管理业绩材料。

(2)物业管理企业的资质管理实行分级审批制度。

国务院建设主管部门负责一级物业服务企业资质证书的颁发和管理。

省、自治区人民政府建设主管部门负责二级物业服务企业资质证书的颁发和管理，直辖市人民政府房地产主管部门负责二级和三级物业服务企业资质证书的颁发和管理，并接受国务院建设主管部门的指导和监督。

设区的市人民政府房地产主管部门负责三级物业服务企业资质证书的颁发和管理，并接受省、自治区人民政府建设主管部门的指导和监督。

(3)各资质登记的物业管理企业可以承接的物业管理项目不同。

一级资质物业服务企业可以承接各种物业管理项目。

二级资质物业服务企业可以承接30万平方米以下的住宅项目和8万平方米以下的非住宅项目的物业管理业务。

三级资质物业服务企业可以承接20万平方米以下住宅项目和5万平方米以下的非住宅项目的物业管理业务。

3. 资质等级证书的效力

资质证书分为正本和副本，由国务院建设主管部门统一印制，正、副本具有同等法律效力。

任何单位和个人不得伪造、涂改、出租、出借、转让资质证书。

企业遗失资质证书，应当在新闻媒体上声明后，方可申请补领。

4. 关于法律责任

有下列情形之一的，资质审批部门或者其上级主管部门，根据利害关系人的请求或者根据职权可以撤销资质证书：①审批部门工作人员滥用职权、玩忽职守作出物业服务企业资质审批决定的；②超越法定职权作出物业服务企业资质审批决定的；③违反法定程序作出物业服务企业资质审批决定的；④对不具备申请资格或者不符合法定条件的物业服务企业颁发资质证书的；⑤依法可以撤销审批的其他情形。

物业服务企业超越资质等级承接物业管理业务的，由县级以上地方人民政府房地产主管部门予以警告，责令限期改正，并处1万元以上3万元以下的罚款。

物业服务企业出租、出借、转让资质证书的，由县级以上地方人民政府房地产主管部门予以警告，责令限期改正，并处1万元以上3万元以下的罚款。

物业服务企业不按照规定及时办理资质变更手续的，由县级以上地方人民政府房地产主管部门责令限期改正，可处2万元以下的罚款。

资质审批部门有下列情形之一的，由其上级主管部门或者监察机关责令改正，对直接负责的主管人员和其他直接责任人员依法给予行政处分；构成犯罪的，依法追究刑事责任：①对不符合法定条件的企业颁发资质证书的；②对符合法定条件的企业不予颁发资质证书的；③对符合法定条件的企业未在法定期限内予以审批的；④利用职务上的便利，收受他人财物或者其他好处的；⑤不履行监督管理职责，或者发现违法行为不予查处的。

二、业主

业主是指房屋和相关设施的所有权人。物业管理区域内全体业主组成业主大会，业主大会代表和维护物业管理区域内全体业主在物业管理活动中的合法权益，是物业管理市场方的主体，也是维护业主权利的主要机构。根据《物业管理条例》的规定和国内外物业管理的成功经验，物业管理需要有业主的参与，在物业管理市场上，业主是物业管理市场的需求方，物业管理公司是供给方。在物业服务合同中，他们又分别构成了合同的甲、乙方。做好物业管理，需要供求双方相互制约、相互配合，即实行业主大会、业主管理委员会自治管理与物业管理企业专业管理相结合的方法。这样，物业管理市场的关系才能理顺，物业管理才能更加规范化。

(一)业主在物业管理活动中享有的权利

房屋的所有人为业主,业主享有的权利是与房屋的特征紧密相连的。房屋与一般商品有很多不同的,因此业主拥有的权利和其他商品是有很大区别的。业主在物业管理活动中,享有以下权利:

(1)按照物业服务合同的约定,接受物业服务企业提供的服务;

(2)提议召开业主大会会议,并就物业管理的有关事项提出建议;

(3)提出制定和修改管理规约、业主大会议事规则的建议;

(4)参加业主大会会议,行使投票权;

(5)选举业主委员会成员,并享有被选举权;

(6)监督业主委员会的工作;

(7)监督物业服务企业履行物业服务合同;

(8)对物业共用部位、共用设施设备和相关场地使用情况享有知情权和监督权;

(9)监督物业共用部位、共用设施设备专项维修资金(以下简称专项维修资金)的管理和使用;

(10)法律、法规规定的其他权利。

(二)业主在物业管理活动中应履行的义务

业主在物业管理活动中,应履行以下义务:

(1)遵守管理规约、业主大会议事规则;

(2)遵守物业管理区域内物业共用部位和共用设施设备的使用、公共秩序和环境卫生的维护等方面的规章制度;

(3)执行业主大会的决定和业主大会授权业主委员会作出的决定;

(4)按照国家有关规定交纳专项维修资金;

(5)按时交纳物业服务费用;

(6)法律、法规规定的其他义务。

三、业主大会

物业管理区域内全体业主组成业主大会,业主大会应当代表和维护物业管理区域内全体业主在物业管理活动中的合法权益。业主大会自首次业主大会会议召开之日起成立。

业主大会是由物业管理区域内全体业主或业主代表组成,是物业内最高决策机构。

业主大会由业主自行成立,但要接受物业所在地的区、县人民政府房地产行政主管部门的指导。指导不等于领导,业主成立业主大会,应通知区、县小区办,请求他们派人指导;如他们不指导,则属于区、县小区办不作为,并不影响业主自行成立业主大会。

(一)业主大会的职责

业主大会的职责是物业管理法确认的业主会议对其所辖的职责范围内自治事务的支配权限。从理论上讲,业主大会对业主自治管理事务的支配具有全权性,但为求处理自治事务的工作效率和形成职权行使的制衡机制,在业主团体自治组织内部有必要分工的存在,因此,业主大会职权的行使也有一定的范围。根据《物业管理条例》第十一条的规定,其行使的职责包括以下四个方面:

1.制定、修改业主公约和业主大会议事规则

自治管理规约主要表现为业主公约和业主大会议事规则。业主公约是各个业主集体自治管理组织的“小宪法”,是在业主集体自治管理辖区内从事与物业管理有关活动的业主、单位和其他人员所应共同遵守的物业管理社会自治“总章程”。自治管理规约的订立,是以特定业主集体的名义,由该业主集体组成的业主会议依据一定程序、运用一定技术,为体现本业主集体在物业管理方面的共同自治意志所进行的,制定、修改、补充、废止具有特定适用范围和组织纪律效力的物业管理自治行为规范的活动。

2.选举、更换业主委员,监督业主委员会的工作

业主委员会是一个业主维护自身合法权益,行使业主自治权的常设机构。选举出业主委员会的组成人员是业主大会的一项重要职权,只有行使好这一职权,认真推选出真正能维护业主利益的业主委员会成员,业主权利的行使才有保障。业主大会有权选举、决定和罢免本自治管理组织实体(即业委会)的组成人员。对于以上人员,业主会议有权依照规定程序予以罢免。选举业主委员会组成人员并非是每次业主大会的例行职权,这一职权一般是在首次业主大会和换届时行使。至于撤换业主委员会的组成人员,只要有必要,确因个别组成人员不称职,任何时候的业主大会(包括临时业主大会)都可行使这一职权。

同时,业主大会应当监督业主委员会的工作,有权改变或者撤销业主委员会不适当的决定。业主大会的常设办事机构是业主委员会。业主大会赋予业主委员会行使物业管理自治职权的权利,同时也应该监督、审核、评议其行使职权的状况,进而决定是否延长其任期或行使撤换其成员的权利。业主大会行使监督业主委员会工作的权利,一般是采用听取业主委员会工作报告的方式。在业主大会召开例会时,业主委员会应该进行总结,作出工作报告,将其所进行的各项自治管理工作向业主进行详细报告,对财务状况进行汇总说明,并应接受业主的质询,作出回答。作为业主大会成员的每一名业主,在平时也可以监督业主委员会的工作,提出自己的意见,并在业主大会中进行处理。

3.决定本自治管理辖区内涉及业主共同利益的重大事项

涉及业主共同利益的重大事项包括:选聘、解聘物业管理企业;决定专项维修资金使用、统筹方案,并监督实施;制定、修改物业管理区域内物业共用部位和共用设施设备的使用、公共秩序和环境卫生的维护等方面的规章制度。

4.法律、法规或者业主大会议事规则规定的其他有关物业管理的职责

由于业主生活复杂多变且持续发展,因而很难完全预料可能出现的业主自治管理的新问题,亦难将业主会议的职权列举周全无遗。为便于业主会议处理新出现的重大问题,对业主会议的职权采用列举加概括兜底的规定方法确有必要,可以给业主会议对这些新问题在职权行使上提供法规和管理规约依据。例如:物业的大修及公用设备或设施的更新大修;建造新的公用设施,如喷泉、娱乐室等;电力增容;铺设新的线路;其他需要业主分摊费用的事项;业主委员会的经费筹集方式、来源和标准;业主委员会成员是否获取报酬,酬金标准、来源;大型活动的开展,等等。

总之,物业管理区域内重大管理事项都必须由业主大会讨论决定或审批通过。业主大会认为业主委员会的决定不当时,可予以撤销。

(二)第一次业主大会召开的条件和程序

1. 第一次业主大会会议召开的条件

一个物业管理区域内,物业出售并交付使用的建筑面积达到该区域建筑面积的50%以上,业主可以召开首次业主大会会议,选举产生业主委员会。

2. 第一次业主大会会议的筹备工作

(1)组建业主大会筹备组。

①筹备组由业主代表、街道办事处、建设单位、居民委员会人员组成;

②筹备组成员一般为5—15名,业主代表不得少于筹备组人数的50%;筹备组组长由街道办事处派员担任;

③筹备组成立后,在小区公示3天。

(2)筹备组应当做好筹备工作。

①确定首次业主大会会议召开的时间、地点、形式和内容;

②参照市房地产行政主管部门制定的示范文本,拟定业主大会议事规则和管理规约草案;

③确认业主身份,确定业主人数和业主所有的物业专有部分建筑面积;

④拟订业主委员会委员产生办法,确定候选人名单;

⑤召开首次业主大会会议的其他准备工作。

以上内容应当在首次业主大会会议召开前15日以书面形式在物业管理区域内公示。业主对业主身份、业主人数或者专有部分建筑面积提出异议的,筹备组应当予以复核并告知提出异议者复核结果。

(三)业主大会会议

1. 业主大会会议召开的形式

业主大会一般有两种形式,即集体讨论和书面征求意见。

通常情况下,业主大会召开采取集体讨论方式,这种方式能充分反映各方的意见,但是组织起来比较困难,需要业主有一致的时间,需要场地,成本较高。

书面征求意见的方式,容易组织,成本低,但不容易形成一致理解和决定。

2. 召开业主大会的法定人数

无论召开业主大会采取哪种形式,都应当有物业管理区域内专有部分占建筑物总面积过半数的业主且占总人数过半数的业主参加,业主也可以委托代理人参加业主大会会议。

3. 业主可以委托代理人参加业主大会会议

一般来说,业主是业主大会的成员,能参加业主大会的只能是业主本人。但是,如果业主本人因为某些原因无法亲自参加业主大会,可以书面委托代理人参加业主大会会议,代理人依照委托行使投票权,但不具有被选举权的资格。不满18周岁的业主由其法定代理人出席。物业使用人也可以列席业主大会,但是没有投票权。

4. 业主人数较多时可以推选业主代表参加业主大会会议

业主人数较多时可以推选业主代表参加业主大会会议。推选业主代表参加业主大会会议的,业主代表应当于参加业主大会会议前3日,就业主大会会议拟讨论的事项书面征求其所代表的业主意见,凡需投票表决的,业主的赞同、反对及弃权的具体票数经本人签字后,由业主代表在业主大会投票时如实反映。业主代表因故不能参加业主大会会议的,其所代表的业主可以另外推选1名业主代表参加。

5. **业主大会作出决定的法定人数**

业主大会作出的一般决定，实行简单多数表决原则，必须经专有部分占建筑物总面积过半数的业主和占总人数过半数的业主同意。

业主大会筹集和使用专项维修资金；改建、重建建筑物及其附属设施，实行多数表决原则，必须经专有部分占建筑物总面积2/3以上的业主且占总人数2/3以上的业主同意。

业主大会不符合上述两项规则的表决事项，均属无效。

6. **业主大会会议分为定期会议和临时会议**

我国《物业管理条例》和《业主大会规程》将业主大会会议分为定期会议和临时会议两种。

业主大会定期会议应当按照业主大会议事规则的规定由业主委员会组织召开。其主要内容有：①听取业主委员会的工作报告；②《业主大会议事规则》《管理规约》《业主委员会章程》等文件的审议与修订；③决定物业服务企业的选聘、续聘与改聘；④专项维修资金使用、续筹方案的决定；⑤业主委员会的换届选举与委员的增减；⑥决定有关业主共同利益的其他事项。

20%以上业主提议的、发生重大事故或者紧急事件需要及时处理的以及业主大会议事规则或者业主公约规定的其他情况发生时，业主委员会应当组织召开临时业主大会。发生应当召开业主大会临时会议的情况，而业主委员会不履行组织职责的，区、县人民政府房地产行政主管部门应当责令业主委员会限期召开。

7. **召开业主大会会议应当于会前通知业主**

业主大会会议召开15日以前，要通知全体业主，并将会议通知及有关材料以书面形式在物业管理区域内公告。

8. **业主大会会议记录应当存档**

业主大会会议应当由业主委员会作书面记录并存档。

9. **业主大会的决定应予以公告**

业主大会的决定应当以书面形式在物业管理区域内及时公告。

【案例1-4】某大厦成立业主委员会时，某业主因病住院没有参加业主（代表）大会，也没投票，等他病愈出院回到家中，得知业主（代表）大会已经开过，并通过了《业主公约》《业主委员会章程》等有关自治管理文件。他找到了业主委员会主任及物业管理公司提出质询，声称本人生病住院，没有收到参加业主（代表）大会通知，所以对业主（代表）大会通过的一切决议及文件概不接受。

业主提问：业主没有参加业主（代表）大会投票，可以不接受大会通过的决议文件吗？

【案例分析】该业主提出的观点不正确。

业主（代表）大会的召开及业主委员会的成立，有自己的一整套要求与程序。只要大会符合下列条件：①符合业主（代表）大会召开的条件；②过半数具有投票权的业主到会，到会具有投票权的业主过半数通过文件决议，则业主（代表）大会通过的决议就将自动生效，就有权威性，全体业主就应无条件接受并遵守。当然，业主或业主代表应亲自出席大会并投票，或委托他人出席并投票；否则将被视为弃权，弃权者也必须服从大会作出的决议。

本焦点的情况比较有普遍性，也有其发生的可能性。由于历史的原因（这里不讨论以权谋私的情况），特别是随着住房制度改革的进行，以及人们生活水平和收入水平的提高，现在人们不一定只有一套住房，而买了房也不一定常住，可能短住（如休假、商务居住等），也可能用来投资,待价出售,或租给别人居住。还有不少业主可能出去进修、出国或者因病住院等等,这就给业主(代表)大会的召开、业主管理委员会的选举带来了一定难度。本焦点就是一个业主生病住院的典型情况。

正因为上述情况都有可能发生,所以政府部门以及开发单位或物业管理公司在组织召开业主(代表)大会时,应充分估计各种可能情况,在召开业主(代表)大会前,提前一个月把召开大会的时间、地点等以公告的形式公布出来,同时,对一些可能得不到大会最后召开消息的人士,要以挂号信函、邮件或电话等形式,保证通知到人,让业主有所了解,并请这些业主明确表态,是回来参加会议,还是委派代表参加,这也有利于对出席开会人数进行有效统计。本焦点中,组织者发现某业主不在家,没有细问打听,也没去医院看望,更没发信去医院慰问并通报召开业主大会之事,做法是欠妥的,但尽管如此,该生病的业主也还要认可并遵守业主(代表)大会通过的一切决议文件。

该业主声称不认可业主(代表)大会通过的一切决议,并不是该业主真的不认可,而是该业主觉得自己的选举权利没有得到尊重,因此希望通过自己的抗议来引起组织者和已选举出来的业主管理委员会的重视。该业主的维权意识值得我们称赞,也确实给物业管理者一些启发:多与业主沟通,多尊重业主的权益,这样会对管理服务工作有百利而无一弊。

四、业主委员会

业主委员会是在物业管理区域内代表全体业主对物业实施自治管理的组织。它是业主大会的执行组织,由业主大会从全体业主中选举产生,是经政府批准成立的代表全体业主合法权益的社会团体,其合法权益受国家法律保护;它是业主大会集中处理各项事务的机构,对业主大会负责,代表业主的利益。

(一)业主委员会的产生

业主委员应当选举产生,其组建程序,有如下要求:

(1)首届业主委员会的产生,要在区、县人民政府房地产主管部门的指导下进行;

(2)业主委员会的委员应当由热心公益事业、责任心强、具有一定组织能力的业主担任;

(3)业主委员会的人数根据物业管理区域的规模而定;

(4)业主委员会应当自选举产生之日起30日内,向物业所在地的区、县人民政府房地产行政主管部门备案。

【案例1-5】物业管理公司刚刚进驻小区,业主们却已经成立业主委员会。他们是在网上联络发起的,有100人左右,还推选了一位业主委员会主任,这位主任在网上联络各位业主。

请问:业主通过网络自发成立业主委员会怎么办?这样的业主委员会合法吗?

【案例分析】业主委员会是业主自治管理的核心,其成立根据惯例要具备一些必要的条件,并履行必需的成立程序,这样组织的成立才是合法的。业主委员会成立的条件是:公有住宅出售建筑面积达到30%以上;新建商品住宅出售建筑面积达到50%以上;住宅出售已满2年,其成立程序在“相关法规制度”中有明确介绍。本案例中小区业主委员会的成立显然未按组织程序成立,其不具备法律地位,是不合法的组织。

解决办法:从与业主长远合作的角度,首先物业管理公司应肯定业主这种自治管理的民主意识,但也要宣传业主委员会成立的相关法规政策,指出他们目前这种做法的不合法,提出积极的建议。同时，物业管理公司还要表明愿意积极帮助业主成立业主委员会，愿意与其友好合作。

（二）业主委员会应履行的职责

（1）召集业主大会会议，报告物业管理的实施情况；

（2）代表业主、业主大会与选聘的物业管理企业签订物业服务合同；

（3）及时了解业主、物业使用人的意见和建议，监督和协助物业管理企业履行物业服务合同；

（4）监督管理规约的实施；

（5）业主大会赋予的其他职责。

业主委员会应当督促违反物业服务合同约定逾期不缴纳物业服务费用的业主，限期缴纳物业服务费用。

【案例1-6】某小区于2015年2月成立业主委员会，3月公开招聘物管公司，共有3家物管公司应邀投标应聘。经过小区业主委员会3个月的调查后，在街道、居委会、房屋办事处的监督下召开的小区业主代表大会上，A物业管理公司以13票对10票胜出。但时至今日，小区业主委员会主任却借故迟迟不与其签订《物业管理服务合同》。

请问：业主委员会这样做对吗？

【案例分析】了解无故不肯签订《物业管理服务合同》的真实原因，主动与业主委员会积极协商，如业主委员会仍拒绝签订合同，就运用法律手段保护企业利益。在多次与该小区业主委员会主任交涉未果后，A物业管理公司将小区的业主委员会告上了法庭。

本案例业主委员会迟迟不与胜出的物业管理公司签订合同，关键在于原物业管理公司公司不愿退出，业主委员会中的某些委员偏向原来的物业公司，从而给中标的物业管理公司设下障碍，导致了现在中标的物业公司进不来的局面。

A物业管理公司状告业主委员会，理由主要是：该公司应邀投标应聘，并按照规定投送标书及有关承诺书，业主委员会没有权利借故迟迟不与该公司签订《物业管理服务合同》。新的《物业管理条例》明确规定了业主大会的作用，当业主大会召开后，选聘物业管理公司的最终决定权掌握在业主大会手里，而不是现在的业主委员会。业主委员会只是业主大会的执行机构，选聘物业公司以及小区内所有涉及全体业主权益的事情，都要通过业主大会决定，业主委员会不得擅自做主。本案例的核心问题是业主委员会取代了业主大会。

（三）业主委员会会议

业主委员会成立后，应定期召开业主委员会会议。一般情况下，至少每6个月召开一次。每次会议召开前7日书面通知全体委员。如果1/3以上的业委会委员或业委会主任认为有必要，可以召开业委会特别会议。

业主委员会的任期一般为2年。

（四）物业管理企业和业主委员会的关系

1.经济上的合同关系

双方是一种聘用与被聘用、委托与被委托以及相对独立的关系。决策人是业主委员会，物业管理公司是雇员。业主委员会根据物业的情况和多数业主的意志，有权选择不同的物业管理公司来提供服务性管理；业主委员会的委托和物业管理公司的受托是一种合同关系，是一种市场的双向选择。业主委员会愿意出多少钱以购买什么样的服务,物业管理公司提供何种服务要按什么标准收费,完全是一种交易谈判,而不是行政分配;物业管理公司和业主委员会都是独立运作的,互不干扰,双方可以因发展变化的需要,在协商一致的条件下续签、修改或解除合同,但都无权干预对方的内部活动。

2. 法律上的平等关系

物业管理公司和业主委员会之间是受委托人和被委托人、服务者和被服务者之间的关系,没有隶属关系,双方在地位上是平等的。在法律上,业主委员会有委托或不委托某个物业管理公司的自由,物业管理公司也有接受或不接受委托的自由。在组织关系上,不存在领导与被领导、管理与被管理之间的关系。

3. 工作上的合作与冲突

物业管理公司在管理物业的过程中经常要和业主委员会发生联系,业主委员会为了业主的共同利益也时常要和物业管理公司打交道,由此产生它们之间的工作关系。一般来说,委托合同中都规定了物业管理公司和业主委员会的权利和义务,如物业管理公司有权要求业主委员会协助管理,有义务把重大管理措施提交业主委员会审议;业主委员会有权审议物业管理公司制订的年度管理计划和管理服务的重大措施,有义务协助物业管理公司落实各项管理工作,等等。

五、物业管理其他相关机构

(一)房地产行政主管部门

(1)审批物业管理企业的经营资质;

(2)对物业管理招投标活动实施监督管理;

(3)对日常物业管理活动实施监督管理;

(4)组织物业管理企业参加考评和评比。

(二)工商、税务和物价等行政主管部门

(1)物业管理企业必须接受工商行政主管部门的监督和指导;

(2)物业管理企业要依法向国家纳税;

(3)物业管理企业应接受物价行政主管部门的物价管理;

(4)物业安全管理工作要接受当地公安或派出所的监督和指导;

(5)物业管理企业的环境管理要接受环卫部门和园林部门的监督和指导。

(三)供水、供电、供气、供热、通信、有线电视等单位

(1)物业管理企业应与供水、供电、供气、供热、通信、有线电视等单位分工明确;

(2)物业管理企业应与供水、供电、供气、供热、通信、有线电视等单位密切配合。

(四)物业建设单位

(1)房地产开发企业附设物业管理企业。该种物业管理企业与房地产开发企业是从属关系,物业管理作为售后管理工作,往往是房地产开发过程的延续和发展。

(2)房地产开发企业委托专业物业管理公司实施物业管理。该种物业管理企业与房地产开发企业属聘用的合同关系。

(五)专业性服务企业

物业管理企业可以通过选聘专业的服务公司,与其签订合同,建立合同关系,完成专业服务工作,也可以聘用专业服务人员,自设服务部门完成专业服务工作。

【案例1-7】某小区业主委员会在对小区物业管理公司进行财务收支状况审核时,发现该物业管理公司把维修费、保安费以及绿化保洁费划转给其他专业服务公司,并不像业主原来想象中的这些专业服务人员都属于小区物业管理公司。部分业主认为,如果这些人员不属于物业管理公司,那他们进行服务时,业主们怎么能放心呢?

请问:物业公司虽然有权将保洁、绿化等某些专项服务业务转包给专业公司,但是否应征求业主委员会的意见并征得其同意呢?物业管理公司能否自行决定选择专业服务公司呢?物业公司现在的做法是否得当?如果是你,将怎样处理?

【案例分析】物业管理公司是依据物业管理委托合同对受托的物业实施管理的,在管理的过程中,物业管理公司可以行使一定的权利。这些权利中就包括了“选聘专营公司或聘用专人承担清洁、保安、绿化等专项服务业务”。由此可见,物业管理公司是有权自主选择专业服务公司来承担专项管理服务工作的。

(六)街道办事处和居委会

物业管理企业、业主大会和业主委员会都应接受街道办事处和居委会的工作指导,并积极配合他们开展社区建设工作。

(七)行业协会

行业协会是具有社团法人资格的,以本行业的从业企业为主体,相关企业参加,按照有关法律、法规自愿组成的全国性或区域性的自律组织。

物业管理企业应经常参加物业管理行业协会的活动,接受其业务指导。

中国物业管理协会成立于2000年10月。

知识链接

业主自治管理是不是就是业主自己管理自己的物业?业主该怎样当家作主?这些问题困扰了很多人。有些人过去一直居住在老小区内,最近才买了商品房,才知道小区还要进行物业管理,可对什么是业主、物业管理、业主委员会、公摊面积、入住等名词还感到陌生。又听说有什么“业主自治管理”,于是就有人认为它是不是就是业主自己管理自己的物业?业主该怎样实现当家作主?

对于新接触物业管理的居民,首先要了解有关物业管理的各种相关的知识,知晓自己的各种权利和义务,弄清楚自己和物业公司的关系,以主动的姿态积极地配合物业公司的各项工作,参与到小区的日常生活的管理中去。

所谓业主自治管理,可以用几个特点简单地概括如下:

(1)住宅小区(大厦)里的业主要有积极主动参与管理的意识,要改变过去计划经济下房产管理的被动接受管理,转变为以主人翁姿态主动地行使管理权。

(2)业主要对自己的财产负责,要积极主动地行使管理权。当然不是自己亲自出面来行使管理权,事事都要负责,而是通过选择并委托物业管理公司来行使好管理权。

(3)物业的管理权不是由每户业主自己负责,而是由业主的自治组织——业主委员会代表全体业主来行使。

在新的形势下,业主要实现自治管理,也就是要当好家,关键要注意以下几个方面。

首先,要有业主意识和自我权利保护意识。要清楚自己是物业的所有者,是小区真正的主人。而且,需要了解自己有哪些权利及如何行使这些权利。业主的权利我们已经作过介绍,但业主要清楚,自己权利的行使仅靠个人的力量是做不到的,只有通过业主委员会才能最大限度地实现自己的权利,而业主委员会对这些权利的实现起了保障作用。

其次,要了解物业管理公司的作用和与自己的关系,业主委员会的作用及与自己的关系。这方面我们将在后面予以介绍。

最后,要了解与自己有关的政策法规,要向专业人士进行咨询,可以说,有没有咨询意识是有没有维权意识的体现。

本章小结

本章是学习物业管理实务的基础。这一章主要介绍了物业管理的起源和发展,介绍了物业以及物业管理的基本概念和基本原理,同时对物业管理与传统房屋管理作了比较,并提出了物业管理的内容和基本环节,也阐明了物业管理的目标、原则以及意义。本章重点是要掌握物业及物业管理的含义、特点,以及物业管理与传统房屋管理的关系,物业管理与社区管理的关系。

学习检测

一、不定项选择题

1. 物业服务企业的特征不包括(　　)。

A. 是独立的企业法人　　B. 属于服务性企业

C. 是非独立的企业法人　　D. 具有一定的公共管理性质的职能

2. 根据《公司法》规定,企业设立必须向(　　)进行注册登记,在领取营业执照后,方可开业。

A. 工商行政管理部门　　B. 税务行政管理部门

C. 建设行政管理部门　　D. 市政行政管理部门

3. 对物业服务企业资质证书的颁发和管理的部门的描述不正确的是(　　)。

A. 国务院建设主管部门负责一级物业服务企业资质证书的颁发和管理

B. 省、自治区人民政府建设主管部门负责三级物业服务企业资质证书的颁发和管理

C. 直辖市人民政府房地产主管部门负责二级和三级物业服务企业资质证书的颁发和管理,并接受国务院建设主管部门的指导和监督

D. 设区的市级人民政府房地产主管部门负责三级物业服务企业资质证书的颁发和管理,并接受国务院建设主管部门的指导和监督

4. 下列关于物业管理的目的,说法不正确的是(　　)。

A. 为了保证和发挥物业的使用功能

B. 使物业保值增值

C. 不使物业保值增值

D. 为物业所有人和使用人创造和保持整洁、文明、安全、舒适的生活和工作环境

5. 物业管理的 3 个基本特性是(　　)。

A. 社会化　　B. 专业化　　C. 市场化　　D. 私有化　　E. 综合化

6. 业主是指(　　)。

A. 物业的产权人(所有权人)　　B. 物业的管理人

C. 物业的代理人　　D. 物业的租赁人

7. 在物业管理中,下列属于业主具有的权利的是(　　)。

A. 提议召开业主大会会议,并就物业管理的有关事项提出议案

B. 按时缴纳物业服务费用

C. 提出制定和修改业主公约、业主大会议事规则的建议

D. 参加业主大会会议,行使投票权

E. 选举业主委员会委员,并享有被选举权

8. 选聘或解聘物业服务企业,必须经物业管理区域内全体业主所持投票权(　　)以上通过。

A. 1/2　　B. 1/3　　C. 2/3　　D. 3/4

9. 从物业管理的角度,物业是指(　　)。

A. 一个建筑群

B. 一个居住小区(大厦)

C. 已建成投入使用的各类建筑物及其相关的设备、设施

D. 土地

10. 最早的物业管理起源于(　　)。

A. 英国　　B. 美国　　C. 香港　　D. 中国

二、简答题

1. 业主自治管理与物业管理之间的关系如何?怎样理顺物业管理市场的供求关系?

2. 简述业主大会和业主委员会的性质地位。

3. 物业管理公司与业主委员会之间的关系如何?

三、案例分析题

明星花园是某房地产开发公司新建的商品房住宅小区,有住宅 500 套,每套住宅的建筑面积为 100 平方米,现已全部售出给 500 位业主,且该房地产公司已聘请 A 物业管理公司承担前期物业管理。

问题:

1. 明星花园准备召开第一次业主大会,那么此次业主大会的法定人数必须达到多少方可召开?

2. 有权负责召集第一次业主大会的是(　　)。

A. 该房地产公司

B. A 物业管理公司

C. 经业主申请由物业管理行政主管部门负责召集

D. 业主根据法定程序自行召集

3. 第一次业主大会的召集人数应于业主大会前几天将会议地点、时间、内容、方式予以公告?

4.280 位有投票权的业主出席第一次业主大会，在决定某一具体事项时，赞成票和反对票均为 140，以下表述正确的是(　　)

A. 赞成票过半数，可以通过

B. 赞成票未过半数，不能通过

C. 此时会议主持人可以再投一票，决定是否通过

D. 如果会议主持人与表决事项有利害关系，则不能再投票

综合实训

【实训目标】

增强对业主自治的理解。

【实训内容与要求】

将全班分组，以组为单位深入到当地某一个住宅小区中去，通过各种形式调查了解该小区业主自治的情况，如是否召开过业主大会，是否成立了业主委员会，以及该小区业主委员会日常的工作情况等。

【成果与检测】

1. 各组写出调查报告；

2. 班级汇报与交流。

学习情境二

获取物业服务项目

【知识目标】

1. 了解物业管理招标、投标的意义；

2. 掌握物业管理招标的基本概念；物业管理招标、投标的原则；招标文件的主要内容；招标书的编写内容；物业管理招标的条件；中标与履约；

3. 识记编制招标文件的原则；招标文件编制程序；物业管理招标的程序；招标书的编写要求；投标书编写的组织。

【能力目标】

1. 能正确区分各种交易模式的不同适用范围；

2. 能够阅读招标文件，熟悉投标流程。

【技能目标】

1. 能够编制物业管理投标文件；

2. 能够参与物业管理招标与投标活动。

情境导入

鹿丹村是市住宅局委托原市基础工程工作组开发建设的福利房住宅小区，2011 年竣工交付使用，并由市住宅局委托市城建房产管理公司实施物业管理。为加强该住宅小区的物业管理，将物业管理竞争机制引向深入，决定采用社会公开招标方式聘请物业管理公司进行管理。

请问：作为物业管理公司，应该如何应对此次招标呢？

学习单元一　物业管理招标、投标的基本概念

招标、投标是现代经济活动中常用的竞争性交易方式。招标是招标单位在兴建工程、合作经营某项业务或进行大宗商品交易时，将自己的要求和条件公开告示，让符合要求和条件者参与竞争，从中选择最佳对象为中标者，双方签订合约。投标是对招标的回应，是通过竞争成为承包者的行为。它是指投标者按照招标公告的要求提出的投标申请的行为。

一、物业管理招标的基本概念

物业管理招标、投标实质上是围绕物业管理权的一种交易方式。

(一)物业管理招标、投标

1. 物业管理招标

所谓物业管理招标是指物业所有权人(业主委员会或开发建设单位)在为物业选择管理者时,通过制订招标文件,向社会公布招标信息,由物业管理企业竞投,从中选择最佳者,并与之订立物业管理合同的过程。

2. 物业管理投标

所谓物业管理投标是指符合招标要求的物业管理企业,根据招标要求,提出投标申请,参与投标活动的过程。

物业管理实行招标、投标,是业主选择管理者,投标企业竞争物业管理权的行为。业主和物业管理企业通过市场双向选择,挑选管理者并签订委托管理合同,明确双方的权利、责任和义务,从技术、经济和法律上规范委受双方的行为,协调和保障双方的利益。

(二)物业管理招投标的类型及形式

1. 物业管理招标类型

物业管理招标按管理内容可分为以下几方面:

(1)单纯物业管理招标。

单纯物业管理招标是指对住宅小区或商厦、写字楼物业管理服务进行招标,也就是说仅仅围绕着物业管理服务进行的招标,而不涉及其他内容。

(2)物业管理与经营综合招标。

物业管理与经营综合招标是指对一些商住楼、商业场所进行物业管理招标,不仅仅是物业管理服务,还要承担相关经营场所的租赁或经营等责任。

(3)专项服务工作招标。

专项服务工作招标是指业主或物业管理企业,从管理的角度,或因成本控制,或因自身的能力限制,把物业管理中的某一项服务项目(如设备维修保养、自动化管理、园林绿化、保洁、保安等)拿出来进行单独招标或分包的行为。

2. 物业管理招标方式

(1)公开招标——无限竞争性招标。

公开招标就是由招标单位通过报刊、广播、电视、新闻发布会发布招标公告,载明拟招标物业项目的内容、性质、现状、管理要求和质量要求、招标条件及开标日期,获取招标文件的办法、招标人的名称和地址等,由物业管理企业进行竞争的方式,在国外称之为无限竞争性招标。这种招标可以为一切有能力的物业管理企业提供公平竞争的机会;业主也有较大的选择余地,有利于降低成本,提高物业管理水平;但是招标单位审查投标者资格及其标书的工作量比较大,招标费用支出较大。

(2)邀请招标——有限竞争性招标。

邀请招标就是由招标单位根据了解和掌握的情况、信息,有选择地向若干物业管理企业发出招标信息,并邀请其参加投标的方式。邀请招标属于有限竞争性招标,其特点是竞标单位少,资格预审和评标工作量小,如果对竞标对象选择得当,则起到花费少、效率高的作用,同时提高了投标单位的中标率,对招投、标双方都十分有利。但这种招标方式限制了竞争范围,把许多可能的竞争者排除在外,不符合自由竞争、机会均等的原则。

根据我国法律的规定，招标人采取邀请招标方式的，应当向3个以上具备承担招标项目能力、资信良好的特定法人发出投标邀请书，所需载明的事项与公开招标的招标公告要求相同。

二、物业管理招标、投标应遵循的原则及意义

（一）物业管理招标、投标应遵循的原则

物业管理招标必须贯彻“公平、公开、公正、诚实信用”的原则。因为物业管理招标的目的是在一场竞争性投标中，找到自己理想的物业管理企业。建设单位或业主拟通过物业管理企业投标，从比较、竞争中获益，就必须公平、公正、合理地组织投标和对待每个投标者。

1. 公平原则

公平是指招标方和投标方的权利、义务关系是平等的。双方是平等的民事法律关系的主体，要承担相应的义务，享受应有的权利。

2. 公开原则

公开是指招标活动要公开，要在媒体上登出招标广告或公告，公开标书，使合格的投标人能够知道招标活动，有机会参加投标。

3. 公正原则

公正是指在公开的基础上，对符合资格的投标人一视同仁，不得以地区、行业、系统等借口限制或禁止符合条件的物业管理企业参加投标。

4. 诚实信用原则

诚实信用是民事活动的基本准则。无论是投标方还是招标方，都必须遵循诚实信用原则，特别是投标方，必须要具有相应的资质、业绩等，有符合招标文件要求的能力，不得以欺骗或虚假的手段投标。

（二）物业管理招标、投标的意义

物业管理招标、投标的开展与普及，对推动物业管理行业良性竞争，培育和发展物业管理市场有着极重要的意义。

1. 推动物业管理市场化

物业管理在商品社会中，本质上是一种服务商品，物业管理活动也是一种商品经济活动。物业管理权的取得也应遵循市场规律，符合商品经济的基本原则，要改变管理权行政命令终身制为市场选择聘用制。通过物业管理的招标、投标，可以反映出物业管理企业的管理水平、服务质量，以及这些管理服务的价值和价格在市场上被接受的程度，保证公平竞争和等价交换的市场原则在物业管理行业中的实现。

2. 推动物业管理行业整体水平的提高

目前我国物业管理整体水平不高，许多城市物业管理企业的数量多，受委托管理的规模小，管理成本高，这对于物业管理整体水平的提高极为不利。因此，只有通过对物业管理的招标、投标，鼓励竞争，优胜劣汰，把市场机会留给管理服务水平高、有实力的物业管理企业，才能促进物业管理向专业化、集约化、规模化方向发展，降低管理服务成本，从而使业主和使用人收益。

3. 明确了双方责任，减少了经济纠纷

由于物业管理招标单位在招标文件中，对所要管理的房屋、设施、设备、场地、环境等内容

作了详细的、具体的规定，并对服务质量、服务水平、服务收费也提出了相应要求，物业管理企业根据招标文件中的条件、要求以及自身企业的实力、水平来制定标书。应该说企业最终的投标书是企业经过反复研究、深思熟虑的产物。招标、投标后签订的合同，明确了双方的权利和义务，以及履约保证和违约赔偿的办法，因而有利于物业管理工作的开展，避免了一些矛盾产生。即使在管理过程中出现问题，也可以依据合同规定和标书中的承诺办理，从而减少了经济纠纷。

4. 促进物业管理企业提高竞争能力

招标、投标就是竞争，物业管理企业要想在竞争中立于不败之地，就必须扬长避短，提高自身素质，强化服务意识。随着物业管理市场化的发展，物业管理企业必须不断地创新、重视内部管理、重视成本控制、重视企业自身素质提高，积极提升企业的综合竞争能力，才有可能立于不败之地。

【案例 2-1】有人认为物业管理公司没有通过公开招投标选择，而是由开发商请进来的，不是大家选定认可的，因此对物业管理公司的合法性持怀疑态度，甚至提出重新招标选择，否则不要物业管理公司管理。

请问：物业管理公司是否一定要通过公开招投标进行选择呢？

【案例分析】物业管理招标是指物业所有权人、房地产开发商或者业主委员会在为其物业选择管理者时，通过制定符合其管理服务要求和标准的招标文件和公开告示，选择最佳对象并与之签订物业管理服务合同的过程。而招标的方式有公开招标、邀请招标以及协议招标这三种方式。开发商可以根据实际情况决定采取哪种招标方式，不一定所有的物业项目都要通过公开招标的方式来选择物业管理公司。

知识链接

招投标是在国内外经济活动中常用的一种竞争性的交易方式。1999 年 8 月 30 日全国人大常委会第九届十一次会议通过的我国第一部《招投标法》，确立了强制性招投标制度。物业管理的招标，是指物业所有权人或其法定代表（发商基业主委员会），在为其物业选择管理者时，通过制订符合其管理服务要求和标准的招标文件向社会公开，由多家物业管理企业竞投，从中选择最佳对象，并与之订立物业管理合同的过程。物业管理的投标，是指符合招标文件要求的物业管理企业，根据招标文件中确定的各项管理服务要求与标准，根据国家有关法律、法规与本企业的实力，编制投标文件，参与投标的活动。物业管理招投标实质上是物业管理权的一种交易形式。

1994 年初，深圳莲花北村举行了物业管理权内部招投标，深圳万厦居业有限公司中标，对莲花北村提供全面的物业管理服务，并以优质服务、规范管理和丰富多彩的社区文化赢得业主、政府和社会的广泛好评，开创了我国物业管理招投标的先河。1996 年以来，深圳又率先尝试由政府行业主管部门组织，公开招聘鹿丹村、桃源村和梅林一村等住宅小区的物业管理单位，推动了深圳物业管理市场的迅猛发展。1999 年 5 月，全国第三次物业管理工作会议在深圳召开，建设部领导在工作报告中强调各地要“在调查研究的基础上，制定物业招投标规则，努力创造公开、公平、公正的市场环境，精心组织招投标工作”。会议精神得到全国各地行业主管部门的积极响应，物业管理招投标活动在一些经济比较发达、物业管理起步比较早的城市广泛开展起来，并在实践中积累了很多宅贵经验。

2003 年 9 月 1 日正式实施的国家《物业管理条例》第 24 条明确规定，国家提倡建设单位按照房地产开发与物业管理相分离的原则，通过招投标的方式选聘具有相应资质的物业管理企业。

学习单元二 物业管理招标程序

为保证物业管理招标的公平、公正，必须规范招标程序，明确招标规定。

一、物业管理招标、投标的条件

(一)招标项目应具备的条件

(1)符合城市规划要求，完成或基本完成项目的主体和配套设施建设；

(2)具备招标主体资格和招标条件；

(3)投资单位或业主能够提供管理的条件和设施；

(4)招标所需的其他条件已经具备。

(二)投标单位应具备的条件

凡是参加投标的企业必须要符合一定的条件，才可以参与招投标。

(1)具有独立的法人资格；

(2)具有一定的技术、管理人员，并取得相应的经营资质；

(3)具备招标规模所要求的条件；

(4)企业近期经营情况良好，所管理的物业规范、健康。

二、物业管理招标程序

(一)准备阶段

(1)成立招标组织。

招标人有能力组织和实施招标活动的，可以自行组织机构办理招标事宜，也可以委托招标代理机构办理招标事宜。

(2)招标项目备案。

依法必须进行物业管理招标的物业项目，招标人应当在发布招标公告或发出投标邀请书 5 日前，提交有关材料报物业项目所在地的县级以上地方人民政府房地产行政主管部门备案。

(3)确定拟招投标物业管理项目目标、内容、标的及相关事项。

(4)确定招标的指导思想、原则及方式、方法。

(5)编制招标文件。

编制招标文件包括：①招标书；②招标公告或投标邀请书；③投标企业申报及审查表；④投标须知；⑤招标章程或招标规则、程序；⑥招标项目说明书；⑦委托管理合同文本。

招标文件可由业主委员会或开发建设单位成立的领导小组编写，也可委托咨询机构或专家编写。招标文件必须明确项目的总体情况(包括占地面积、建筑面积、房屋类型、功能与数量、公用设备、设施、场地的组成等)，委托物业管理服务的内容和要求(包括基本管理服务、特殊要求的管理服务,专项管理服务),其他说明(包括物业管理委托期限,物业移交日期,物业管理服务收费标准,招标要求,投标、开标时间,物业管理考核标准及奖惩措施等)。

招标准备工作主要是成立招标领导小组和拟制招标文书。招标领导小组的成员需注意广泛性、代表性、权威性;招标文书应注意系统全面、可操作、无歧义、客观真实、形式规范。

(二)招标阶段

1.发出招标公告或招标邀请书

发出招标公告或招标邀请书是指通过国家或者地方指定的报刊、信息网络或者其他媒介向社会发布招标公告。公告或投标邀请书的内容包括:拟招标的物业名称,投标单位的条件,报名投标的截止日期,报送投标书截止日期,联系地址、电话等。

2.资格预审,确定投标申请人

招标人可以根据招标物业项目的需要和招标文件的要求,对投标申请人进行资格预审。资格预审文件一般应当包括资格预审申请书格式、申请人须知以及需要投标申请人提供的企业资格文件、技术装备、财务状况和拟派出的项目经理和主要管理人员的简历、业绩等证明材料。从中选择不少于5家资格预审合格的投标申请人投标,并发出预审合格通知书,告知获取招标文件的时间、地点和方法,并同时向资格不合格的投标申请人告知资格预审结果。

3.招标人向投标人提供招标文件,接受咨询

为了使投标人更加清楚招标意图,通常由招标人在投标人购买招标文件后统一安排一次投标人会(或称标前会议),召开会议的目的是解答投标人提出的各类问题。一般标前会议安排在现场,或者先到现场勘察,再集中到某地解答投标人疑问。

召开标前会议的日期,通常在《投标须知》中注明,若日期有改变,招标人必须通知所有已购买招标文件的投标人。

(三)投标阶段

1.投标书的准备

凡获得投标资格的物业管理企业可填写投标单,或撰写投标书参加投标。物业管理企业取得招标文件后,对其中的有关图纸、设计说明及管理服务内容和要求要深入理解,弄清楚开标时间、定标时间、投标保证书、履约保证书等规定。并要对现场进行深入的实地考察,对于一些疑问,应以书面形式或在标前会议时提出并要求解答,完成上述工作之后,投标人进入编制投标文件阶段。

通常情况下,投标人首先要依据招标物业的情况和招标文件中管理服务的内容、要求、范围、标准,分析完成物业管理工作任务时的工作量(包括日常公共服务、专特约服务等工作),设计其组织机构和操作模式、人员及物资配备,启动及运转资金安排等;其次,通过对竞争对手在物业管理服务、成本优劣等方面与本企业进行综合比较、扬长避短;最后,确定竞标方针和单价,按照招标文件的要求编制标书,备齐投标须知中要提供的各类文件、副本(复印件)。

2.投标书的报送

参加投标的物业管理企业应在规定报送投标书截止日期前,将投标书密封后送达招标人所设的招标机构签收。

凡采取招标、投标公证的,应由公证员在最后规定时间内,作统计公证,确认参加投标人的有效性。

(四)信誉调查取样阶段

物业管理招标不同于工程类招标,它是以管理服务为主体的一种服务商品招标。这种服务商品与其他商品相比较有两个明显特征:一是生产与消费的同步性。即管理人员提供服务过程就是生产过程,同时也是消费过程,劳动和成果以及消费是同时完成的。它不同于建筑商品可以较长时间存在(通常一栋楼房生命期至少几十年,甚至上百年)。二是服务质量的个性化。物业管理企业为业主提供的服务中,随着人员的服务经验、技术水平、文化层次、情绪和服务态度等因素的影响,其服务质量差异较大,所以必须对参加投标人的工作实绩、管理水平、信誉进行调查取样。

为了保证随机取样的公平性、公正性,通常调查取样时,应注意以下几点:①调查取样必须由招标人组织的招标机构负责带队,开展工作;②应对各投标人的调查取样同时进行,避免相互干扰;③应到现场随机抽样,不能事先通知安排,预防取样不实;④现场取样调查完毕,应立即把调查表密封带回。

(五)开标阶段

物业管理项目招标的开标分为评议标书阶段和现场答辩阶段两个过程。

1. 标书评议

(1) 按照招标书中规定的截标时间,在公证机关、投标管理部门工作人员以及投标人代表共同参与、监督下,公开拆封,宣读投标人名称、投标价格和投标文件的其他主要内容,并把标书分发评委评阅。

提交投标文件的投标人少于 3 人的,招标人应当依法重新招标。

(2) 经过评委认真仔细、独立完成标书审查和评阅之后,采用无记名方法,给标书评分。评标委员会通常应由招标人代表及物业管理技术、管理方面的专家组成,成员为 5 人以上单数,其中招标人代表以外的物业管理技术、管理方面的专家不得少于成员总数的 2/3。

2. 现场答辩

(1)评标委员会对投标标书评议后,应组织现场答辩。答辩目的之一是进一步了解标书的真实性、可操作性、客观性;二是对标书里的一些提法,专家如有疑问,甚至发现有错误,有必要对一些疑问进一步澄清,帮助业主委员会(或开发建设单位)以及物业管理企业共同把好管理关。

(2)根据投标人代表以及拟接管目标物业的管理处主任回答问题的准确性,表达问题的逻辑性,分析问题的层次性以及形象、仪表、风度等方面表现,由评委无记名进行评分。

(六)中标

根据开标以后对标书评议、现场答辩的评分以及招标单位到投标单位采样的信誉评分,按权重比例进行叠加计算,排出名次。

公证人员根据评委们按照招标文件的标准而计算排列名次,宣读公证书,确认中标候选人。招标人可以根据评标委员会提出的书面评标报告和推荐的中标候选人确定中标人,也可以授权评标委员会直接确定中标人。

【案例 2-2】A 公司日前接到了成都某发展商发出的招标邀请,参加了由该发展商举办的大型住宅区物业管理招投标活动。上个月该发展商向 A 公司发出“中标通知书”,通知 A 公司中标。A 公司依照约定前往成都与该发展商签订“物业管理委托合同”。到达成都以后,A 公司发现该发展商同时向三家物业管理公司发出了“中标通知书”，A公司要求依照投书收的内容签订“物业管理委托合同”，但该发展商表示，需要就物业管理委托合同的主要条款与三家物业公司再进行协商，并根据协商的结果确定与哪家物业公司签订正式合同。

请问：该发展商的做法是否合法？

【案例分析】根据我国《合同法》的规定，合同当事人意思表示一致，合同即成立，并对合同当事人发生法律效力。贵公司向招标人提交的招标文件对签订物业管理委托合同的主要合同条款作出了明确的意思表示，符合《合同法》规定的要约构成，属于有效要约。招标人给该物业公司发出的"中标通知书"可以视为有效承诺，因此，该公司自收到"中标通知书"之时起，与该发展商之间的物业管理委托合同即已经成立。这份合同对该公司和该发展商均产生法律约束力。同理，该发展商与其他两家物业管理公司就同一项目的物业管理委托合同均正式成立。事实上，三份合同只能有一份能够得到履行。该发展商的行为必然会带来其他两家物业管理公司对其违反合同的违约索赔。

本案中还反映出第二个问题，“但该发展商表示，需要就物业管理委托合同的主要条款与三家物业公司再进行协商，并根据协商的结果确定与哪家物业公司签订正式合同。”发展商的做法也违反了法律的规定。根据我国《招投标法》的规定，为了保证招投标活动的公平、公正，招标人和中标人不得协商签订背离合同实质内容的条款。因此，该发展商在招投标活动结束之后与中标人再协商合同的主要条款是违法的。当然，A公司依照惯例与该发展商签订正式的“物业管理委托合同”时，就该合同细节条款在不违反投标书实质内容的情况下予以协商确定是完全可以的。

（七）履约订立合同

招标人对中标人发出通知。中标人与招标人应当自中标通知书发出之日起30日内，按照招标文件和中标人的投标文件订立书面合同；招标人和中标人不得再行订立背离合同实质性内容的其他协议。

中标人不与招标人订立合同的，投标保证金不予退还并取消中标资格，给招标人造成的损失超过投标保证金数额的，应当对超过部分予以赔偿；没有提交投标保证金的，应当对招标人的损失承担赔偿责任。

招标人无正当理由不与中标人签订合同，给中标人造成损失，招标人应当给予赔偿。

学习单元三　编制物业管理招标文件

招标文件是投标者编制物业管理投标书的重要依据，它必须为投标者提供一切必要的情况，因此物业管理的招标文件的规定应该准确无误。

招标文件是评标的依据，用于评标的标准必须是招标文件中已经规定的标准，否则评标工作就会难以进行。

招标文件是招标人和中标人签订委托合同的基础，招标文件的绝大多数的条款一般都会列入合同文件中。在一定意义上说，招标文件对招标人、投标人双方均有约束力。

、编制招标文件的原则

(一)公平性原则

物业管理招标的实质就是在公平的基础上进行的激烈竞争。在竞争中,招标人和投标人双方都将按市场需求择优选用或积极竞夺,从而获得最大的利益。

物业管理招标文件中的规定,对投标人都应平等对待,投标条件设计相同。委托合同设定的宗旨应使招标人和投标人按市场需求和可能,公平、合理地分担该项目投标的风险。

(二)明确性原则

编制物业管理招标文件,设定的管理指标和要求应符合行业规范和市场条件,应结合目标物业的实际情况进行编写,对目标物业所需的基本管理服务及要求须明确规定。

招标文件中的拟委托合同文本必须明确规定对物业管理企业所委托的内容、项目、要求和标准、招标者和投标者各自的权利和义务、违约责任。

(三)指导性原则

编制物业管理招标文件,还应注意为投标者提供一切必要的情况介绍,尤其是公开招标。一些外地单位到本地来竞争物业管理项目,由于不熟悉当地环境,不了解有关政策、规定,不了解市场价格,在编写投标书时,就需要招标文件提供相关的指导,同时也给外来投标者增加投标信心。物业管理招标文件通常介绍两方面情况,一是为投标所需了解和遵循的规定;二是投标所需提供的文件。

(四)合法性原则

一份理想的招标文件,应该是一份严谨的具有法律效力的文件。招标文件中的各项条款的内容,对招标者与投标者双方的权利、义务的规定以及订立的程序应符合国家的法律、法令和社会公共利益。招标文件中应明确规定履约保证金,这样可以避免欺诈性和试探性投标,或中标者由于某种原因不能履行合同或不按合同规定履约,致使物业管理水平下降,业主经济遭受损失。但这种保证金的比例应定得适当。

、招标文件编制程序

(一) 熟悉项目

物业管理要开展招标,首先要对物业项目了解、熟悉,必须对物业项目的各类图纸、说明进行查看、阅读,同时还要了解、熟悉项目周边的环境。

(二)确定物业管理的内容、质量标准与要求

对开展招标项目的物业管理要有一个正确的定位,即物业管理的内容、质量标准与要求,并在招标文件中明确。

(三)确定投标、开标、定标的日期及其他事项

根据项目的要求,确定招标、投标、开标、定标日期。通常招标公告发出以后,要留不少于20天时间让投标人编制投标书及送标书。当确定截标时间后,其开标时间应当与招标文件确定的提交投标书截止时间相同,这样才能保证公平、公正,保证投标书不会出现泄密。

(四)招标项目备案

招标人应提交以下材料报物业项目所在地县级以上地方人民政府房地产行政主管部门备案。

(1)与物业管理招标有关的物业项目开发建设的政府批件。

(2)招标活动方案,包括招标组织机构、时间安排、评标委员会组成、评标方式等。

(3)招标文件。

(4)法律、法规规定的其他材料。

(5)主管部门要求提供的其他材料。

(五)编写"招标须知"

为了使招标工作正常进行,确保投标企业明确要求、了解条件、统一行动,招标单位必须根据拟招标项目的条件、环境、物业管理质量标准与要求和招标进度安排编写和发出招标须知。

三、招标文件的主要内容

(一)招标书

每一个参加投标的物业管理企业都希望能在竞标中取胜,往往对招标书中所提的要求十分重视,所以招标书编制要严谨、完整、细密。

(1)拟招标物业项目说明。

拟招标物业项目说明主要包括物业项目的名称、性质、地址、邮编、法人代表姓名、物业管理的水平档次等。

(2)物业概况。

物业概况主要包括住宅小区(大厦)的占地面积、建筑面积、物业结构类型、外墙装修、隐蔽与地下建筑、新工艺和新材料使用情况等。

(3)附属设施及设备设施。

附属设施及设备主要包括绿地及绿化、文化景点、灯饰、道路与排污系统、供水系统、公共照明、消防设备、动力设备、通讯设备、监控设备、智能化系统等。

(4)物业管理的招标内容。

物业管理的招标内容包括公共服务、专项服务、特约服务及社区文化建设等内容,视招标人的需要而定,但公共服务是基本的、不可缺少的内容。

(5)物业管理维修基金的落实情况。

(6)应说明的问题。

应说明的问题委托管理期限,物业管理公共服务费的范围、内容及收取标准以及其他有关约定等。

(7)投标、开标时间和地点。

(二)招标公告

招标公告是开展招标投标工作的一种说明,是面向社会一切愿意参加竞标的物业管理企业的一种公开性告示。招标公告的主要内容有以下方面:

(1)标的。

标的主要说明拟招标的物业项目。

(2)招标的对象。

招标的对象指招标的地域范围及对投标人的资格和条件等方面的要求。

(3)组织机构名称、地址和通讯方式。

组织机构名称、地址和通讯方式是指已成立的招标机构或委托招标代理机构的名称、地址和通讯方式。

(4)相关说明。

相关说明包括:①投标人应提交的文件;②资格预审;③标书出售及要求;④现场勘查及答疑的时间、地点;⑤送标、开标的时间和评标的方法;⑥其他有关问题。

(三)评标项目、计分方法及定标原则

1.评标项目

当前我国物业管理的市场评标的项目一般为标书、现场答辩、企业信誉三项。

(1)标书要求。

标书要求包括:①实施管理的整体设想;②管理方式、工作计划和保障安排;③管理人员的配备、培训和管理计划;④规章制度的主要内容;⑤管理承诺和为落实承诺的措施;⑥社区文化计划;⑦便民服务的内容与标准;⑧智能化系统的设计与管理、维护;⑨日常运作与服务措施;⑩物业及附属设施维修养护及实施方案。

(2)现场答辩要求。

投标人代表现场答辩应做到:答问准确,语言简洁,思路清晰,逻辑性强,情况熟悉,依据充分,仪态得体。

(3)企业信誉。

企业信誉主要是由招标机构对投标人了解调查后,进行评分。调查评分的内容主要有所辖物业项目的治安消防、环境绿化、卫生保洁、维修养护、便民服务、社区文化等外部服务和投标人办公环境、员工队伍形象、企业文化和经营状况等。

2.评计分方法

如何进行评计分,权重如何设定,应事先议定明确。对于直观的、可以比较的、能看出物业管理水平的标书应加大权重比例;而对于现场答辩,主要取决于答辩者个人的经验、表达能力、思维方法、外部环境以及评委所提问题的难易程度,因此既要考虑答辩者的情况,又不能过重,应放在第二位;企业信誉打分只表示该物业管理企业的过去和现在,而不代表该企业的将来,只能作一定的参考,应放在第三位。通常三者相比,标书的权重应超过一半。

投标人设有标底的,应当依据国家的相关规定及招标文件的要求编制标底,并在开标前保密,作为评标计分的主要依据。

3.定标原则

根据业主委员会(或开发建设单位)组建的招标机构意见决定,通常有两种情况:

(1)以最高分为中标者。根据评委无记名评计分后,以最高分为中标人。若出现几家最高分相同时,可以取某重要项目高分者中标,也可以抽签确定中标;

(2)根据评委无记名评计分得出的结果,如果前几名分数相差不多时,可由业主委员会(或开发建设单位)经审慎综合分析后,再民主决定中标者。

学习单元四　物业管理投标书的编写

物业管理投标书是物业管理企业为取得目标物业的管理权，递交给招标人，就如何管理目标物业起草的文件。这是物业管理招标活动中进行评标的重要依据，物业管理企业应充分重视投标书的编写。目前在全国物业管理招标、投标活动中，竞争最激烈的还是投标书的质量问题。

一、物业管理投标书的编写要求

物业管理企业为了使自己的投标书能成功竞标，特别注意投标书的质量，在编写的过程中应做到以下几点。

(一)针对性

投标的目的就是为了在招标活动中成功。因此在编写标书、确定方案时，一定要有针对性，为保证自己的竞标方案具有针对性，需做好如下几方面工作：

(1)现场调查。

首先要到目标物业进行实地调查，了解物业情况、熟悉周边环境，调查业主(或开发建设单位)对物业管理的要求与希望，掌握当地物业管理的相关法律规定和物业法律手续等。

(2)分析研究。

根据调查情况，周密、客观地进行分析，结合本企业的实际，找出目标物业开展物业管理的优势和劣势。

(3)拟订管理方案。

根据分析研究结果，结合本企业物业管理经验和能力，周密地拟定管理方案

(二)可操作性

(1)标书中要根据目标物业的具体情况提出切实可行的物业管理方案和措施，要充分考虑到管理服务对象的接受程度。目标物业的不同(如普通住宅小区、高档写字楼、公寓、别墅等)，其业主或非业主使用人的经济收入、文化程度不同，对物业管理的要求也不同，标书需要针对不同的消费群体，提出适合的管理方案。

(2)标书中所提出的管理方法和措施要与现行的法律、法规相一致。一些物业管理企业往往参照国外的一些做法来提出管理方法，有时会脱离国情，这样的标书即使做得再完美，也难以进行操作。

(3)所提的管理方案，必须在经济(管理费的收支)上基本平衡。物业管理是有偿服务，物业管理运作又是企业行为，因此，它有一定的经济要求。我们在制定管理方案中，不主张带资或亏本经营，这不符合企业经营的规范，企业追求利润、追求产值是合理、合法的。虽然当前许多企业处在保本经营阶段，但亏本经营方案一般是不可取的。如果一个企业没有利润，它不可能，也做不好其管理服务，所以评标委员会专家对管理方案中的经费通常要求持平，略有盈余，这样的方案才算好方案，也就是招投标者都得到“双赢”，才是具有可操作性的方案。

(三)体现企业的优势和专业水平

(1)针对目标物业的某个特色来展现自己的优势。每个物业管理企业在长期管理服务工

作中都形成了自身的特色、优势，形成了自己的作风与工作方法。因此，在标书里必须针对目标物业的某个特色来发挥自己的优势，应把自身优势、特点告诉业主和评标专家。

(2)物业管理企业都重视发挥自己专长，然而有些特长，大家都有，或者近似雷同，其效果也就不明显。为此，在介绍自身优势时，要重视宣传“人无我有，人有我优”的特色。

(四)深刻理解业主的意愿

投标的目的是取得目标物业管理权，因此，在编写投标书时，一定要按招标书提出的要求来组织方案设计，尽量使所做的标书得到评委的接受或认可。

二、物业管理投标书的编写内容

投标书在内容上必须严格根据招标单位发出的标书编制的内容和要求来编制。由于目标物业的具体情况不同，招标人的具体要求不同，投标书的要求和内容设定也各不相同。

(一)管理方式

投标人主要是依据拟招标的物业现状以及自身的专业经验和优势，选择最适合的招标物业的管理方式。

(二)管理组织架构

所谓管理组织架构就是对目标物业实施管理运作的组织机构。

机构的设置应根据管理物业的性质、规模、功能、档次和服务的需求来确定管理与服务组织机构。项目物业管理机构设置应考虑设备与物业维修养护、治安、消防、清洁绿化、计收费、楼宇(住宅)管理、投诉与处理、社区文化建设等方面的工作和管理人员配置来全面设计。部门设置能够充分控制和指挥协调方便。

在明确组织机构后，一般对参加管理服务人员的素质构成、人员搭配要予以充分考虑，在标书中对主要管理人员情况要作出交代。

(三)管理费用的预算方案

经费是物业管理运作的基础与保证，所以对目标物业必须进行经营测算。测算应按照“实事求是”“取之于民，用之于民”“住户至上，服务第一”“区别功能，分层次收费”等原则进行。

1.收入测算

物业管理费用主要来源于物业管理服务收取的各类费用。因此，该收的费用都要收齐，不应漏项和少计。

2.支出预算

支出预算主要考虑以下几方面：

(1)人员工资、福利、津贴和服装费用；其他各类保险支出；管理服务的成本开支；水、电、气、汽、油等能源的消耗；建筑物及设备设施的日常维护、更换和工具的添置；卫生保洁、园林绿化、保安消防等服务所需要的消耗品支出等。

(2)物业管理正常办公、管理服务所需要的各项开支。

(3)管理者酬金和其他有关开支等。

(4)法定税费。

测算应该充分掌握基础资料和可能变化的情况，进行合理的人员架构设定，准确计算材料损耗基数，充分注意物业建设、设施配置功能安排、材料档次、施工质量、装饰标准和投入使用情况，以期尽量准确、合理。

(四)管理操作及制度

物业管理操作要细化，它体现物业管理企业的管理水平、管理质量，以及规范化管理的标准。从物业管理操作和相应的规章制度中可以看出物业管理企业的实力和能力，所以标书对此应十分重视。通常物业管理规章制度有三大类，即公众管理制度类，岗位责任制度类，内部管理制度类。

(五)管理目标、经营管理宗旨和方针

投标书中应表明投标人对目标物业的管理目标、管理宗旨和方针，便于招标领导小组及评委们了解物业管理企业的投标思想和理念。

(六)便民服务措施

物业管理是有偿的服务行为，然而物业管理企业并不能一味追求经济效益，而是要正确处理好社会效益、环境效益与经济效益的关系，做到有机的统一。一些物业管理企业，在开展物业管理有偿服务时，还向业主公开承诺无偿便民服务项目若干项，以期得到业主的欢迎与好评。

(七)社区文化

物业管理企业在编制投标书时，应充分考虑社区文化的开展，制定社区文化建设计划，安排好各类社区文化活动，使业主或非业主使用人充分享受到社区生活的温馨、充实、丰富，培育社区文明风范。

(八)管理指标

几年来，各级政府为了规范与指导物业管理，在总结经验的基础上对管理服务设定了一些要求和标准。作为投标的物业管理企业，应结合目标物业的实际和政府有关的规定，向业主委员会(或开发建设单位)作出相应的承诺。承诺主要包括：①房屋及配套设施的完好率；②房屋维修、急修及时率；③维修质量合格率；④清洁保洁率；⑤车辆管理及道路完好率；⑥小区治安案件发生率；⑦业主综合服务满意率；⑧绿化完好率。

(九)档案资料的建立与管理

为了使物业管理规范化、程序化，为了对物业状况进行连续化记录，需要建立档案资料收集和管理制度。物业管理企业应对建立档案管理制度提出相应设想，如档案室的建立、资料收集及档案管理的程序、档案管理制度、档案管理现代化程度等。

(十)提高物业管理服务水平的设想及措施

物业管理企业在对目标物业进行投标时，需要表明未来的物业管理水平标准、达标或创优的目标、设想及相关措施。措施必须是具体的、实在的。

(十一)物业管理企业愿承受的有关奖罚

作为投标的物业管理企业，在系统地阐述了本企业对目标物业管理的各项设想、措施之后，需要进行概括与承诺。即向业主委员会(或开发建设单位)承诺自己有能力、有决心管理好目标物业，并表示管理不好愿意承担什么处罚。

三、物业管理投标书编写的组织

投标书要在招标公告发布后不足一个月内完成，是一件非常艰巨的任务，必须要认真地组织编写。

(一)人员组成及机构的设立

一个物业管理企业决定参与某项物业的招标，就需要充分重视，组成领导机构，选择编写投标书人员，全力以赴。

1.领导小组的组成

根据目标物业的大小、招标规格、档次，以及本企业的投标意图，成立编写标书的领导小组。

如果投标的目标物业规模大、条件好，对物业管理企业是一次难得的机会，经过商议决定要拿下这次招标，那么主要负责人就应亲自参加。一方面体现主要领导重视，鼓励编写人员努力工作；同时在编写标书过程中，对于一些重要措施、承诺和投入，主要领导直接参加，可以熟悉情况、迅速决策、节约时间、提高效率。如果达不到上面要求，而是仅仅把这次招标作为练兵活动，中标更好，不中标也无妨，可以由一般领导担任，主要领导在定稿时把关即可。

2.编写人员的挑选

标书的编写人员要根据目标物业的不同来挑选人员参加。对于高层楼宇管理，往往设备管理最为复杂、最为重要，因此，对高层楼宇的投标，要组织熟悉设备维修的管理人员参加。而对住宅小区的投标，尤其是高档别墅的投标，其共用设备没有高层楼宇那样复杂；相反，其对环境、绿化的要求，对治安管理的考虑，则又高于高层楼宇，就需要选择熟悉这方面的人才参加编写。

(二)标书的整体性把握与控制

招标、投标从某种意义上来讲就是对物业管理者进行考试。投标书则是企业经理们的答卷。作为一本标书应体现企业经理管理的理念、经营的思想、管理的水平。因此，对于编写标书的负责人来讲，首先要确定一个中心思想、一个管理蓝图、一种管理模式，也就是从整体性上高度把握好。如果整体性把握不好，或者说定位高度不够，所做的标书就有可能产生漏洞，或者显得单薄，或者不够规范。为了把握好标书的整体性，在编写目标物业的投标书前，有关领导、编写人员应深入讨论，把握好整体性，然后把任务分解到个人进行操作，作为编写组负责人，应根据整体性要求对投标书进行控制，把好方向，防止偏离其轨道。

(三)分工与合作

1.分工

一本投标书好几十万字，有的分为几个分册，内容广泛、涉及面宽、要求高、时间短，如果仅仅靠1～2个人动笔是不可能完成任务的，必须进行分工。根据标书的总体思路、工作内容或项目，将其分成若干部分，再由参加编写标书的人员各自负责完成。

2.合作

为了保证标书的质量，同时体现集体的智慧，一般由个人分工负责的某一部分标书完成以后，应交换进行修改、补充、完善，然后汇总为初稿。

3. 审查

初稿完成以后，由编写组负责人按照标书的内容，以及初始制定的思路要求、标准来对标书进行阅读、审查。为防止自己编写的标书自己审阅难于发现问题，通常是选择没有参加编写标书的人来审阅标书，这样容易发现问题，帮助把关。

如果企业领导没有参加标书编写工作，那么最后定稿应由企业领导来审阅，这样有两点好处：一是领导具体了解标书的整个内容，为今后管理带来方便；二是对标书中涉及的重大方针政策以及企业利益之事，领导通过阅读标书后把关，符合企业利益的要坚持，不符合的则考虑作出修改。

如果企业领导是参加编写标书的领导小组成员，可以请熟悉物业管理工作的专家帮助审阅，再由企业领导过目。

通过分工、合作、审查的三个步骤，所写出的标书应该可以反映出本企业的水平与要求。

学习单元五　签订物业服务合同

一、物业管理合同的概念

物业服务合同是指在物业管理活动中，物业服务企业或专业服务企业通过参与招标活动接受委托从事物业管理服务，为保证物业管理活动顺利实施并实现物业管理服务目的，与委托人签订的明确双方民事权利、义务并共同遵守的协议。

物业服务合同是确立委托人（建设单位或业主）与物业服务企业在物业管理活动中的权利、义务的法律依据。物业服务企业通过合同获得物业管理的权利，为全体业主提供服务。根据合同，物业服务企业提供相应的服务，而业主要支付对应的物业服务费用。物业服务企业和业主之间是民事合同的双方当事人，是平等的法律关系主体，享有相应的权利和义务，适用民事法律关系的平等、自愿、公平、等价、有偿和诚实信用等基本原则。

二、物业管理合同的特征

（1）物业管理合同以约定有关当事人在管理服务中的权利、义务关系为核心。

（2）合同的主体特定，属于集体合同。

这里需要注意的是，很多业主认为自己没有与物业管理公司签订过物业服务合同，因此拒交物业费。这种认识是错误的。根据《物业管理条例》规定，选聘物业管理企业是业主大会的职责之一，作为业主大会执行机构的业主委员会，可以代表业主与业主大会选聘物业管理企业签订物业服务合同。这份合同对小区内的全体业主均具有约束力，因此，物业管理企业进入小区提供物业管理服务，只要与执行业主大会决议的业主委员会订立物业服务合同即可，无需再与每位业主单独订立合同。

【案例 2－3】居住在大兴某小区的业主梁某，自 2014 年 7 月至 2015 年 6 月未交纳物业管理费共 4900 余元。于是，物业公司将梁某诉至法院，要求其给付物业管理费 4900 余元及滞纳金 2454 元，并拿出双方当初签订的物业管理委托合同书。

面对该委托书，梁某提出异议。她否认合同中甲方签名为其本人书写，而且经鉴定证实，该合同中甲方签字处的签名，确实不是梁某本人所写。于是，梁某认为，既然合同中接受物业服务的甲方并非自己的签名，依据合同，自己也就无需向物业交纳管理费了，更不用谈滞纳金了。

请问：梁某的观点对吗？

【案例分析】梁某的观点不正确。因为物业服务合同属于集体合同，物业管理企业进入小区提供物业管理服务，只要与执行业主大会决议的业主委员会订立物业服务合同即可，无需再与每位业主单独订立合同。而且这份合同对小区内的全体业主均具有约束力，梁某应按时履行业主的义务，按时交纳物业管理费。

(3)物业服务合同实现了所有权与管理权的分离。

现代社会高速发展，要求实现社会化大分工，每个人精通自己行业的专业技术，而其他工作交由该行业的专业人员完成。知识的专业化和行业的分工化提高了效率，降低了成本。物业管理企业拥有专门物业管理技能，利用自己的技术为业主服务，行使管理权。业主是物业的所有人，基于所有权对物业管理企业进行监督。

(4)物业服务合同是双务合同、有偿合同。

双务合同是指当事人双方互负对待给付义务的合同。在物业服务合同中，物业管理企业提供房屋及配套设备的养护、维修及小区环境卫生清洁、安保等服务，业主支付费用，双方的权利、义务是相互对应、相互依赖的。物业服务收费的一项基本原则是质价相符，这充分反映了其双务性的特点。

三、物业管理合同的种类

1. 前期物业管理服务合同

前期物业管理服务合同由开发建设企业与物业公司签订，实质上是建设单位作为业主的法定受托人进行的委托事务，是业主还未能成为委托关系的有效主体时，由国家强制规定建设单位的法律义务，是一种过渡性的措施。

2. 物业管理服务合同

物业管理服务合同在物业出售给业主以后，由业主及其自治团体与物业管理企业签订的合同。

前期物业管理服务合同与物业管理服务合同二者的区别在于：①二者主体不同；②合同期限不同：前期物业服务合同可以约定期限，但是如果期限未满，业主委员会和物业管理企业签订的新的物业服务合同生效的，前期物业服务合同应当终止。

3. 物业服务分包合同

物业服务分包合同指物业管理企业或业主大会授权业主委员会与物业专营服务企业签订的专项服务合同。

四、物业服务合同订立的形式和内容

(一)形式

1. 口头形式

口头形式是指当事人以口头语言为意思表示订立合同，而不用文字表达协议内容的合同形式。

合同采用口头形式无需当事人明示,凡当事人没有约定、法律没有规定特定形式的,均可采用口头形式。

口头形式有优点也有不足,因此其适用范围也有其特殊性。

2. 书面形式

书面合同的表现形式主要有合同书、信件、数据电文等。数据电文是指经由电子手段、光学手段或类似手段生成、储存或传递的信息,这些手段包括但不限于电子数据交换、电子邮件、电报、电传或传真。

《物业管理条例》第三十五条规定:"业主委员会应当于业主大会选聘的物业管理企业订立书面的物业服务合同。物业服务合同应当对物业管理事项、服务费用,双方的权利、义务,专项维修资金使用与管理,物业管理用房,合同期限,违约责任等内容进行约定。"

【案例 2-4】某物业管理企业与某住宅小区的业主委员会商定,由某物业管理企业对该小区进行物业管理,双方口头说明了管理事项,未签订物业服务合同。几个月后的夏季,因为狂风暴雨的袭击,小区的外部设施和花草树木受损严重。事后,物业管理企业进行了全面清理和维护,为此垫付了一大笔钱,后来该物业管理企业贴出公告增收物业服务费,业主们认为没有委托物业管理企业管理这么多事项,且约定中说定了每月的服务费,业主们拒绝交付增收的服务费。双方争执不下,物业管理企业遂向法院起诉。

请问:物业管理企业的要求会得到法院的支持吗?

【案例分析】法院认为,原告某物业管理企业为小区管理支付的费用有据可查,且每笔开支合理、正当,原告所管理事项与口头约定的日常管理事项并无大的矛盾。最后法院以公平、公正原则而不是以合同为依据,判决被告某小区业主支付给某物业管理企业在该管理事项中支出的费用。

本案纠纷产生的根源是双方没有签订书面的物业服务合同。法院在查明事实的基础上作出的判决是正确的、合理的。

依据《合同法》第十条的规定,当事人订立合同,有书面形式、口头形式和其他形式。法律、法规规定采用书面形式的,应当采用书面形式,鉴于物业服务合同的内容复杂,牵涉众多,明文要求物业服务合同必须采用书面形式。《物业管理条例》第三十五条规定:"业主委员会应当与业主大会选聘的物业管理企业订立书面的物业服务合同。物业服务合同应当对物业管理事项、服务费用,双方的权利、义务,专项维修资金使用与管理,物业管理用房,合同期限,违约责任等内容进行约定。"

对于未以书面形式签订物业服务合同的法律后果,《物业管理条例》没有作出明确的规定。根据《合同法》第五十二条的规定,违反法律、行政法规等强制性规定的合同无效。但《合同法》第三十六条又规定,法律、行政法规规定或者当事人约定采用书面形式订立合同,当事人未采用书面形式,但一方已经履行主要义务,对方接受的,该合同成立。也就是说,合同形式违法并不必然导致合同无效。本案的合同实际已经履行,法院确认了原告某物业管理企业为小区支付的费用,确认了每笔开支的合理性和正当性,宣判小区业主支付给某物业管理企业超支的费用是正确的。

(二)内容

1. 合同的首部

(1)合同的名称和编号;

(2)订立合同的日期;

(3)订约地点;

(4)合同当事人;

(5)订约依据。

2. 合同的正文

(1)物业基本情况;

(2)委托管理事项;

(3)管理服务费用;

(4)合同双方的权利与义务;

(5)管理服务质量及标准的约定;

(6)合同期限;

(7)违约责任;

(8)合同更改、补充和终止的约定;

(9)合同争议解决办法的约定;

(10)约定的其他事项。

【案例 2-5】2014 年 8 月,某大厦业主委员会与某物业管理公司签订一份《物业服务合同》。双方约定:业主委员会将广场全权委托该物业管理公司管理,物业管理公司可按有关规定提 12%的管理酬金,费用若有节余则归业主委员会所有。一年合同期满后,物业管理公司拒绝将节余的费用归还业主委员会,于是,业主委员会诉诸法院,要求物业管理公司返还剩余费用。

请问:物业公司截留节余管理费对吗?你认为业主委员会的诉讼要求合理吗?能胜诉此案吗?

【案例分析】根据《物业管理条例》《物业服务收费管理办法》相关规定,物业公司开展物业管理服务可以按照酬金制或包干制的方式收取劳务报酬。采取酬金制的,则节余的物业管理费应归业主大会所有,物业公司不得截留、挪用。该物业管理公司之举显然与双方的约定的《物业服务合同》相悖,不符合合同法有关规定,显然应该返还剩余费用。

本章小结

本章主要介绍了物业管理招投标及物业服务合同的相关内容。这是物业管理活动的起点。物业管理概述通过参与物业项目的招投标活动,在中标后与开发商或业主委员会签订物业服务合同,那么正式的物业管理工作就开始了。

学习检测

一、不定项选择题

1. 根据有关规定,物业管理企业(　　)。

A. 不能将物业管理区域内的服务业务分包给他人

B. 可以向他人转让其中标项目

C. 可以将物业管理区域内的某些专项服务业务分包给其他企业

D. 可以将中标的物业管理区域内的全部业务一并委托给其他单位

2.(　　)属于物业管理招标活动中禁止的行为。

A. 招标方将招标文件卖给投标人

B. 在确定中标人之前，招标人与投标人就投标价格进行协商

C. 评标过程中没有召开现场答辩会

D. 拒收在提交投标文件的截止时间之后送达的投标文件

3. 编写物业管理投标书过程中最关键的环节就是物业管理方案的设计和(　　)。

A. 标价的计算　B. 招标文件的解读　C. 物业管理企业介绍　D. 可行性分析

4. 住宅物业的建设单位未通过招投标的方式选聘物业管理企业，或者未经批准擅自采用协议方式选聘物业管理企业的，由县级以上地方人民政府房地产行政主管部门责令限期改正，给予警告，可以并处(　　)以下的罚款。

A. 5 万元　　B. 10 万元　　C. 20 万元　　D. 50 万元

5. 根据《前期物业管理招标投标管理暂行办法》，预售商品房项目的前期物业管理招标人应当在(　　)之前完成招标工作。

A. 项目竣工　B. 购房人办理入住　C. 取得《商品房预售许可证》　D. 接管验收

6. 如果两个或两个以上的物业管理企业联合投标，则这个投标联合体的企业资质按照(　　)确定。

A. 两个企业中资质等级较低的企业的等级

B. 两个企业中资质等级较高的企业的等级

C. 两个企业各项条件的总和的水平

D. 最低等级的资质

7. “招标人无正当理由不与中标人签订合同，给中标人造成损失的，招标人应当给予赔偿”，这种情况下招标人承担的是(　　)责任。

A. 侵权　　B. 违约　　C. 行政　　D. 弄事

8. 物业管理方案的文本主要包括(　　)等项内容。

A. 物业管理服务模式　　　B. 物业管理财务收支测算

C. 物业管理企业内部管理制度　D. 物业管理企业的外部监督措施

9. 除合同本身约定的义务以外，合同当事人还负有(　　)的义务。

A. 通知　　B. 告诫　　C. 协助　　D. 保密

10. 在制订物业管理方案的过程中，以下工作流程前后顺序正确的是(　　)

A. 初步确定物业管理方案要点—培训工作人员—准备资料、设备和经费—调查分析标的物业项目情况—研究分析调查资料—调查项目情况以及业主和使用人的服务需求—进行可行性评价

B. 培训工作人员—准备资料、设备和经费—调查项目情况以及业主和使用人服务需求—了解同类物业管理状况—研究分析调查资料—初步确定物业管理方案要点—进行可行性评价

C. 进行可行性评价—培训工作人员—准备资料、设备和经费—初步确定物业管理方案要点—调查项目情况以及业主和使用人的服务需求—研究分析调查资料—了解同类物业管理

状况

D. 了解同类物来管理状况—调查项目情况以及业主和使用人的服务需求—培训工作人员—准备资料、设备和经费—初步确定物业管理方案要点—进行可行性评价—研究分析调查资料

二、简答题

1. 什么是物业管理招标？物业管理招标的方式有哪些？

2. 什么是物业管理投标？物业管理投标书的内容包括哪些？

3. 物业管理招投标的意义是什么？

三、案例分析题

沈某今年 80 岁，平时有到小区花园晨练的习惯。今年 7 月 29 日，沈某在晨练结束回家时，因小区花园边的一块地砖缺失近半年，路面不平，摔倒在地，经诊断为左侧桡骨远端开放性粉碎性骨折。沈某遂向法院提起诉讼，认为物业管理公司未尽到管理责任，应当赔偿。

问题：

物业管理公司应该赔偿吗？

综合实训

【实训目标】

掌握物业管理招投标文件的编制要点。

【实训内容与要求】

请根据下文对项目的概况介绍，设计一份招标文件和投标文件。项目概况如下：

某住宅小区是由某房地产开发公司建设的，坐落于××市××区××路××号，项目规划总用地 10 万平方米，建筑面积 12.9 万平方米，其中住宅 11.6 万平方米，公建 1.3 万平方米。总居住户数 996 户，规划总居住人口 3187 人，容积率 1.29，绿化覆盖率 45%。小区内设幼儿园、配套有会所、文化中心、商业网点、集贸市场、居委会、派出所等设施。住宅小区建于××科技工业园内，东临××路，南接××村，西连××厂，北靠××路，路对面是××学院、××公园。建成后居住者多数为拥有较高文化层次和收入的白领阶层。

【成果与检测】

1. 各组写出招标文件和投标文件；

2. 班级汇报与交流。

学习情境三

物业管理的早期介入

学习目标

【知识目标】

1. 了解早期介入的概念；
2. 掌握早期介入的主要工作内容。

【能力目标】

1. 抓住物业管理早期介入在各个阶段的具体工作内容及注意要点；
2. 把握物业管理整体的能力。

【技能目标】

1. 能够根据房地产综合开发的不同阶段提出物业管理早期介入的内容；
2. 掌握开展早期介入和承接验收的技能。

情境导入

对于一项物业来说，存在着开发—经营—管理三个阶段。长期以来，物业管理一般只是在物业的管理阶段进入，即在物业交付使用时进入。但是，从物业管理的实践来看，因为开发设计是各物业辖区能否形成完整、舒适、便利的功能区域的先天制约阶段，而房地产开发商在规划设计中只考虑房屋和配套设施建造时的方便和节约，设计人员只考虑目前国家的技术标准和建设成本，都没有更多地从日后使用和管理的角度进行综合考虑和统一规划，造成建成后的物业在使用和管理上存在许多不尽如人意的地方。如现在常见的停车位不足，房屋使用功能落后，设备设施科技含量滞后，以及水、电、煤气、通风、交通等配套方面存在的问题。这种设计规划上的先天不足，既使业主时有抱怨，又使物业管理工作难以顺利开展，并且以后往往也难以弥补。因此“越早介入，作用越大”这一理念，也正为许多建设单位和物业管理企业所认识。

请问：物业管理早期介入到底要做些什么呢？

学习单元一　早期介入概述

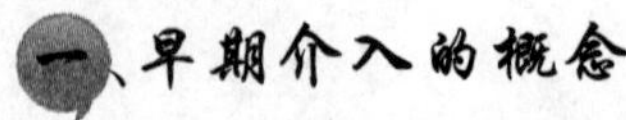

一、早期介入的概念

(一)物业管理早期介入的背景

由于现代化的建筑和物业具有设计复杂、高新技术含量高、建设周期长和安装施工难度大的特点，为了保证物业正常使用和发挥功能，对物业实施有效管理需要专业的物业服务企业早期介入物业建设项目。而真正意义上的早期介入是从项目前期设计开始到物业接管验收为止的质量监督过程。从项目规划、设计开始提前介入，从物业管理的角度参与物业建设项目的优化设计，对开发项目的规划、设计、建筑、安装、维护和保养等工作按物业管理的要求进行主动控制，更加确保物业建设质量。对物业实施超前管理，为完善物业建设提出建设性意见，避免物业建成后的使用和管理问题。因为物业的设计师和设计人员不是专业的物业管理者，在项目规划设计阶段，规划设计人员往往容易从设计技术、美观等角度考虑问题。其在制订设计方案时，不可能全面考虑后期的物业管理经营中及实际操作中可能出现的问题，或者很少从业主长期使用和后续物业管理正常运行的角度考虑问题，造成物业建成后管理上的漏洞和功能布局上的缺陷。

同时由于设计阶段与物业的建成存在较长间隔，建筑、设施的技术进步和业主需要的不断提高都有可能使设计方案落伍。而物业服务企业作为物业的管理经营维护者，对物业可能出现的问题有比较清楚的了解，其早期介入可以从业主和管理者的角度参与规划设计方案的讨论，完善设计细节，提出一些合理的建议，使物业的功能设计更有利于日后的使用和管理，可以有效地避免因设计的缺陷或不足而给业主使用和物业管理带来的麻烦。

（二）物业管理早期介入的概念

物业管理的早期介入是一个长效服务的概念，是指物业服务公司在接管物业以前的各个阶段（项目可行性阶段、建筑物规划方案设计阶段、施工阶段等）就参与决策，制订出物业管理方案，并从管理和运作的角度为开发商提出从楼宇设计、施工监管、设备选用、功能规划、房屋租赁、工程交接等多方面有建设性的意见。物业管理服务最好是在物业开发的初期，即基础工程建设开始就介入，但此时不是全面介入，通常只是由一位熟谙工程和设备的专家参与，该专家将根据物业管理的需要对有关结构设计和设备配置等技术性问题提出专业意见，并且参与部分工程的施工监管。

二、早期介入的作用和意义

（一）早期介入的作用

1. 能促进规划合理、设计优化、功能完善

从物业管理的实践来看，以往的房地产开发商在物业规划时只考虑了房屋、配套设施建造时的方便和成本的节约，而没有从今后的管理和使用的角度去合理规划，对物业管理必需的设施，以及交通泊位、小区绿化、水、电、气、通风、采光、空调位置预留等配套设施，往往考虑不足，造成难以弥补的后果。物业管理早期介入能将物业管理企业与使用人长期相伴的实践信息和要求建设性地提出，从物业管理、业主、使用人的角度出发，对户型结构、配套设施、道路绿化、车辆停放、物业用房等，向开发商提出具体建议，充分考虑设备、材料的经久耐用，便于维修，尽可能地避免在规划设计中，由于考虑不足和遗漏造成日后物业管理和业主使用中出现不必要的麻烦，使规划、设计更加合理。

物业管理企业可以组织专业人员对开发项目的市场定位、潜在业主的构成及消费水平、消费习惯，周边地区的物业管理状况，投用后物业管理内容和服务标准、收费标准、成本利润等进行预测、综合评估后，对今后物业管理构想向开发商提出建设性的意见，这样有利于开发商综

合考虑。

2.能够提高工程质量

物业管理企业在物业开发施工阶段和竣工验收阶段，从物业管理和使用人的角度，对该阶段施以全面、细致的辅助把关，增加工程监理和验收力度，保证物业建设质量，达到减少返工，减少以后物业使用中的后遗症，提高物业开发的经济效益，其结果对开发商、业主使用人和物业管理公司三方都有利。

物业管理企业应协助监理做好施工质量的监督，保证施工安装符合规范，建筑材料符合要求；熟悉并掌握房屋结构、隐蔽工程、各种管线铺设路径、阀门位置；参与机电设备的安装调试，掌握设备的功能特点及维保要领，作好相关记录。全面收集原始资料，为以后管理和维保打下基础。

竣工验收是把好工程质量关的最后关口，竣工验收工作做得是否细致到位，直接关系到接管物业的质量，关系到以后的物业管理和业主使用人的利益。物业管理企业应选派业务精熟、工作负责的管理人员和专业技术人员，从以后维修、保养和业主使用的角度，积极参与竣工验收，协助开发商把好工程质量关，以减少日后物业管理出现不必要的成本支出。

3.有利于日后的物业管理和使用

物业管理早期介入，能使物业规划、设计更趋人性化、功能化，能更好地考虑到物业建成交付使用后的管理要求，能使物业管理企业对物业的土建结构、管线走向、配套设施、设备安装等了如指掌，有利于以后的物业管理，同时也有利于物业使用人的使用。

4.有利于前期物业管理的准备

早期介入有宽裕的时间，充分、稳妥地进行前期物业管理的策划、设计，确定物业管理框架，测算前期物业管理费用，明确物业管理的收费标准；配置人员，招聘各类专业人员进行培训；组织力量制定针对本物业的管理制度。在业主入住前，在软硬件方面作好充分准备，避免仓促上阵。

5.有利于树立物业服务公司的形象

如果接管与入住同步进行，物业服务公司即使再努力，也会被各项繁杂事务搞得焦头烂额，理不出头绪，并且容易忙中出错，以致严重影响物业服务企业的专业形象。

(二)早期介入的意义

1.出色的物业管理可以提升物业的价值，有利于物业的销售

我国的房地产开发经过多年的发展，从以抓建设为主的生产导向阶段，到抓促销为主的销售导向阶段，逐步发展到综合开发的营销导向阶段。开发商们开始根据市场需要确定开发战略，对物业管理公司的要求不再停留在物业管理公司搞好后期管理服务上，还希望借助物管公司熟悉并掌握住户需求变化和物业使用管理的专业优势早期介入开发阶段，共同参与物业的规划、设计、施工、验收等工作，保证物业建设的设计合理和质量良好，使得开发出的物业能够贴近住户需求，成为市场上受消费者欢迎的物业。在物业销售前，物业管理企业可以配合开发商进行周密策划，制定出具有人性化的符合业主和使用需要的物业开发方案，站在潜在购房者的角度，制定出新颖、实用、合理的物业管理方案，以高品质、专业化的物业管理，作为房屋销售新的卖点，吸引更多的潜在业主。物业管理早期介入，也能让消费者真切感受到房地产开发商对物业管理的重视。目前消费者的物业管理意识已经有了很大的提高，优质的物业管理可以提升物业的价值。如果能让具有优良业绩的物业管理公司早期介入，将会极大地促进物业的

销售。可见,物业管理早期介入对开发商所开发物业的完善和促销起着很大的作用。

2.体现了物业管理“全过程”管理理念,提升了物业管理品质

传统的物业管理定义是指物业管理企业受物业所有人的委托,依据物业管理委托合同,对物业的房屋建筑及其设备、市政公用设施、绿化、卫生、交通、治安和环境等管理项目进行维护、修缮和整治,并向物业所有人和使用人提供综合性的有偿服务。物业管理的立足点是充分发挥物业的最大使用功能,使其保值、增值。但一定程度上忽略了物业管理在房地产开发全过程中的积极作用,物业管理企业早期介入,从物业的使用管理角度为物业的完善和保证使用功能的发挥提供科学的建议和有效的方法。通过早期介入,真正体现了物业管理“全过程”管理的理念,使物业管理的服务质量得到进一步的提高,也使物业管理“以人为本、业主第一”的宗旨得到了进一步的贯彻,最终使业主受益,使物业管理更加顺畅。

5.能够体现物管企业的专业素质,有利于物管工作的顺利开展

物业管理通过早期介入,在与开发商、监理方、施工方等方面的共同协作中,可以充分展示自身的专业素质。物管企业可以从物业使用管理的角度、业主的角度、降低管理费用的角度在规划、设计、监理施工方面提出一条条合理化建议,从而完善物业,减少今后物业管理中的问题和矛盾。同时,通过在早期介入中同施工单位形成的良好合作关系,可以在今后物业的保修期内,加强双方的紧密合作,提高物业的维修及时率。另一方面,由于通过早期介入,物业管理公司已经在业主入住前,处理好了如熟悉物业、设备设施使用、资料收集等接管验收的各类重要工作。业主入住时,就可以全心全意地投入接待工作,树立企业的良好形象。如果接管与入住同步进行,物管公司即使很努力,往往也会被各项繁杂事务搞得焦头烂额,容易忙中出错,其后还会出现一段时间的磨合期,影响了物业管理公司的服务质量和专业形象。因此,物业管理早期介入是非常必要的。

4.为前期的物业管理打下良好基础

物管企业通过早期介入对物业的土建结构、管线走向、设施建设、设备安装等情况了如指掌,便于在今后的管理中做好物业及其附属设施的维修养护工作。由于已对所管物业有了全面了解,就为竣工验收、接管验收打下了基础,可以提高验收质量,缩短验收时间,对验收中发现的仍需改进之处,也比较清楚,容易交涉和协调。而没有前期介入,接管验收中一旦出现图纸资料不全的问题和硬件方面严重缺陷往往难以及时解决,对业主的入住、后期管理和创优达标工作带来严重影响。另一方面,在早期介入中,经过一段时间的磨合,便于理顺同环卫、水电、煤气、通讯、治安、维修、绿化等各部门间的关系,建立顺畅的服务渠道,有利于前期管理工作的进行。同时,物管企业通过早期介入可以提出许多设计和施工方面存在的问题和解决方法,从而大大减少物业管理工作中物业的返修工作量,有利于业主,也有利于施工企业。

【案例 3-1】某花园住宅小区,建筑面积 10 万平方米,分期开发建设。第一期由多幢 12 楼小高层组成,每幢楼均设有电梯。第一期业主入住前,聘请了物业管理企业。在第一期物业管理期间,曾有一位老人被困电梯半小时,但无人知晓,原因是电梯轿厢没有设置对讲呼叫系统,也没有安装监控探头,电梯困人既听不见,也看不见。另外电梯井底没有安装自动抽水泵,万一电梯井进水,就很容易发生水浸电梯事故,造成运输设备的损失。该住宅小区的物业管理针对第一期物业电梯配套设施的不完善,提出了两点建议供建设单位进行改进。

(1)在电梯轿厢内加装对讲呼叫系统及监控探头。管理人员监控录像画面,如果发现电梯困人的情况,马上通过对讲系统安抚被困人员,并组织解救,保障住户人身安全。

(2)电梯井底加装抽水泵,一旦有水流入电梯井,井底的抽水泵可自动启动抽水,保护电梯。

建设单位十分重视物业管理处的意见,立即组织有关专业人员制定整改方案。

在该住宅小区第二期开发建设时,一进入规划设计阶段,建设单位就邀请物业管理企业参与其中。物业管理处根据第一期物业使用过程中的问题,提出中肯的改进意见,结果第二期的建设杜绝了第一期电梯配套不完善的问题。该住宅小区的销售价格从第一期均价4000元/平方米上升到4500元/平方米,而且很快销售一空。

【案例分析】该案例反映了没有物业管理早期介入和有早期介入的差异。规划设计上的一些疏忽,造成使用过程的安全隐患。发现时想改,但常常已经没有办法补救了,只能留下遗憾。第二期建设有物业管理早期介入,能及早避免和消除设备设施的安全隐患。楼盘物业规划设计的完善能够带动销售,给建设单位带来经济效益。

学习单元二　早期介入的主要内容

一、立项阶段

(一)立项阶段的主要内容

(1)根据物业建设目标及目标客户群的定位确定物业管理模式;

(2)根据规划和配套确定物业管理服务的基本内容;

(3)根据目标客户情况确定物业管理服务的总体服务质量标准;

(4)根据物业管理成本初步确定物业管理服务费的收费标准;

(5)设计与客户目标一致并具备合理性能价格比的物业管理框架性方案。

(二)在这一阶段要注意的要点

(1)组织物业管理专业人员调查周边物业管理概况,对该项目的市场定位、潜在业主的构成以及消费水平作统计,向建设单位提供有科学分析依据的信息;

(2)对该项目今后的物业管理构想进行总体策划;

(3)提供服务内容、标准、物业管理成本、收支测算等方面的意见;

(4)考虑物业的使用成本。

【案例3-2】某花园开发建设项目在立项阶段,物业管理企业就参与工作,对该项目的周边物业管理情况作了调查,提出项目的市场定位、消费水平、物业管理总体构想意见。该开发建设项目位于城市边缘,属于城乡结合部,楼盘处于规划路边。第一期消费者的定位是当地中低收入阶层。

物业管理公司建议:①项目周边首层临街位置减少出入口,尽量作为商铺,可增加销售收入;②该地段12层左右的小高层较受消费者欢迎;③每幢楼的电梯设置够用即可,约60~70户配置一台电梯;④既可控制建筑成本,又能降低日后的物业管理成本;⑤绿化庭院在保证绿化率的前提下,减少精品园林景的设置,达到简约、美观、舒适的效果。

【案例分析】以上几项意见得到了建设单位的重视,最后建设单位欣然采纳物业管理公司的意见。住宅小区建成后,销售情况良好,物业管理成本也得到了控制。

二、规划设计阶段

（一）规划设计阶段的主要内容

（1）对物业的结构布局、功能方面提出改进意见；

（2）对物业环境及配套设施的合理性、舒适性提出意见；

（3）对设备设施的设置、选型提出改进意见；

（4）对公共配套建筑、设施、社区活动场地、物业管理用房的需求提出意见。

（二）在这一阶段要注意的要点

（1）参与规划设计讨论会，在事前要做好充分准备工作，认真审阅设计图纸及有关资料，改进意见和建议罗列归纳要点，讨论会上的发言要有见地；

（2）物业管理企业要侧重从以下几方面提出意见或建议：一是要考虑物业管理区域规划布局与配套设施的完善；二是要考虑建筑及设备设施使用和维修养护的需要；三是要考虑安全保卫系统的设置和环境保洁的需要。

三、施工建设阶段

（一）施工阶段的主要内容

（1）与建设单位、施工单位就施工中发现的问题共同研究，及时提出并落实整改方案；

（2）配合设备安装，确保安装质量；

（3）对内外装修方式、用料及工艺等提出意见；

（4）熟悉并记录基础及隐蔽工程、管线的铺设情况。

（二）在这一阶段要注意的要点

（1）做好协调沟通工作；

（2）根据物业使用过程中的“常见病”，提出施工时予以防范的意见，从施工现场了解工程质量；

（3）注意隐蔽工程的施工，作好必要的记录。

四、销售阶段

（一）销售阶段的主要内容

（1）编制物业管理方案；

（2）拟定《前期物业管理协议》及物业管理的公共管理制度；

（3）对销售人员提供必要的物业管理基本知识培训；

（4）派出咨询人员，在售楼现场为客户提供物业管理咨询服务。

（二）在这一阶段要注意的要点

（1）在开盘销售之前，物业管理公司要提前拟定《前期物业管理协议》《业主临时公约》；

（2）对每项物业管理收费要备齐相关的支持性文件，咨询人员要熟悉文件内容，必要的条文能随口说出；

(3)销售人员虽然熟悉销售业务,但不一定了解物业管理的基本知识、物业管理法规等,避免在销售房屋时作一些不适合的承诺。

【案例3-3】某市某花园,第一期建成,竣工验收合格,进入了销售阶段。售楼小姐热情接待客户,看样板房、解答问题、计算房价,不亦乐乎。客户询问:"买顶层的单元能否送天台作花园呢?"售楼小姐随口答道:"可以,没问题!"有的客户想一起购买走廊尽头的两个单元,占用走廊的一端封闭起来自己使用,售楼人员又答应了。甚至有售楼人员同意业主在裙楼的平台上搭建石山鱼池。在物业管理公司管理规定中,这些都是不允许的。当这些客户购买了房屋,做了业主,办理入住和装修申请时,被告知:天台、公共走廊、裙楼天台都是房屋的公共部位,属于业主共有,任何人都不能私人占有,除非得到该幢楼所有业主同意。业主很有意见:售楼时什么都可以,来到物业管理处就什么都不可以!

在第二期销售前,物业管理公司注意与售楼部门人员沟通,通过培训、组织学习物业管理相关法规、条文,使他们与物业管理公司有了共识,再没有出现类似使物业管理公司为难的事情了。

【案例分析】之所以出现业主对物业管理公司有意见、有误解,其源头在于销售人员在销售过程中随意承诺客户的要求。销售人员一方面由于不了解物业管理法规的规定,另一方面是出于片面追求销售业绩。因此,销售人员除了应掌握销售技巧外,还应接受相关物业知识的培训。

五、竣工验收阶段

竣工是指该物业的工程项目经过建筑安装施工以后,达到了该工程项目设计文件所规定的要求,具备了使用或投产的条件。工程项目竣工后,由承建单位向开发建设单位办理交付手续。在办理交付手续时,需经开发建设单位或专门组织的验收委员会对竣工项目进行查验,在认为工程合格后办理交付手续。承建单位把物业交给开发建设单位,这一交接过程称之为竣工验收。

(一)竣工验收阶段的主要内容

(1)参与竣工验收。物业公司要参与开发商组织的竣工验收工作,这样可以尽早地熟悉物业项目的情况。

(2)掌握验收情况,收集工程质量、功能配套以及其他方面存在的遗留问题。在竣工验收过程中,物业公司要对开发商出来的问题要详细记录,以便承接验收时查验。

(二)在这一阶段要注意的要点

(1)对竣工验收阶段必须要严格执行监理工作,为物业公司的正式承接验收奠定良性基础;

(2)物业公司要组织相关技术人员组成验收小组,协助完成竣工验收及细部检查工作,及早发现设计、规划、施工、设备安装等问题,以备预留充足的返修时间。

【案例3-4】某小区尚处于施工阶段,开发商委托物业服务公司早期介入。在整个早期介入过程中,物业服务公司针对一些细节,向开发商提出改进意见,既为开发商节约了资金,提升了楼盘的品质,也为日后的管理和业主生活提供了便利。

物业服务公司根据管理经验,发现该小区在高层或多层住宅的楼道、走廊两边的墙上,东一块、西一块补丁般地布满了有线电视、水表、电表、电子保安、电话等箱子。于是，就向开发商提出应根据不同房型的特点，留出一定的空间，将所有的表具安装在合适的位置，既方便不同单位来安装，又为今后抄表工作省去不少麻烦。物业管理公司在小区设计图纸中发现，原先的垃圾房设计不够合理，就向开发商建议设置骑墙式垃圾房，一面朝向小区存放垃圾，一面朝向区外道路，便于装运垃圾。此垃圾房建筑面积在20平方米左右，内外设门，内墙面贴瓷砖，设水龙头便于清洗，下置排水道，外立面与小区整体建筑风格相协调。开发商欣然接受，并着手改造。

物业服务公司还发现，有几幢楼的楼板内无任何预埋管道，这将影响今后的"穿线"工作。物业管理公司向开发商汇报了此事，开发商立刻命令施工队返工，并要求物业管理公司和监理方共同监督施工过程。

【案例分析】本案例是一家物业服务公司在早期介入阶段，向开发商提出了几条合理化建议，即使开发商节约了成本，又避免日后因这些细节引发纠纷。物业管理早期介入的最大好处，是物业服务公司能从业主的利益、需求出发提出意见，从物业管理服务审慎的思维角度、从是否有利于日后物业管理服务等具体细节上提出意见或建议，从而把一般楼盘开发中容易出现的问题降到最低限度。

物业管理早期介入的可行性

一、经济效益的可行性

任何经济活动都要有成本支出，作为一个企业也必然要考虑经济效益，这是无可非议的。如何考虑物业管理早期介入的经济性呢？可以从以下三个角度来分析：

1.从房地产开发的角度

从房地产开发的角度来说，增加这种行为有利有弊，存在着风险收益。利的方面：有物业管理公司介入，加强了决策、规划的准确性，保证物业顺利地开发；同时保证物业开发质量，促进物业销售，加快资金周转。弊的方面：主要是增加了成本(早期介入费由房地产开发商负责承担)，假若物业管理公司提出返工建议，可能还增加返工费用，也可能增加工期等。综合而知，房地产开发商虽然在早期介入中承担了一定风险，但会带来更大的收益，从经济性的角度来看，利大于弊，房地产开发商应该支持物业管理早期介入。

2.从物业管理公司的角度

物业管理公司从参与的角度来看，利的一面是：由于早期介入，熟悉了解物业，为今后接受新业务奠定了基础，便于本企业进一步扩大业务领域，占领业务市场。不利的一面是：可能增加成本费用。

3.从社会总体的角度

从社会总体角度来看，由于早期介入有利之处在于规划施工阶段得到了把关，减少了失误，把物业的不足之处消灭在萌芽状态中，有利于社会总体经济利益提高。

综合分析，利明显大于弊，应该更加重视物业管理的早期介入。

二、技术力量的保证

为了保证物业管理前期介入的成功，物业管理公司应该选择并组织好一批人员参与早期介入。由于物业开发周期长，物业管理公司不可能抽调出大批的人员介入，所以应采取精兵简政的组织构架，人员组成可采取以下两种方式：①长期介入人员（2～3人）：由房屋管理员、结构工程员和设备工程师三人组成；②短期介入人员（3～4人）：由公司经理、部门经理和技术骨干组成。

长期介入人员就是从项目一开始，就进入角色，一直到项目结束，参与项目的全过程。介入人员的素质与技术在很大程度上决定了物业管理前期介入的成败，所以在人员选配上一定要挑选，通常有一名经验丰富、知识全面的管理人员来参与物业管理的前期介入。还需要一名结构工程师和设备工程师来进行配合，分管土建工程和设备安装的质量把关。

短期介入人员主要是定期或不定期进入角色。参与前期介入，检查、帮助、指导长期介入人员的工作。因此，短期介入人员通常由物业管理经理牵头，组织骨干队伍来参加，他们主要听取长期介入人员的工作汇报，指导他们的工作；其次，与房地产开发商、建筑商进行工作协调，把前期介入发现的问题解决好。

正是通过技术人员的技术把关，来保证物业管理早期介入达到预期的结果。

本章小结

物业管理的早期介入是一个长效服务的概念，是指物业服务公司在接管物业以前的各个阶段（项目可行性阶段、建筑物规划方案设计阶段、施工阶段等）就参与决策，制定出物业管理方案，并从管理和运作的角度为开发商提出从楼宇设计、施工监管、设备选用、功能规划、房屋租赁、工程交接等多方面有建设性的意见。对于物业管理早期介入，只要做到了解相关概念，并在此基础上能够清楚地知道所要涉及的法律法规、规范标准，熟知物业管理早期介入不同阶段的内容等相关知识，就达到学习的目标了。

学习检测

一、不定项选择题

1. 早期介入是指新建物业竣工之前，建设单位根据项目开发建设的需要而引入的（　　）活动。

A. 开发　　B. 设计　　C. 施工　　D. 物业管理咨询

2. 早期介入的作用（　　）。

A. 优化设计　　B. 有助于提高工程质量　　C. 有利于了解物业情况

D. 为前期物业管理作充分准备　　E. 有助于提高建设单位的开发效益

3. 早期介入的阶段有（　　）。

A. 可行性研究阶段　　B. 规划设计阶段　　C. 建设阶段

D. 销售阶段　　E. 竣工验收阶段

4. 早期介入，在可行性研究阶段的服务内容有（　　）。

A. 确定物业管理模式　　B. 确定物管服务的基本内容　　C. 确定物管服务总体质量标准

D. 确定物管费收费标准　　E. 确定物业管理机构设置　　F. 设计物业管理框架性方案

5. 早期介入，在规划设计阶段的服务内容有（　　）。

A. 对物业布局、功能提出建议　　B. 对环境配套、设施配置提出建议

C. 提供设施设备选型设置的建议　　D. 对公共场所的配套、设置提出意见

6. 早期介入，在建设阶段的服务内容有（　　）。

A. 与建设、施工单位商议处理施工中出现的问题　B. 配合设备安装
C. 对内外装修用料及工艺提出意见　D. 记录基础、隐蔽工程及管线铺设情况

7. 早期介入，在销售阶段的服务内容有(　　)。
A. 完成物管方案及实施进度表　B. 拟定物业管理公共管理制度
C. 拟定各项费用收费标准及收费方法　D. 对销售人员进行物管知识培训
E. 派员在售楼现场提供物管咨询服务　F. 将早期介入记录资料整理归档

8. 早期介入，在竣工验收阶段的服务内容有(　　)。
A. 参与单项工程竣工验收　B. 参与分期竣工验收　C. 参与综合竣工验收

9. 物业管理企业在物业管理早期介入阶段需要做的准备工作包括有(　　)。
A. 收集相关资料　B. 组织技术力量
C. 了解物业管理对物业的基本要求　D. 确定工作方法

10. 物业管理早期介入的意义在于(　　)。
A. 省去业主选择物业管理企业的过程
B. 完善物业规划设计方案
C. 为日后的物业管理工作打好基础
D. 加快物业的销售进度

二、简答题

1. 简述物业管理早期介入的意义和作用。
2. 早期介入的主要内容有哪些？
3. 物业管理公司在早期介入的工作中应注意哪些问题？

三、案例分析题

某物业项目总建筑面积达40余万平方米，属于多层、中高层住宅物业。项目分三期建设，是当地最大的住宅建设项目和该市的重点工程，备受当地居民和政府关注。

问题：

1. 该项目是否有早期介入的必要性？
2. 早期介入对楼盘开发建设有哪些好处？

综合实训

【实训目标】

对物业管理早期介入各阶段内容的确认。

【实训内容与要求】

将学生分组，然后带到各不同的物业管理现场，使学生充分了解处在早起介入不同阶段的物业管理工作的重点，并参与实践工作，加深对工作内容的理解。

【成果与检测】

1. 各组写出考察报告；
2. 班级汇报与交流。

学习情境四

物业服务项目的承接验收

学习目标

【知识目标】

1. 了解承接验收物业应具备的条件和资料；
2. 熟悉承接验收的程序、内容和标准；
3. 掌握验收中交接双方的责任。

【能力目标】

具备项目承接验收的能力。

【技能目标】

1. 在熟悉相关验收标准的基础上，能对具体项目进行初步分项验收；
2. 能借助相关资料进行物业承接验收的综合管理。

情境导入

物业承接查验实施办法5月试行 解决物业纠纷热点

小区电梯频频“罢工”谁负责？外墙频频剥落谁来维修？绿化迟迟不到位谁来管？今后，这些时常困扰市民的物业“老大难”问题，将有明确的责任人——《山东省物业承接查验实施办法(试行)》(下简称《办法》)。《办法》明确规定，开发商交付给业主的必须是符合建设标准的物业，交接后发现隐蔽工程质量问题，将由开发商担责。

按照《办法》规定，承接新物业前，建设单位和物业服务企业，要按照合同约定，共同对楼盘物业共用部位、共用设施设备进行检查和验收。建设单位与物业买受人签订的物业买卖合同，应当约定其交付物业的共用部位、共用设施设备的配置和建设标准。这也就意味着，开发商交付给业主的必须是符合建设标准的物业。

物业交接后，发现隐蔽工程质量问题，影响房屋结构安全和正常使用的，建设单位应当负责修复；给业主造成经济损失的，建设单位应当依法承担赔偿责任。承接查验的费用，由建设单位和物业服务企业在前期物业服务合同中约定。没有约定或者约定不明确的，由建设单位承担。承接查验过程中，因建设单位无法提供相关合格证明材料、物业项目存在严重安全隐患和重大工程缺陷等影响物业正常使用的，物业服务企业有权拒绝承接该项目。

《办法》明确指出，物业服务企业擅自承接未经查验的物业项目，因物业共用部位、共用设施设备缺陷给业主造成损害的，物业服务企业应当承担相应的赔偿责任。建设单位与物业服务企业恶意串通、弄虚作假，在物业承接查验中侵害业主利益的，双方应当共同承担赔偿责任，

建设单位未能按照物业承接查验协议的约定，及时解决物业共用部位、共用设施设备查验问题的，由物业所在地房地产开发主管部门责令限期改正，逾期仍不改正的，物业服务企业可

代为履行整改义务，相关费用从物业质量保修金中列支。上述行为都将作为不良经营行为记入企业信用档案，并予以通报。

请问：山东省物业承接查验实施办法规范了哪些接管验收行为？

学习单元一 承接验收的程序和内容

承接验收是物业管理公司承接物业的重要环节，物业管理公司通过承接验收，由对物业的早期介入或参与投标、洽商合同转入到对物业的实体管理之中。因此，物业管理公司对所移交的物业一定要把好验收关，否则因为把关不严而造成的后遗症，如改造、增设工程等，会给今后的物业管理服务带来许多不必要的麻烦。

一、承接验收与竣工验收

1. 竣工验收

竣工验收是指建设工程项目竣工后，开发建设单位会同设计、施工、监理单位以及工程质量监督部门等，对该项目是否符合规划设计要求以及建筑施工质量、设备安装质量进行全面检验，取得竣工合格的资料、数据和凭证。

2. 承接验收

承接验收是指物业管理公司承接房地产开发企业、建设单位或个人委托管理的新建或原有物业时，为保证主体结构安全和满足使用功能而对其进行的再检验。

3. 承接验收与竣工验收的区别

(1)验收目的不同。

承接验收是在竣工验收合格的基础上，以满足使用功能和物业现状条件为主要内容的再检验，是为了分清管理责任，对即将管理的物业质量和物业现状进行验收；竣工验收是为了检验房屋工程是否达到设计文件所规定的要求，是开发商为了使物业取得进入市场的资格，对物业是否合格进行质量验收。

(2)验收条件不同。

承接验收的首要条件是竣工验收合格，并且供电、采暖、给排水、卫生、道路等设备和设施能正常使用，房屋幢、户编号经有关部门确认；竣工验收的首要条件是工程按设计要求全部施工完毕，达到规定的质量标准，能满足使用等。

(3)交接对象不同。

承接验收是由物业管理公司承接开发商或业主委员会移交的物业；竣工验收是由开发商验收建筑商移交的物业。竣工验收合格后，标志着物业可以交付使用，承接验收一旦完成，则标志着物业正式进入使用阶段或新的管理阶段。

二、物业承接验收的条件

承接验收的首要条件是竣工验收合格。

1. 物业验收的常规条件

(1)凡竣工的工程，必须做到“五通一平”，即通路、通水、通电、通信、通暖，楼前 6 米、楼后

3米场地要平整，不准堆积建材或杂物，以确保进出安全；要做到煤气表、电表、水表三表到户；室内清扫干净，水池、水盆、马桶、门窗、玻璃、管道清理干净，无污物，达到窗明地净；地漏、雨水管等无堵塞杂物。

(2)高层住宅楼生活供水系统，必须具有卫生防疫部门核发的用水合格证。生活用水全部靠自己打井取水的小区在验收房屋时，水样送交有关部门，检验水质是否符合生活用水标准。

(3)高层住宅楼电梯，必须具有劳动部门核发的安全运行合格证。

(4)高层住宅楼消防供水系统，必须经消防部门检验合格。

(5)房屋应按图样、文件要求达到设备齐全、功能可靠、手续完备的标准。

2.新建房屋承接验收条件

(1)建设工程全部施工完毕，并已经竣工验收合格。

(2)供电、采暖、给水排水、卫生、道路等设备和设施能正常使用。

(3)房屋幢、户编号经有关部门确认。

3.原有房屋承接验收条件

(1)房屋所有权、使用权清楚。

(2)土地使用范围明确。

(3)原物业管理公司已解除合同关系。

【样表4-1】

新建房屋具备接管验收条件审核单

工程名称：________________

建设单位：________________

竣工日期：________________　　竣工验收日期：________________

建筑面积：________________　　结构类型：________________

项次	项目			核查情况
1	竣工验收合格证明文件			
2	此次所列设备能否正常运行	A	供电设备	
		B	给排水设备	
		C	消防设备	
		D	监控设备	
		E	卫生设施/道路设施	
		其他		
3	本幢房屋幢、户编号是否已经有关部门确认(提供相关文件)			
4	应交验产权资料	A	项目批准文件	
		B	用地批准文件	
		C	建筑执照	
		其他		

续表 4－1

项次	项目			核查情况
5	应交验技术资料	A	竣工图（包括总平面图、建筑结构设备、附属工程及隐蔽管线的全套图纸）	
		B	地质勘查报告	
		C	工程合同及开、竣工报告	
		D	工程预决算	
		E	图纸会审记录	
		F	工程设计变更通知及技术核定单（包括质量事故处理记录）	
		G	隐蔽工程验收签证	
		H	沉降观察记录	
		I	竣工验收证明书	
		J	钢材、水泥等主要材料的质量保证书	
		K	水、电、卫生器具、电梯等设备的检验合格证书	
		L	新材料、构配件的鉴定合格证书	
		M	砂浆、混凝土试压报告	
		N	供水试压报告	
		其他		
6	发展商交纳维修基金情况核验（提供相关文件）			
审验结论				

三、新建物业承接验收的程序

(一)准备工作

1.人员准备

物业的承接查验是一项技术难度高、专业性强、对日后的管理有较大影响的工作。物业管理企业在承接查验前,应根据承接物业的类型、特点与建设单位组成联合小组,各自确定相关专业的技术人员参加承接验收工作。

承接验收小组应当由企业以下部门人员组成:①办公室抽调档案管理文员负责承接物业的产权、工程、设备资料的验收移交工作;②公共关系部抽调人员负责业主资料的验收移交以及协助楼宇的验收移交工作;③工程部抽调人员具体负责房屋本体、公共设施和机电设备的验收移交工作。

2.计划准备

物业管理企业制订承接查验实施方案,能够让承接查验工作按步骤、有计划地实施。

(1)与建设单位确定承接查验的日期、进度安排;

(2)要求建设单位在承接查验之前提供移交物业详细清单、建筑图纸、相关单项或综合验收证明材料;

(3)派出技术人员到物业现场了解情况,为承接查验做好准备工作。

3.资料准备

在物业的承接查验中,应做必要的查验记录,在正式开展承接查验工作之前,应根据实际情况做好资料准备工作,制订查验工作流程和记录表格。

(1)工作流程一般有《物业承接查验工作流程》《物业查验的内容及方法》《承接查验发现问题的处理流程》等;

(2)承接查验的常用记录表格有《物业工程移交项目表》《物业承接查验记录》《物业工程质量问题统计表》等。

4.设备、工具准备

在物业承接查验中要采取一些必要的检验方法来查验承接物业的质量情况,应根据具体情况提前准备好所需要的检验设备和工具。

(二)物业承接验收的程序

1.新建物业的承接验收程序

(1)建设单位书面提请承接单位承接验收,并提交相应的资料。

(2)承接单位按照承接验收标准,对开发商提交的申请和相关资料进行审核,具备条件的,应在15日内签发验收通知并约定验收时间。

(3)承接单位会同开发商按照承接验收的主要内容及标准进行验收。

(4)如验收有不合格的项目,物业公司应签发《质量问题整改通知单》,对所列返修项目,地产应于规定的日期内返修完毕交与复验直至合格。一般要求在20个工作日内完成,全部验收工作应控制在入住前完成。返修复验需有地产公司提出,随时提出,随时复验。

(5)验收合格,物业公司在5个工作日内签署《验收通过证明》。

(6)对于已签署《验收通过证明》的新建房屋双方应于规定时间内办理交接手续,并应及时签发《接管通知》。

【样例 4-1】

接管验收邀请函

NO. ____________

____________物业公司：

我公司位于____________区____________路____________号新建工程已竣工，并经过了建筑工程质量验收，现已验收合格，各项技术资料齐全。根据与你公司签订的《物业管理委托合同》，特提请你公司于________年________月________日前来接洽有关接管事宜。

此致

沈阳××置业有限公司

年 月 日

签收人________

________年________月________日

________(骑缝加盖公章)________

【样例 4-2】

验 收 通 知

NO. ________

__________________有限公司：

依据对______________________(工程名称)的产权资料、技术资料及其他方面查核的结果，我们认为已具备接管验收的条件，现定于_____年____月____日开始对______________
______(工程名称)进行验收。

请予接洽配合为感。

××××物业管理有限公司(章)

____年____月____日

签收人：______________

____年____月____日

——————————————(骑缝加盖公章)——————————————

(三)物业承接验收的内容

1. 物业资料

在办理物业承接验收手续时，物业管理企业应接收查验下列资料：

(1)产权资料。产权资料包括项目批准文件、用地批准文件、建筑执照、拆迁资料。

(2)技术资料。技术资料包括以下方面：

①竣工图。竣工图包括总平面、建筑、结构、设备、附属工程有隐蔽管线的全套图样。

②地质勘察报告。

③工程合同及开工、竣工报告。

④工程预决算。

⑤图样会审记录。

⑥工程设计变更通知及技术核定单位(包括质量事故处理记录)。

⑦隐蔽工程验收签证。

⑧沉降观测记录。

⑨竣工验收证明书。

⑩钢材、水泥等主要材料的质量保证书。

⑪新材料、构配件鉴定合格证书。

⑫水、电、暖、通、卫生器具、电梯等设备的检验合格证书。

⑬砂浆、混凝土试块试压报告。

⑭供水、供暖、管道煤气的试压报告。

2. 物业共用部位

按照《物业管理条例》的规定,物业管理企业在承接物业时,应对物业共用部位进行查验。查验的主要内容包括以下方面:

(1)主体结构及外墙、屋面;

(2)共用部位楼面、地面、内墙面、天花、门窗;

(3)公共卫生间、阳台;

(4)公共走廊、楼道及其扶手、护栏等。

3. 共用设施设备

物业的共用设施设备种类繁多,各种物业配置的设备不尽相同,共用设施设备承接查验的主要内容有:低压配电设施,柴油发电机组,电气照明、插座装置,防雷与接地,给水排水,电梯,消防水系统,通信网络系统,火灾报警及消防联动系统,排烟送风系统,安全防范系统,采暖和空调等。

4. 园林绿化工程

园林绿化分为园林植物和园林建筑。物业的园林植物一般有花卉、树木、草坪、绿(花)篱、花坛等,园林建筑主要有小品、花架、园廊等。这些均是园林绿化的查验内容。

5. 其他公共配套设施

物业其他公共配套设施查验的主要内容有:物业大门、值班岗亭、围墙、道路、广场、社区活动中心(会所)、停车场(库、棚)、游泳池、运动场地、物业标识、垃圾屋及中转站、休闲娱乐设施、信报箱等。

【样表 4-2】

物业承接查验记录表格

工程名称		评定等级	
开工日期		竣工验收日期	
移交日期		接管验收日期	
设计单位			
建设单位			

续表 4-2

监理单位			
施工单位			
物业管理单位			
结构类型			
建筑面积			
绿化面积			
房屋（栋/层/户）			
钥匙发放户数		钥匙每户多少套	
接管验收资料表			
共用部位验收表			
共用设备验收表			
共用设施验收表			
填表人：　　　接受人：　　　移交人：			

【样表 4-3】

接管验收资料表

图纸名称	份数	移交人	接收人	移交时间	备注
开发商（前期物业或业委会） 年　　月　　日			物业公司 年　　月　　日		

【样表 4－4】

共用部位验收表

开发商		联系人		联系电话	
投资商		联系人		联系电话	
施工单位		联系人		联系电话	
部位名称	接管情况简述		保修期	备注	

开发建设单位(签章)　　　　　　物业公司(签章)
(前期物业或业委会)
年　月　日　　　　　　　　　　年　月　日

【样表 4－5】

共用设备验收表

开发商		联系人		联系电话	
投资商		联系人		联系电话	
施工单位		联系人		联系电话	
设备名称	接管情况简述		保修期	备注	

开发建设单位(签章)　　　　　　物业公司(签章)
(前期物业或业委会)
年　月　日　　　　　　　　　　年　月　日

【样表 4－6】

共用设施验收表

开发商		联系人		联系电话	
投资商		联系人		联系电话	
施工单位		联系人		联系电话	
设施名称	接管情况简述		保修期	备注	
开发建设单位(签章) (前期物业或业委会) 年　　月　　日			物业公司(签章) 年　　月　　日		

【样表 4－7】

接管验收现场遗留问题清单

部位/名称	遗留问题简述	记录人

续表 4-7

部位/名称	遗留问题简述	记录人

四、原有物业承接验收的程序

物业管理机构更迭时的承接查验不同于新建物业的承接查验，二者进行承接查验的内容和重点都有一定区别。

（一）成立物业承接查验小组

在签订物业管理服务合同之后，新的物业管理企业即应组织力量成立物业承接查验小组，首先了解物业的基本情况，并着手制订承接查验方案。

查验小组成员要求具有较强的工作经验和业务能力，专业性强。小组成员人数可根据接管物业的类型和规模而定。

（二）准备资料和工具

物业的承接查验验收小组应提前与业主委员会及原物业管理企业接触，洽谈移交的有关事项，商定移交的程序和步骤，明确移交单位应准备的各类表格、工具和物品等。为了使物业的移交能够顺利进行，接管单位必须对原物业的状况及存在问题进行查验和分析，为物业移交和日后管理提供依据，对发现需要整改的内容及时与移交单位协调处理。

（三）原有物业的承接验收程序

（1）业主或业主委员会书面提请承接单位承接验收，并提交相应的资料。

（2）承接单位按照承接验收标准，对业主或业主委员会提交的申请和相关资料进行审核，对具备条件的，应在 15 日内签发验收通知并约定验收时间。

（3）承接单位会同业主或业主委员会按照承接验收的主要内容及标准进行验收。

（4）查验房屋的情况，包括建筑年代、用途变迁、拆改添建等；评估房屋的完好与损坏程度及现有价值；对在验收过程中发现的问题，按危险和损坏问题处理办法处理。

（5）交接双方共同清点房屋、装修、设备和附着物，核实房屋的使用状况。

（6）经检验符合要求时，承接单位应在 7 日内签发验收合格凭证，签发承接文件。

（四）物业查验的基本内容

1. 物业资料情况

（1）产权资料。

产权资料主要包括以下方面：

①房屋所有权证；

②土地使用权证；

③有关司法、公证文书和协议；

④房屋分户使用清册；

⑤房屋设备及其固定附着物清册。

(2)技术资料。

技术资料包括建筑竣工图样资料、全套设备设施图样资料、全套环境绿化竣工资料。

2.物业共用部位、共用设施设备及管理现状

查验物业共用部位、共用设施设备及管理现状的主要项目内容有以下方面：

(1)建筑结构及装饰装修工程的状况；

(2)供配电、给水排水、消防、电梯、空调等机电设施设备；

(3)保安监控、对讲、门禁设施；

(4)清洁卫生设施；

(5)绿化及设施；

(6)停车场、门岗、道闸设施；

(7)室外道路、雨污水井等排水设施；

(8)公共活动场所及娱乐设施；

(9)其他需了解查验的设施、设备。

3.各项费用与收支情况、项目机构经济运行情况

各项费用与收支情况、项目机构经济运行情况包括物业服务费、停车费、水电费、其他有偿服务费的收取和支出，维修资金的收取、使用和结存，各类押金、欠收款项、待付费用等账务情况。

4.其他内容

(1)物业管理用房；

(2)产权属全体业主所有的设备、工具、材料；

(3)与水、电、通信等市政管理单位的供水、供电的合同、协议等。

学习单元二　承接验收的主要标准和工作规程

一、新建物业承接验收的内容及标准

(一)主体结构

(1)地基基础的沉降不得超过《建筑地基基础设计规范》(GB50007—2002)的允许变形值；不得引起上部结构的开裂或相邻房屋的损坏。

(2)钢筋混凝土构件产生变形、裂缝，不得超过《混凝土结构设计规范》(GB50010—2002)的规定值。

(3)木结构应结构牢固，支撑系统可靠、无蚁害，其构件选材必须符合《木结构工程施工质量验收规范》(GB50206—2002)的有关规定。

(4)砖石结构必须有足够的强度和刚度，不允许有明显裂缝。

(5)凡抗震设防的房屋,必须符合《建筑抗震设计规范》(GB50011—2002)的有关规定。

(6)外墙不得渗水。

(二)屋面与楼地面

(1)各类屋面必须符合《屋面工程及验收规范》(GB50207—2002)的规定,排水畅通,无积水,不渗漏。

(2)平屋面应有隔热保温措施,3层以上房屋在公用部位设置屋面检修孔。

(3)阳台和3层以上房屋的屋面应有组织排水,出水口、檐沟、落水管安装牢固,接口严密,不渗漏。

(4)面层与基层必须粘结牢固,不空鼓。整体面层平整,不允许有裂缝、脱皮和起砂等缺陷;块料面层应表面平正,接缝均匀顺直、无缺棱掉角。

(5)卫生间、阳台、盥洗间地面及相邻地面的相对标高应符合设计要求,不应有积水,不允许倒泛水和渗漏。

(6)木楼地面应平整牢固,接缝密合。

(三)装修

(1)钢木门窗应安装平正牢固,无翘曲变形,开关灵活,零配件装配齐全,位置准确,钢门窗缝隙严密,木门窗缝隙适度。

(2)进户门不得使用胶合板制作,门锁应安装牢固,底层外窗、楼层公共走道窗、进户门上的亮子均应装设铁栅栏。

(3)木装修工程应表面光洁,线条顺直,对缝严密,不露钉帽,与基层必须钉牢。门窗玻璃应安装平整,油灰饱满,粘贴牢固。

(4)抹砂应平整,不应有空鼓、裂缝和起泡等缺陷。

(5)饰面砖应表面洁净,粘贴牢固,阴阳角与线角顺直,无缺棱掉角。

(6)油漆、刷浆应色泽一致,表面不应有脱皮、漏刷现象。

(四)水电设备设施的验收

(1)检查高低压配电柜、高压器有无正式供电,是否满足设计功能,是否按国家及地区有关规程施工,有无事故及安全隐患(如电缆沟有无盖板;有无悬挂安全标示牌;安全有效距离是否合格;高压侧有无隔离设施等);接地网是否可靠接地;设备房是否做好"三防"措施(如有无防鼠板,电缆沟、门窗、墙洞是否封网)。

(2)检查发电机系统是否能满足设计功能,机组能否正常使用,机油管路、柴油管路、冷却水路是否畅通。若有两台以上机组,能否并车同步进行,烟管有无漏烟现象,有无事故紧急停车功能,应急自动发电功能能否正常起动,必保供电线路是否正常供电等。

(3)低压电气线路应平整、牢固、顺直,过墙应有导管,导线连接必须紧密,铝导线连接不得采用铰接或绑接;采用管子配线时,连接点必须紧密、可靠,使管路在结构上和电气上均连成整体并可靠地接地,每回路导线间及对地绝缘电阻值不小于规定要求。应按套安装电表或预留表位,并有电气接地装置。照明器具等低压电器安装支架必须牢固,部件齐全,接触良好,位置正确。电表是否经过国家供电有关部门检测。

(4)避雷装置的所有连接点必须牢固可靠,接地电阻值必须符合电气装置工程施工及验收规范的要求。

(五)中央空调系统通风工程部分的验收

(1)检查中央空调主机能否正常运行,负荷能否在可调节范围内运行,检查冷却泵、冷冻泵、冷却塔能否正常运行,控制柜内电气线路是否符合规范。

(2)检查冷冻管系、冷却管系和阀门,保温是否完好,有无漏水现象;防腐是否符合要求,膨胀水箱能否正常补水。

(3)检查制冷或制热情况能否满足设计要求。

(4)检查柜式风机、盘管内机、新风机、吊顶风机能否正常使用。噪音是否在有效范围内,风管出风是否均匀,风机进风口、出风口有无封闭现象。

(六)电梯的验收

(1)电梯应能准确运行、选层、平层、停层。

(2)曳引机的噪声和震动声不得超过《电气装置安装工程施工及验收规范》(GBJ232—1982)的规定值。

(3)制动器、限速器及其他安全设备应动作灵敏可靠。

(七)消防系统的验收

(1)检查消防控制系统烟感、温感、水流等信号能否做出相应反应,消防栓泵、喷淋泵、排烟风机、排烟阀、加压风机等能否自动及手动起动,消防广播系统能否正常播音。

(2)检查消防管路有无漏水,阀应保持常开状态(防火水阀除外),消防栓内配件是否缺少,检查喷淋头是否满足要求,消防栓、喷淋头有无水流,水压是否满足要求。

(3)检查气体灭火系统能否正常运行,气体压力是否在正常范围内,气体有无及时补充更换。

(4)检查各工作生活点,手提式灭火器、防毒面具等是否配备整齐,防火门是否合格,有无保持常开状态,消防设施有无故障,是否防碍正常使用等。

(八)给水排水系统的验收

(1)管道应安装牢固,控制部件启闭灵活、无滴漏;水压试验及保温、防腐措施必须符合采暖与卫生工程施工及验收规范的要求;应按套安装水表或预留表位。

(2)高位水箱进水管与水箱检查口的设置应便于检修。

(3)卫生间、厨房内的排污管应分设,出产管长不宜超过 8m,并不应使用陶瓷管、塑料管。地漏、排污管接口、检查口不得渗漏,管道排水必须流畅。

(4)卫生器具质量良好,接口不得渗漏,安装应平正牢固、部件齐全、制动灵活;

(5)水泵安装应平稳,运行时无较大振动。

二、原有物业承接验收的内容及标准

(一)质量与使用功能的检验

(1)以 CJ13 和国家有关规定作为检验依据。

(2)从外观检查建筑物整体的变异状态。

(3)检查房屋结构、装修和设备的完好与损坏程度:

(二)危险和损坏问题的处理

(1)属有危险的房屋,应由交接人负责排险解危后,才能承接。

(2)属有损坏的房屋,由交接人和承接单位协商解决,既可约定期限由交接人负责维修,也可采用其他补偿形式。

(3)属法院判决没收并通知承接的房屋,按法院判决办理。

(三)承接验收遗留问题的处理

1.遗留问题的登记确认

(1)对资料验收中发现的资料不全、不真实、不合格等问题,承接验收小组应将问题逐项记录在《承接验收资料遗留问题统计表》中,并由交接人签字确认。

(2)对物业硬件设施承接验收中发现的不合格等问题,承接验收小组应当将问题逐项记录在《公共配套设施承接验收遗留问题统计表》中,并请交接人签字确认。

2.遗留问题的解决

(1)对资料遗留的问题,承接验收小组应当积极同交接人联系补齐,必要时企业领导应当协助进行。

(2)对物业硬件设施、设备遗留问题,一般问题承接验收小组应当要求交接人在两周内解决;重大问题应当要求交接人在一个月内解决。必要时企业领导应当协助进行。

(3)对于长期解决不了,势必会影响物业管理的问题,物业管理公司应当以备忘的形式将问题登记后交给交接人进行备录。

【案例 4-1】

承接验收引起的纠纷

A 集团开发建设了一座商务大楼,由于当时 A 集团自身并不具备承接大楼的经验和能力,便聘用 B 公司负责项目的物业管理工作。B 公司当时由于是靠低价中标,因而实际运作中财务压力很大,在物业服务过程中经常出现偷工减料的情况,对管理成本进行非正常压缩,造成客户大量投诉,从而使大楼形象受到了较大影响。在这种情况下,A 集团决定提前一年终止委托合同,自己组建机构承接。项目交接时双方分别就项目现状进行了逐项检查和记录,在检查到中央空调制冷机组时,由于适逢冬季,环境温度过低,无法达到制冷机组开机条件,在粗略查看过机房后,承接人员便写下了"一切正常"的字样并签了名。但次年 4 月份,在进行中央空调开机前的准备过程中,却发现 B 公司对制冷机组的维修保养很差,个别机组压缩机头已不能启动,且系统冷冻水泵运转出现故障。此时,B 公司提出要求 A 集团支付双方约定的提前终止委托管理的补偿费用,而 A 集团则认为 B 公司在受委托期间未能正常履行其管理职责,造成设备受损,补偿费用要扣除相当部分,B 公司不同意,并拿出有 A 集团承接人员"一切正常"签字盖章的承接验收记录复印件向 A 集团提出了交涉,此时,由 A 集团、B 公司共同签署的"终止委托物业管理协议"中的一个条款使 A 集团的权益得到了保护,该条款规定了 B 公司必须对"遗留问题备忘录"予以签署确认后,该协议方能生效,而这个备忘录中 A 集团将空调制冷机组中存在的问题已经作了补充,B 公司尚未签署也未给予足够重视。

【案例分析】物业项目的承接验收工作是科学与艺术的结合,主要体现在承接时一方面要严格依据相关标准进行验收,承接工作务必要做到仔细认真;同时还要保持承接工作的适度灵活性,签署验收意见务必慎重小心,签名盖章要斟酌再三。

分析假设A集团、B公司共同签署的“终止委托物业管理协议”中没有规定“B公司必须对‘遗留问题备忘录’予以签署确认后，该协议方能生效”的条款，事情将会出现怎样的结果？案例中A集团的失误在于对中央空调制冷机组验收时没有进行开机运行，如果当时不具备开机条件，则应在“遗留问题备忘录”上标注存疑。事情的发展颇有柳暗花明的味道，当B公司的律师提出法律交涉时，由A集团、B公司共同签署的“终止委托物业管理协议”中的一个条款使A集团的权益得到了保护，该条款规定了B公司必须对“遗留问题备忘录”予以签署确认后，该协议方能生效，而这个备忘录中A集团将空调机组存在的问题已经作了补充，B公司尚未签署也未给予足够重视最后才保障了A集团的利益。

(四)物业承接验收中应注意的问题

1.人员选配要精干

应选派素质好、业务精、对工作认真负责的管理人员及技术人员参加验收工作。

2.验收立场要明确

物业管理公司既应从今后物业维护保养管理的角度进行验收，也应站在业主的立场上，对物业进行严格的验收，以维护业主的合法权益。

3.遗留问题要备案

(1)对在前期介入阶段提出的完善项目和整改意见进行复核，对尚未完善的事项，要求开发商提出补救和解决措施并备案。

(2)承接验收中若发现问题，应明确记录在案，约定期限督促交接人对存在的问题加固补强、整修，直至完全合格。

4.保修事宜要落实

根据建筑工程保修的有关规定，由开发商负责保修的，应向物业管理公司交付保修保证金；或由物业管理公司负责保修，开发商一次性拨付保修费用。

5.特殊信息要收集

(1)新建物业开发商应将项目所有土建工程、装饰工程、市政工程、设备安装工程和绿化工程等主体及配套工程的施工(承包)单位名称、工程项目、工程负责人员联系电话、保修期限等内容列出清单交给物业管理公司。

(2)凡项目采用非市面上常见的建材、设备和设施的，应让开发商或施工单位提供供货和维修保养单位的地址、电话和联系人。

6.管理配套要关注

验收时注意与物业管理服务密切相关的设施和管线有无按要求做好。包括岗亭、道闸、围栏防攀防钻设施、清洁绿化取水用的水管接口、倒水池、垃圾收集房、小区标识系统、车棚、停车位是否足够，小区摆摊、室外用电的预留电源插座等设施。

7.产权界定要证明

小区公共设备、设施、辅助场所(幼儿园等)、停车位、会所等产权须界定并出具相关证明(避免以后引起业主投诉、争纷)。

8.管理权限要清楚

物业管理公司接受的只是对物业的经营管理权以及政府赋予的有关权利。

9.验收手续要齐全

承接验收符合要求后，物业管理公司应签署验收合格凭证，签发承接文件。

三、物业交接双方的责任

为尽快发挥投资效益,建设单位应按承接验收应具备的条件和提供的资料的要求提前作好房屋交验准备,房屋竣工后,及时提出承接验收申请。承接单位应在 15 日内审核完毕、及时签发验收通知并约定时间验收。经检验符合要求,承接单位应在 7 日内签署验收合格凭证,并应及时签发承接文件,未经承接的新建房屋一律不得分配使用。

承接验收时,交接双方均应严格按照标准执行。验收不合格时,双方商议处理办法,并商定时间复验,建设单位应按约返修合格,组织复验。

房屋承接交付使用后,如发生隐蔽性的重大质量事故,应由承接单位会同建设单位组织设计、施工等单位,共同分析研究,查明原因,如属设计、施工、材料的原因应由建设单位负责处理,如属使用不当、管理不善的原因,则应由承接单位负责处理。

新建房屋自验收承接之日起,应执行建筑工程保修的有关规定由建设单位负责保修,建设单位应向承接单位预付保修保证金,承接单位在需要时用于代修,保修期满,按实结算。也可以在验收承接时,双方达成协议,建设单位一次性拨付保修费用,由承接单位负责保修。

承接验收时如有争议,交接双方应尽可能协商解决,如不能协商解决时应请政府主管部门进行协调和裁决。

知识链接

承接物业过程中所遇的风险

(1)物业共有部位、共有设施设备有明显或者暗藏的质量问题。按照《物业管理条例》第二十八条的规定,物业管理企业承接物业时,应当对物业共有部位、共有设施设备进行查验。但是在实践中,我们的物业管理企业往往对此不够重视,有些企业认为物业在工程竣工时,已经经过了建设单位及相关政府管理部门组织的竣工验收,有相关验收合格的证件,查验也只是一种形式而已。孰不知这些验收与物业管理企业组织的验收,是两种性质完全不同的验收,从法律角度来看,其后果有着不同的责任承担主体。建设单位及相关政府管理部门的竣工验收,如果验收不合格,承担责任的主体是施工单位和建设单位,而通过了此类的验收,承担责任的主体就会转为物业管理企业。实际上,通过建设单位和相关政府管理部门的竣工验收的物业,并不必然就是物业管理意义上完全合格的物业。如果物业管理企业不以认真的态度对待查验工作,对该验收的项目不验收,对不合格的项目按照合格验收等等,那么,本该由建设单位或者施工单位承担的责任,转由物业管理企业承担,这就增大了企业的经营风险。

(2)开发商或者前物业管理企业与业主之间的遗留问题没有得以处理和解决。

这对于结束了前期物业管理,以应聘者的身份进入物业的新物业管理企业来说,是特别应当注意的问题。在开发商或者前物业管理企业与业主之间,往往有一些关于建筑质量或者物业管理服务质量的遗留问题,需要在承接时得以明确责任,及时予以解决。这些遗留的问题,应由开发商或者前物业管理企业承担责任,而且往往引发的原因是比较复杂的,解决起来困难很多。所以这些问题如果不在承接时得以解决,对开发商及前物业管理企业的工作不满的部分业主,不仅不会配合新的物业管理企业开展工作,甚至有部分业主直接拒交物业管理费,这些无疑加大了物业管理企业的经营风险。

针对以上问题,化解的措施有:交接双方应当严格按照标准进行验收,验收不合格的,双方协商处理，由责任单位返修，再约定时间复检，直至验收合格；对于遗留问题或者发生的争议不能解决的，向当地政府房地产行政主管部门进行协调解决；注意保存验收资料的完整性及真实性。对于验收资料，建议要有交接双方的签字认可，以明确相关责任。

本章小结

本章主要介绍了承接验收物业应具备的条件和资料，承接验收的程序，主要的内容包括物业资料情况、物业共用部位、共用设施设备及管理现状、各项费用与收支情况，项目机构经济运行情况以及其他内容。物业承接验收的标准包括主体结构、屋面与楼地面、装修、水电设备设施的验收、中央空调系统通风工程部分的验收、电梯的验收、消防系统的验收、给排水系统的验收。承接验收遗留问题的处理要仔细，分清验收中交接双方的责任。

学习检测

一、不定项选择题

1. 以下选项中不涉及承接查验的法律法规是（　　）。

A.《物业管理条例》

B.《物业承接查验办法》

C.《新建物业项目承接查验技术标准》

D.《房屋建筑工程和市政基础设施工程竣工验收暂行规定》

2. 下列哪个不属于承接查验和收集物业接管验收合同资料（　　）。

A. 工程承包合同

B. 共用设施设备清单及其安装、使用和维护保养等技术资料

C. 供水、供电、供气、供热、通信有线电视等准许使用文件

D. 绿化外包合同

3. 新建房屋承接查验，接管单位按接管验收条件和应提交的资料逐项进行审核，对具备条件的应在（　　）内签发验收通知并约定验收时间。

A. 10 日　　B. 15 日　　C. 20 日　　D. 30 日

4. 下列不属于物业服务企业承接查验内容的是（　　）。

A. 建筑物的基础、承重墙体、柱、梁、楼板等

B. 电梯、水泵、水箱、避雷设施、消防设备楼道灯等设备

C. 道路、绿地、人造景观、围墙大门、化粪池机械停车场等共用设施

D. 依法移交有关单位的供水、供电、供气、供热、通信和有线电视等共有设备设施

5. 新建物业承接检验中过程，物业服务企业对物业进行查验之后将发现的问题提交（　　）处理。

A. 监理单位　　B. 业主

C. 建设单位　　D. 项目负责人

6. 物业承接查验主要步骤包括（　　）。

①签订物业承接查验协议；②查验共用部位、共用设施设备；③确认现场查验结果；④确定物业承接查验方案；⑤移交有关图纸资料；⑥办理物业交接手续；⑦解决查验发现的问题；

A. ①④②⑤③⑦⑥

B. ②③①④⑤⑥⑦

C. ④⑤②⑦③①⑥

D. ①③②⑥④⑤⑦

7. 建设单位应当向物业服务企业移交的资料有(　　)。

A. 建设单位与施工单位签订的施工合同

B. 共用设施设备清单及其安装、使用和维护保养等技术资料

C. 供水、供电、供气、供热、通信、有线电视等准许使用文件

D. 竣工总平面图,单体建筑、结构、竣工图,配套设施地下管网竣工图

E. 物业质量保修文件和物业使用说明文件,承接查验所必需的其他资料

8. 物业承接查验的分类有(　　)。

A. 新建物业承接查验

B. 物业拆迁时的承接查验

C. 物业管理机构终止时的承接查验

D. 物业管理机构更迭时的承接查验

E. 业主大会决定由专业机构的承接查验

9. 下列属于房屋本体承接查验关注要点的是:(　　)。

A. 外立面查验

B. 顶棚查验

C. 业主房屋内设备设施的查验

D. 楼、地面查验

E. 门窗墙面查验

10. 新建房屋承接查验应提交的资料有(　　)。

A. 产权资料

B. 政府部门验收合格资料

C. 工程技术资料,配套设施及公用设施资料

D. 前期物业服务合同

二、简答题

1. 什么是承接验收? 什么是竣工验收? 二者有何区别?

2. 物业承接验收的程序是什么?

3. 物业承接验收中遇有房屋质量问题,物业管理公司应怎样处理?

三、案例分析题

某住宅小区入住不足两年,前期物业管理由开发商委托的甲物业管理有限公司负责。该小区业主大会成立后决定选聘乙物业管理公司承担小区的物业管理工作,业主委员会书面通知甲、乙公司办理移交。

现场交接时,乙公司派项目经理一人,在甲公司人员陪同下观察了小区内共用部位、共用设施设备及其附属设施的运行状况。观察结果是除部分屋面漏水外,其他部分运行状况正常。对于屋面漏水,甲公司解释属保修期,应由开发商解决。于是,甲、乙两公司未将该问题列入移交工作范围。

资料交接时,甲公司向乙公司移交了开发商提供的前期物业资料,甲称入住资料属短期保

管，已销毁。

费用交接时，甲公司提出因有部分未实际居住的业主以没有接受服务为由，不缴纳物业服务费，致使小区物业服务经营亏损，希望用小区楼内广告收入冲抵。

上述情况乙公司给予确认，双方共同签署了交接文件。

接管后，乙公司便陆续发现部分电梯存在故障，支出大量维修费用。

问题：

1. 本案例中物业承接查验的做法是否正确？简单说明理由。

2. 本案例中对于部分屋面漏水，甲公司的解释是否恰当？甲、乙两公司的处置方法是否正确？简单说明理由。

3. 物业资料的移交应该包含哪些内容(请列举)？本案例中，甲公司处置人住资料的行为是否符合档案管理规定？简要说明理由。

4. 本案例中部分业主拒缴物业服务费的理由是否成立？简要说明理由。甲公司提出的欠费以广告收入冲抵的处理方式是否恰当？请列出两条你认为恰当的处理方法。

5. 你认为可以从本案例吸取哪些教训来改进承接查验工作？简要说明理由。

综合实训

【实训目标】

了解承接验收的工作流程和应注意的细节。

【实训内容与要求】

你所在物业管理公司中标承接某物业，你和小张都将参加公司组织的小区承接验收小组，由于小张刚刚来到公司，对物业的承接验收工作还不太熟悉，请你告诉他物业管理公司应对物业的哪些方面进行验收？

【成果与检测】

1. 各组写出给小张的承接验收指导书；

2. 班级汇报与交流。

学习情境五

业主入住

学习目标

【知识目标】

1. 了解业主入住前的准备工作及相关文书资料；
2. 掌握业主入住办理程序。

【能力目标】

具备组织业主入住的能力

【技能目标】

1. 能够有条不紊地进行入住的准备工作；
2. 处理业主入住过程中各种突发事件。

情境导入

房子没住，交不交管理费

某女士购买了一套期房，在办理入住手续时，对房屋内部提出了不少细部质量问题，认为该房没有达到入住条件，但因要举家出国，就在入住交接单上提出了自己的意见，并收了房门钥匙。半年后，该女士回国发现，有关的细部质量问题仍未解决，而物业管理公司却发出了多份催交物业费的通知。该女士觉得很冤，当初收房时就对房子不满意，这半年自己也没住，怎么还要缴纳这么多物业管理费？

请问：这管理费到底该不该交呢？

学习单元一　业主入住工作内容和程序

一、入住服务的含义

入住是指建设单位将已具备使用条件的物业交付给业主并办理相关手续，同时物业服务单位为业主办理物业服务事务手续的过程。其内容包含如下几个方面：

1. 入住的条件

建设单位（通常为开发商）要将经过竣工验收合格和接管验收合格、具备使用条件的物业在购房合同约定的时期内，交付给业主进行入住。否则，开发商要承担法律责任，进行相应的赔偿。

由此可见，物业入住条件是政策性的，具有法律效应，其依据是购房合同、物业竣工验收标准及房地产商的事前承诺。

2. 入住的内容

对业主而言，入住的内容包括两个方面：一是物业验收及其相关手续的办理；二是物业服务有关业务的办理。

3. 入住服务的相关主体及其角色职责

对物业验收及相关手续的办理，即房产移交而言，其主体是建设单位和业主，建设单位对其承担相关法律责任和义务；对物业服务有关业务的办理而言，其主体是物业服务单位和业主，物业服务单位对其负责。

4. 入住服务是一个过程

入住服务从业主接到《入住通知书》开始至上述两项内容的完成，接纳物业的钥匙，意味入住的完成。入住的完成意味着物业由开发建设转入使用，业主正式接受物业服务单位，物业服务活动全面展开。物业管理企业由此正式建立与业主的服务与被服务关系，此时应宣传物业管理法规、政策和业主临时公约等，让业主充分了解物业管理提供的各项服务，为物业管理工作顺利开展创造条件。

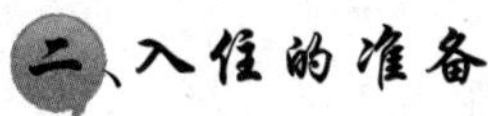

二、入住的准备

入住服务是物业管理单位首次直接面对业主提供相关服务，直接关系到业主对物业管理服务的第一印象。因此，物业管理单位要从各方面作好充分细致的准备，全面有效地保障业主快速、方便、愉快、喜庆地入住。

(一)资料准备

根据相关的政策法规和物业入住服务流程，入住前需要准备的资料文件有如下几类：

(1)入住通知书、入住须知、预交费用标准；

(2)前期物业管理服务协议、业主公约、消防安全责任书、装修协议、委托银行代收款协议书、房屋委托出租申请表；

(3)入住指南、住户手册、预交费用标准；

(4)住宅质量保证书、住宅使用说明书、收楼须知、验房登记表、房屋物品交接记录表；

(5)装修指南、装修须知、装修申请表、装修审批表；

(6)业主登记表、业主家庭登记卡、业主联络资料登记表、入住登记表；

(7)入住声明、入住认定书、钥匙领用登记表、签领钥匙登记表、收楼杂项费用一览表。

以上资料在入住过程中所起的是“工具”作用，高效利用这些工具将使入住服务快捷、方便、愉快地进行，同时为后续的物业管理服务打下扎实的基础。

(二)其他准备

1. 入住工作计划

建设单位和物业管理单位应在入住前一个月制订入住工作计划，由项目管理负责人(通常是项目经理或管理处主任)审查批准，并报经上级主管部门核准。计划中应明确以下几点：

(1)入住时间、地点。

业主购房合同里界定了入住的时段——政策性时段内涵。但是，在政策性时段里，具体哪个时间点入住，要从业主便利入住的角度，同时参考开发商和物业公司的需要进行确定。否则，可能产生负面不利的社会影响。同样，入住地点的确定也要考虑业主办理入住手续的便利、快速，环境布置要有利于和谐气氛的营造。

(2)负责入住工作的人员及职责分工。

由于入住服务是整个物业管理服务全过程中全面展开的起始阶段，具有政策性强、涉及面广、时间性强、管理难度大等特点，容易导致物业服务单位与业主(或物业使用人)之间发生矛盾和冲突。同时入住服务也是物业管理服务企业与业主首次面对面的接触，因此，在这期间物业服务单位要以优秀的服务品质、高超的管理技术、严谨的工作作风和良好的专业素养赢得业主和物业使用人的认同和支持，树立良好物业服务形象，化解物业服务操作中的种种矛盾和问题，顺利地完成物业管理服务工作。为此，构建优秀的入住服务项目团队，尤为重要。

①一般来说，分为以下几个小组：

指导：负责全面工作，一般由经理担任。

组长：负责调度和管理工作，入住现场总协调，一般由客服部主管担任。

组员：所有的员工。

现场咨询组：负责指引和解释业主提出的问题。

现场布置组：负责营造一个喜庆、和谐的入住现场。

收费组：负责收缴相关费用以及解释相关的财务问题，由财务人员担任。

钥匙组：负责发放签收钥匙，可由客户助理担任。

验房组：负责解说业主提出的工程问题，将验收交接表交与开发商限期整改，由工程部人员担任。

秩序组：由安全班人员担任。

后勤组：负责后勤工作，可由客户助理担任。

装修咨询组：由工程部和客服部人员担任。

②具体工作分配如下：

咨询组：负责对业主提出的各种问题进行现场解答。

资料组：负责入住现场的资料填写及业主身份的验证，在第一次入住模拟前要对资料组所有成员进行培训，熟悉如何验证业主身份、填写资料。

现场布置组：要提前到现场进行场景布置，准备好公司的宣传版、必备的桌椅、饮水、条幅、入住流程图、装修流程图、业主接待等。

收费组：在第一次模拟前一天要准备好足够的票据，熟悉收费项目及收费依据。

钥匙组：要在第一次模拟前准备好钥匙，并进行分类。

验房组：要在第一次模拟前对验房人员进行培训，熟悉验房的注意事项。

秩序组：要在第一次模拟前对所有保安员进行培训，熟悉小区内的路线，停车管理、安全保卫、消防隐患。

后勤组：要在第一次模拟前准备好条幅、桌布、入住资料、装修资料并加盖公章。

装修咨询组：要熟悉装修流程，准备好装修资料。

(3)入住服务项目团队设计。

入住服务项目团队设计应遵循以下原则：

①目标、任务原则。入住服务项目团队的设计必须从项目团队要实现的目标、任务出发，并为有效实现目标、任务服务。

②专业分工与协作的原则。入住服务项目团队的设计要按照专业化的原则设计团队角色位置和确定归属，同时要有利于角色之间的协作。

③精简高效原则。项目团队既要精简，又要有效率。

④稳定性和适应性相结合原则。

既要保证项目团队的相对稳定性，又要在目标或环境变化情况下能够适应与及时调整。

(4)入住过程中使用的文件和表格。

入住过程使用的文件和表格的准备包括设计及其如何运用。设计及构建如何运用时要考虑到其是入住服务过程中“面对面”的一个关键接触点，为此，其设计既要与物业管理服务企业整体 CIS 保持一致，又要人性化，力求满足业主的需要。

(三)入住前的人员培训工作

入住培训能提高员工综合素质，提高工作效率和服务水平，树立企业良好形象。作为入住前的培训工作，应该重点培训以下几方面的内容。

1. 入住培训

入住培训的培训人员包括入住工作小组的所有成员，培训课目包括小区简介、入住装修管理、员工行为规范等。

2. 客户服务中心培训

客户服务中心培训是对客户服务中心所有人员的培训，培训内容包括相应的法律法规、小区简介、工作职责、入住装修管理、员工行为规范等。

3. 正式入住后的培训

正式入住后的培训应重点培训员工的礼仪礼貌、工作职责及日常管理所需的知识。

有些事项需与开发商协助解决，应提前和开发商协商解决，比如如下这几方面：①物业管理用房及员工宿舍可以开始使用的时间；②《入住通知书》及《入住须知》等资料的邮寄；③入住后续办理地点的简单装饰；④楼宇的清洁及交付；⑤入住现场相关导向牌的制作。

三、入住具体实施

在入住办理现场设置接待处、资料审核处、收银处、钥匙发放处及验房处，并配有专业人员进行接待、指导。同时，地产公司的工程部、施工队、监理公司将派专业工程人员前来协助工作，解决业主提出有关房屋质量方面的问题。

(一)业主需携带资料

1. 业主本人办理所需资料

(1)入住通知书；

(2)购房合同；

(3)交款收据；

(4)业主身份证；

(5)现金/支票(用于房款及物业管理费等相关费用)。

2. 委托人办理所需资料

(1)入住通知书；

(2)购房合同；

(3)交款收据；

(4)现金/支票(用于缴付房款及物业管理费等相关费用)。

(5)业主委托书、业主、委托人身份证原件及复印件。

(二)物业公司入住操作流程

物业公司入住操作流程为：接待—按揭—房款核算—资料核验—入住资料发放及填写—交纳相关费用—房屋验收—领取进户门匙(房屋整改)—完成入住手续。物业公司入住操作流程如图5-1所示。

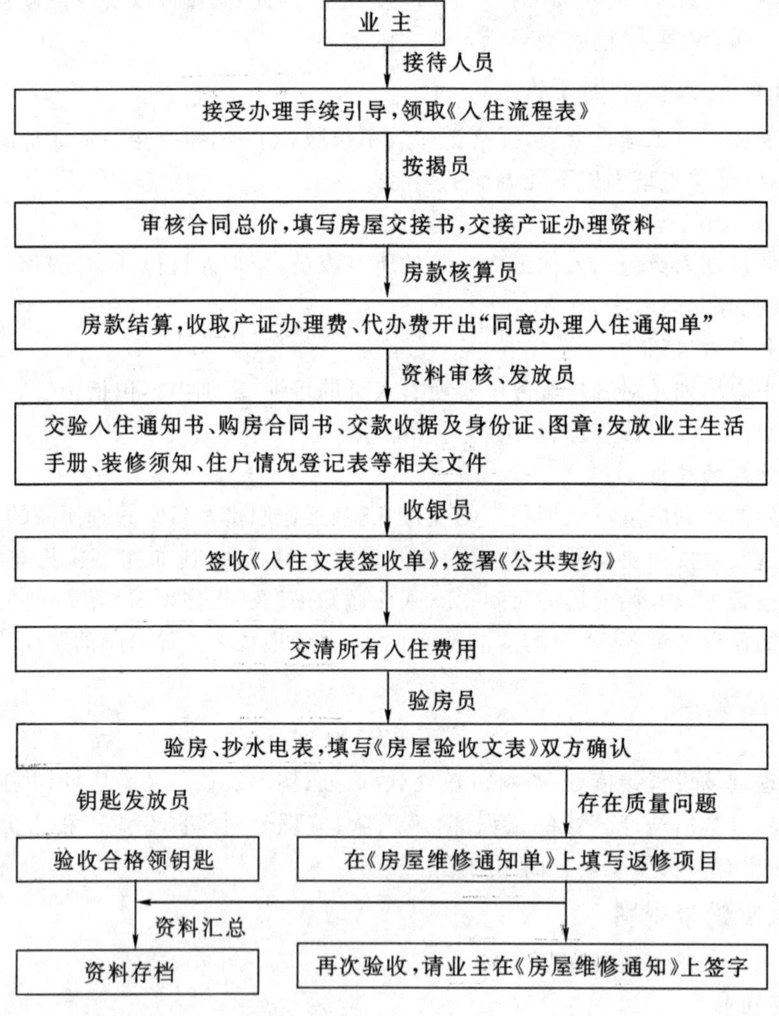

图5-1　物业公司入住操作流程

1. 接待

(1)接待人员有礼有节、不卑不亢，以良好的物业人的精神风貌欢迎业主的光临，并祝贺乔迁之喜；

(2)向业主介绍物业的概况，并讲解入住手续的办理程序，协调各环节，维持现场秩序；

(3)发放入住流程表；

(4)按顺序进行编号。

2. 资料审核发放

(1)资料审核人员会请业主出示入住通知书、购房合同、交款收据及业主身份证、图章(委托人还需委托书及身份证),并认真核对;

(2)核对完毕后,会向业主发放公共契约、业主生活手册、住户情况登记表、保修卡、住宅装修须知、新建住宅使用说明书、新建住宅质量保证书、车位租赁须知等相关文件,并指导业主进行填写;

(3)核对填写内容,确认无误后,业主需签收《入住文表签收单》及签署《公共契约》;

(4)填写《入住情况登记表》;

(5)收入资料:公契(2份,一份从生活手册中裁下并和另一份装订,两份均需业主签字盖章)、住户情况登记表、文表签收单、入住情况登记表、入住通知书、合同(原件和复印件一份),若业主自办产证,则交还合同原件;

(6)资料审核员向业主说明此环节已完成,请到"收银处",并致谢!

3. 收银

(1)向业主讲明要交付的费用及收费标准等,同时解答业主提出的管理费依据、构成、用途等问题。核对《收费标准》、收取相关费用,开具发票和收据;

(2)在"同意办理装修通知单"上签字。

4. 验房

(1)验房人员携带《房屋验收文表》并引导业主前往住宅;

(2)验房人员陪同业主进行住房管道、地漏通水、卫生间渗水试验及房屋设备的验收,并及时在《房屋验收文表》上做好记录以及业主的签字认可;

(3)验房人员会记录水、电、表的底数,请业主在《房屋验收文表》上签字确认。对于需返修的房屋,在《业主验房整改通知单》上填写返修项目及业主联系电话,告知大概返修及完工时间;

(4)返修结束,通知再次验房。业主验收没有问题后,在《业主验房整改通知单》上签字确认。

知识链接

收楼时需要注意的事项

(1)检查房屋有无裂缝。

首先,要仔细查看房屋主卧及客厅靠近露台的地面和顶上有无裂缝。如有裂缝,要看是什么样的裂缝:一般来说,与房间横梁平行的裂缝,虽属质量问题,但基本不存在危险,修补后不会妨碍使用。若裂缝与墙角呈45度斜角或与横梁垂直,说明该房屋沉降严重,存在结构性质量问题。

其次,要看露台处的两侧墙面是否有裂缝,若有裂缝也属严重的质量问题。

最后,看承重墙是否有裂缝,若裂缝贯穿整个墙面且穿到背后,表示该房存在危险隐患,对这类房屋,购买者一定不能报侥幸心理。

(2)检查房屋有无倾斜。

虽然检测房屋的倾斜度需用专门的仪器,但购房者用目测的方法从四周不同角度,远近距离仔细观测也能基本发现问题。有时,可在房顶上用细绳栓上一重物,贴墙放下至墙脚,从四周检查其倾斜程度。

由于新房子空放时间较长,在门窗轨道里会有一些灰尘和建筑垃圾,所以切不可很冲动,用蛮力推拉门窗,一感觉有阻塞的时候,仔细查看一下,用扫帚清除后再仔细察看。

(3)检查墙体平整度、是否渗水、是否有裂缝。

检查房屋有无渗漏。购房者要注意察看房屋的地面和顶层渗水情况,要仔细检查房屋墙面是否有变色、起泡、脱皮、掉灰的现象,这些都是渗漏的迹象。还应察看厨房、卫生间、阳台的顶部和管道接口是否渗漏。验收房屋最好在下过大雨之后,可在交房之前要求物业管理公司工作人员一同前往,对厨房、卫生间的地面进行试水,48 小时后再来察看是否会渗漏。

墙壁:环视墙身或用手触摸,便可看出墙面是否平整洁净、油漆功夫如何,若油漆没有顺同一方向漆,便会出现若隐若现的"路轨",影响美观性。墙身出现裂纹,表示油漆功夫马虎,注意相关位置要留有空调管孔,这些基本上是要靠我们的眼睛去观察。基本检验程序是"一看二敲三凿"。

(4)验门窗。

验收的关键一点是验收窗和阳台门的密封性。窗的密封性验收最麻烦的一点是,只有在大雨天方能试出好坏。但一般可以通过查看密封胶条是否完整牢固这一点来证实。阳台门一般要看阳台门的内外的水平差度。在现实中,因为施工不当,阳台的水平与室内的水平是一样的,这样,就很难避免在大雨天雨水渗进的问题了。

门窗:用手按门窗套看是否有空洞和软弹的感觉,目测门框的直角接合部是否严密,表面是否光洁,不上锁是否会自动关上或打开,门窗套及门面上有无钉眼、气泡或明显色差等。

(5)仔细检查地面有无空鼓开裂情况。

如有空鼓,一定要责成陪同物业人员尽快修复,否则在装修中会很容易打穿楼板,妨碍邻里关系。

地板:看看地板是否起翘,听听地板是否空心,地板铺设修边也不容忽视,尤其角位及近门位置,宜多加留意。留意地板有无明显的缝隙和不平整,地板与踢脚板结合部是否密合,在每个房间里慢慢地走一遍,仔细听听有无"吱咯吱咯"的响声。

(6)验地平。

验地平就是测量离门口最远的室内地面与门口内地面的水平误差。比较实用的测量的方法如:去五金店买一条长度约为 20 米的透明水管,,然后注满水。先在门口离地面 0.5 米或 1 米处画一个标志。然后把水管的水位调至这个标志高度,并将水管固定在这个位置。然后把水管的另一端移至离门口最远处的室内,看水管在该处的高度并做一个标志。然后用尺测量一下这个标志的离地的高度,这两个高度差就是房屋的水平差。同时也可以通过这种办法如此类推,测量出全屋的水平差度。一般来说,如果差异在 2~3 厘米的范围为正常。

(7)水电是否畅通。

开水龙头查漏堵,尽可能让水流大一点、急一点,一来看看水压,二来试排水速度。

验电线,除了看看是否通电外,主要是看电线是否符合国标质量。再就是电线的截面面积是否符合要求。

(8)验收下水情况。

用盆或桶盛水,向各个下水处灌水,分别是洗手盆、浴缸、马桶、厨房和卫生间及阳台地漏的下水口，每个下水口应灌入两盆水左右，应听到咕噜噜的声音和表面无积水。

厨房：应验清厨具是否有崩裂、刮花、搪瓷脱落等情况，厨柜柜门是否开闭自如，螺丝有无脱落。洗菜池需反复地装水、排水、检验水管是否无异物堵塞。

做好这些后，确认没问题，要尽快将这些下水位置（如台盆下水、浴缸下水、马桶下水）拿一塑料袋罩着水口，再加以捆实。

(9)验收地面下水情况。

在厕卫放水，浅浅就行了（约高 2cm），闭水 48 小时后到下一层查看厕所天花是否有渗漏现象。

(10)测量楼宇层高，看楼宇层高是否符合设计标准。

(11)对照房屋买卖合同，再次确认房屋是否符合交楼标准。同时落实相关产品的售后维护期及保修工作。

(12)房屋面积的核定：任何商品房在交付使用时，必须经有资质的专业测量单位对每一套房屋面积进行核定，得出实测面积。因此，在进行房屋验收时，只要将这个实测面积与合同中约定的面积进行核对，即可得知面积有无误差。误差较大的，应及时向开发商提出并协商解决。

业主买房子，最重要的是所购房屋质量要有保证，否则价格再便宜、朝向再理想，都会给自己生活带来无穷的后患和烦恼。所以作为一个优秀的物业人员在带领业主业主验收之前自己必须非常了解物业的结构、质量等问题，及时咨询以及让相应部门整改，避免业主因为楼宇质量问题拒绝收楼，引起其他问题和产生对开发商、物业管理公司的不满。

【案例 5-1】段小姐在某小区买了一套房，本应去年 5 月入住。但当时验房师给的验房报告提出几点问题，段小姐将问题反映给了开发商。但正式入住时，开发商没有进行整改，并丢了段小姐的验房问题表。段小姐声明住房不整改好就不入住，但催了几次开发商都在拖延，直到今年 3 月才说整改完毕。可段小姐决定入住时，开发商却要收取整改期间的物业管理费，段小姐觉得不合理，还没有入住，为什么要交物管费？

请问：没能及时整改入住，要交物业管理费吗？

【案例分析】在收楼时，段小姐对房屋质量问题提出了异议并提交问题表格，开发商未能在规定时间内整改，导致段小姐无法入住，所以她可以不用交这段时间内的物业管理费，整改期间的物管费应由开发商承担。此外，如有足够证据，段小姐还可根据房屋买卖合同的约定，追究开发商逾期交房的责任，一般规定是逾期 90 日交房，开发商需赔偿业主房屋总款的万分之四。

5. 钥匙领取

验收完毕，钥匙发放人员核实入住流程表各项流程已完成，即可发放钥匙及 IC 卡，至此整个入住流程办理结束。

四、入住期间需要注意的事项

1. 入住仪式策划

为了提高小区整体形象，有效加强与业主、物业使用人的沟通，引导业主正确认识物业服务，通常由物业服务单位根据物业服务的特点及小区实际情况，组织举行入住仪式。参加人员有业主、物业服务企业代表、建设单位代表、相关的行政管理部门、社会媒体以及其他有关人员和组织，如社区精神文明办、消费者组织等。

2. 环境准备

在完成对物业的竣工验收和接管验收之后，物业管理单位要对物业共用部位进行全面彻底的清洁，为业主、物业使用人入住作好准备。同时，要布置好环境，保持道路通畅。遇有二期工程施工或临时施工情况，要进行必要隔离，防止安全事故发生。

3. 其他准备事项

(1)准备及布置办理入住手续的场地，如布置彩旗、标语，设立业主休息等待区等。

(2)准备及布置办理相关业务的场地，如电信、邮政、有线电视、银行等相关单位业务开展的安排。

(3)准备资料及预先填写有关表格，为方便业主、缩短工作流程，应对表格资料预先作出必要处理，如预先填上姓名、房号和基本资料等。

(4)准备办公用具，如复印机、电脑和文具等。

(5)制作标识牌、导视牌、流程图，如交通导向标志、入住流程、有关文件明示等。

(6)针对入住过程中可能发生的紧急情况，如交通堵塞、矛盾纠纷等，制定必要的紧急预案。

【案例5-2】近日，内蒙古阿左旗人民法院受理了一批物业服务合同纠纷案件，原告系一物业服务公司，自2012年1月1日起至2012年12月31日止，该企业一直为某小区提供物业服务，但有部分业主以房屋未实际入住为由拒绝交纳物业服务费，故物业服务公司诉至法院，要求业主交纳服务期间的物业服务费。

【案例分析】物业服务费是物业所有人或使用人，按照物业服务合同约定的收费标准向物业服务公司交纳的费用。《物业管理条例》第四十二条规定，业主应当根据物业服务合同的约定交纳物业服务费用。业主与物业使用人约定由物业使用人交纳物业服务费用的，从其约定，业主负连带交纳责任。已竣工但尚未出售或者尚未交给物业买受人的物业，物业服务费用由建设单位交纳。也就是说，业主从开发商处接收房屋时起，业主已实际占有了房屋，就应该开始交纳物业服务费，至于业主是否实际使用，并不影响物业服务企业收取物业服务费。因为物业服务公司提供的是物业区域的公共事务管理服务，即建筑物及其设备、共用设施、绿化、环境卫生、公共秩序等项目的日常维护、管理服务，这种公共性服务不会因为某一个人或几个人不在此居住，管理成本就会相应地减少。

学习单元二　编制业主入住工作手册

在进行入住工作时，要安排人员，准备各项工作，编写办公的各项表格和文件，这就需要编制一个完整的入住工作手册，对各项工作作具体的安排。一般一份完整的业主手册包括以下通知书或须知。

一、入住通知书

【样例 5-1】

××公司/女士/先生：

您好！您所认购的________小区____幢______室，已于______年______月______日，经____________房地产开发公司、________建筑工程公司、__________监理公司及____________物业管理公司等组成的验收小组验收合格并已备案，准予入住。

1. 请您接到本通知后按附表规定的时间前来办理入住手续。地点在______，在此期间内，房产公司财务部、销售部、物业管理公司等有关部门将在现场办公，一次办完入住手续，为您提供快捷方便的服务。

2. 如果您因公事繁忙，不能亲自前来，可委托他人代办。代办时，除应带齐相关的文件外，还应带上您的委托书、公（私）章和身份证。

3. 如果您不能在附件中规定的时间内前来办理手续，可以在______月______日后，到________________房地产公司（地点______________）先办财务及收楼手续，再到________物业管理公司（地点______________）办理入住手续。如果您未能在本通知规定的期限内办理入住手续，该物业将视同交付。

在您来办理各项手续前，请仔细阅读《入住手续书》《入住（收楼）须知》《入住手续办理流程》。

特此通知！

__________房地产开发有限公司

____________________物业管理有限公司

年　　月　　日

二、入住（收楼）须知

【样例 5-2】

尊敬的各位业主：

您好！

恭喜您乔迁__________小区！

为便于您顺利办理入住手续，请注意以下事宜：

1. 请您按顺序在一号台凭通知要求的资料进行身份验证，并领取《入住会签单》《业主登记表》《业主手册》等；请详细填写《业主登记表》中家庭成员的情况，如带有照片请在指定位置贴好；如您对入住流程有不明之处，请向工作人员询问。每办理完一项手续，请让工作人员在《入住会签单》的相应位置盖章，转入下一项手续。

2. 请仔细阅读您准备的《业主手册》《入住流程表》等有关资料，按规定的流程办理各项事宜，保证入住过程安全、顺利、愉快。

3. 请携带《购/租房合同书》、购房发票、《入住通知单》，身份证、户口本原件及复印件 1 份到指定地点办理入住手续。若您不能亲临收楼，也可委托代理人办理，委托代理人除带齐上述各项文件外，还需出具：①业主身份证的原件和复印件；②代理人的身份证或有效证件（护照等)；③业主的委托书。

4.请您签订《临时管理规约》，并从签订之日起，严格履行自己的权利、职责和义务。

5.在您签署相关文件并缴纳费用后，验房组的工作人员将陪同您收楼、验房、查抄水表、电表、煤气表底数；交验住房时，请您仔细查验各个部位，若房屋质量有问题，请您在《入住房屋验收交接表》上逐次写明情况，并交还物业管理处，以便我们对存在的问题及时进行整改。

6.若需将门钥匙交给管理处，请您在《入住房屋验收表》上注明。

7.您在验收新房时应注意的如下事项：

(1)有无裂缝，地面、墙面和天花板都要检查清楚；

(2)内墙和天花板是否有麻点，是否存在渗漏现象；

(3)卫生间、厨房的自来水管阀，放点水试一下，有无渗漏或堵塞现象；

(4)卫生间、厨房、阳台的上下水管和地漏，管道接口是否渗漏，地漏是否堵塞；

(5)门窗是否开关灵活，闭合严密，有无变形或破损现象；

(6)试电气设施，对讲是否清晰，开关插座是否有电；

八、需缴纳的物业服务费等均按合同约定执行，未尽事宜，请向工作人员咨询。

______物业管理有限公司
____年____月____日

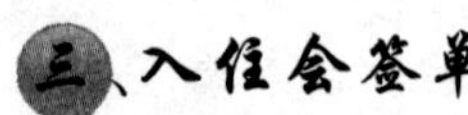

三、入住会签单

【样例5-3】

______先生/女士：

您认购的______________，现已具备入住条件，请阅读《入住(收楼)须知》后，按如下顺序办理入住会签手续：

1.开发公司销售部

入住资格审查合格 特此证明 盖　　章

2.开发公司财务部

已付清各项入住费用 特此证明 盖　　章

3.物业公司财务组

已付清楼款 特此证明 盖　　章

4.签约验房组

签约手续办理完毕 特此证明 盖　　章

已领取： 1.门钥匙________把； 2.其　他________； 业主签名：

四、业主手册

【样例5-4】

________花园入住手册

为了营造温馨、舒适、安全的室内环境，最大限度地发挥住宅的居住功能，保证房屋正常的使用，延长其使用寿命，特制定出本小区《入住手册》，内容如下：

一、安全管理

(1)××花园分为若干组团，每个组团实行全封闭管理，全日制二十四小时巡岗值班。为保持园内良好的环境，对出入本园作如下规定：

①业主及其家庭成员在办理收楼手续后办理业主会员卡和住户卡，业主会员卡每户只限办理一张，用以扣除每月发生的管理费及其他有关费用。住户卡只限业主的直系亲属(配偶、父母、子女)办理，可带消费功能(详见××花园业主会员卡章程及花园住户卡章程)。办理业主会员卡和住户卡须带一寸彩色证件相片两张、身份证复印件及日后需进入小区的车辆行驶证的复印件，每张卡需缴交人民币50元工本费。

②业主的其他亲友经业主允许后可办理有效期为三个月的花园临时住户卡。办卡时必须带彩色一寸相片两张和身份证明文件复印件，并交纳25元的工本费和押金。每个单位最多只可办理三张临时住户卡，业主必须签名同意担保办卡人在园内的一切行为和后果。

③业主聘用家庭保姆经业主允许后可办理有效期为三个月的花园佣人出入证，办卡时必须带彩色一寸相片两张和身份证明文件复印件，并交纳25元的工本费和按金。每个家庭保姆最多只可为三单位提供家居护理服务，每户业主必须签名同意担保保姆在园内的一切行为和后果。

④任何单位之住客、访客或获业主允许、默许进入园内之人士，都应遵守园内各项制度，该业主必须对其在园内一切行为负责负责，并须支付因其行为疏忽过失而引致的一切费用及开支。

⑤各种出入证并不赋予持证人或车辆任何特权，当管理公司发觉持证人对园内管理工作造成不便或引致其他问题发生时，管理公司有权随时撤销。各种出入证均不能转让，请妥善保管。

(2)禁止在单位内存放易燃、易爆物品，禁止于户外生火，但在私家花园内不制造浓烟与污染前提下可野餐。

①单位内请勿放贵重物品或过量现金，以防窃贼有机可乘。

②必须保持所有公共走廊、通道及楼梯畅通无阻。

③请勿通电于围墙、防盗网上以至误伤他人。

④所有要搬离园区的物品(指家私电器、装修材料等)，必须要有业主亲自陪同方可搬离出小区，并配合保安员记录有关物品数量、名称、业主地址、业主卡号码等以便日后查核，如业主确实无法陪同，必须以书面形式列出所搬物品的名称、数量、业主卡号码、身份证号码以及委托人姓名、身份证号码，并签名确认同意方可将物品搬出。

⑤禁止在园内非法举行游行结队、示威、广播活动，如有投诉可向管理处提案或通过合法渠道解决。

⑥禁止聚赌、贩毒、盗窃等一切犯罪行为。

二、环境维护及清洁

(1)私家花园为全区环境的重要组成部分，各业主或住户须保持其清洁且无荒芜，否则管理人员可进入私家花园清理或代为种植，费用由业主负责。

(2)花园植物请留意修剪,以防树枝过墙刺伤行人,如业主因工作繁忙而疏于此等杂事,可委托本公司妥善处理,但需支付相应费用。园内植物高度以不影响左邻右舍为宜,否则管理处有权将其迁移。

(3)家庭垃圾须用垃圾收集并系好袋口,于晚上七点至早晨七点盗窃案间投到门口垃圾桶内并盖上盖,由管理处集中清理。如属建筑废料、残旧家私及大宗物件之包装物,业主还需支付额外的清理费用。

(4)维护社区宁静、整洁的环境,洋房区业主或住户不得在本单位内饲养任何家禽和宠物,别墅区的业主和住户则必须在征得管理处同意,在有关部门办好心疫证,并书面保证在宠物外出时用绳子牵好和戴好粪袋、口罩、不影响公共卫生和不发出吠声影响他人的前提下可饲养宠猫或宠狗一只,但严禁饲养任何家禽和狼狗。

(5)不可于公共场所或本单位内肆意喧闹或制造过量噪音以免骚扰他人,特别是在晚上十时至翌晨八时期间严禁制造不定期量噪音,管理人员有权干预制止及采取必要之措施。

(6)不能悬挂衣物、幡旗或其他商业性标牌于花园和屋外(指定商业区房屋除外)。

(7)管理公司有权要求业主自费重修私人物业残缺部分,以符合本园高尚屋村之形象。

三、交通管理

(1)进入园内车辆必须按有关路标行车,非常时期以管理人员指挥为准。园内禁止鸣喇叭,园内限速20公里/小时,禁止载重1.75吨以上(含1.75吨)的货车进入区内(搬家私经物业管理公司除外)。

(2)驾车进入园内的人士必须遵守园内车辆管理制度,管理人员有权拒绝任何来访车辆进入本区,而无需给予任何理由。

(3)所有盛载物品之车辆若无物品来源证明,管理人员将拒绝放行。

(4)为保证园内道路干净,影响卫生之车辆必须在小区外冲洗干净,运输车辆须做好防污染之措施,管理人员认可后方可进入。

(5)管理公司有权在需要时将园内交通改道,或临时封闭道路。

(6)任何车辆如触犯管理条例或损坏园内物业,管理人员有权要求驾驶员出示驾驶证件,令其作出合理的赔偿。

(7)园内严禁以下行为:

①无牌无第三者保险行车;

②学车或试车;

③在公共道路上溜冰、玩滑板等;

④机动车辆及脚踏车在行人路上行驶;

⑤跨位停车或停泊于车位界线之外;

⑥在公共地方洗车、维修车辆。

(8)停车管理。

①洋房区的停车管理:洋房区的业主、住户应采用长租(租用期同房屋使用期相同)形式租用停车位。如入住初期长租仍有剩余的车位,业主和住户可采用月租和计时收费的形式租停车位。洋房区的控方车辆要按洋房区的停车管理规定执行。

②别墅区的停车管理:别墅区的业主和住户应将车辆停放于私家花园的停车库内,如有来访车辆需停于路的,必须靠该年度规定的方向泊车(以后每年的1月1日转换一次)。

③单车、摩托车的管理：不论洋房区还是别墅区，所有单车、摩托车一律不准停放于公共场所内(包括马路边、公共楼梯间、公众花园、游乐场所等)，洋房区应停放于指定的停放点内(区内各路段均设有指定停放点)，别墅区应停放于自家的花园内。

④对违规行车和停泊车辆的人士，管理公司有权采取警告、罚款、拖车等处罚措施，由此而造成的损失一概由车主负责。

四、公共场所行为规范

公共场所包括公众花园、公共娱乐场所、道路、街道、公共楼梯通道、行人路等。

(1)邻里之间要文明礼貌，和睦相处，如确有纷争应向管理处反映并服从管理人员的调解和仲裁。

(2)请勿于公共场所或本单位窗口往外随意抛置垃圾及杂物。

(3)请勿于公共场所睡觉，以影响他人游玩；

(4)请勿将宠物放任于公共场所排泄，因此所发生的一切善后均由宠物之主人负责；

(5)请勿于公共场所垂挂衣物，张贴标志、广告，竖立告示牌等；

(6)公共场所严禁乱摆乱卖。

五、装修管理

业主或住户根据需要对房屋进行装修，请参照以下程序和要求到管理处办理各项装修审批手续：

(1)将全套施工图纸及其他书面申请材料(如装修项目、内容、时间及施工单位的名称、人数、负责人等)送到管理处审批、备案。

(2)业主或住户申请装修获准后，管理处将发给《装修施工许可证》，并向施工单位收取施工管理费。施工管理费的收费标准按所申报装修工期以每天收取伍拾元人民币计算，如超过申报工期，必须提前补办有关手续并补交施工管理费，如逾期不办，管理处将责令其停工，并禁止其施工人出入花园。

(3)施工期间，必须将《装修施工许可证》挂在本单位的门口处，施工完后交回管理处。每天的施工时间为上午八点至晚上长点，节假日及中午休息期间，施工不能产生噪音，装修过程不得占用公共场所。

(4)装修期间如需接装临时水源、电源，应通知管理处安排有关人员完成，不得私下装接，否则将视情节轻重处以罚款。

(5)施工材料不得堆放在公共场所，施工完成后的杂物、垃圾、淤泥等应由施工人员及时清理，不得倒入区内的垃圾桶内或堆放在马路边。

(6)装修期间施工人员出住必须佩戴《装修工人出入卡》并接受保安员的检查。为了住户安全着想，施工人员蠔上长时后不得在单位内停留或住宿，并须遵守园内的有关规定和制度，因违章而发生任何事故，业主必须承担由此所造成的一切损失和责任。

(7)在施工过程中，要保护好公共的水电管网及设备、设施因施工而损坏，业主必须负责及时修复，并需承担由此而造成的经济损失。

(8)一切非本公司的手扶拖拉机均不得进小区内，如装修需要搬运材料、泥土及垃圾等，就向管理处申请，由管理处根据实际情况安排运输车辆，实行有偿服务。工程完后，剩余的施工材料及工具运出小区时，必须有管理处开具的“物品放行条”，并接受保安员的检查。

(9)禁止在门窗玻璃外及非指定的位置安装防盗网空调机、晒衣架等，所有单项工程必须先到管理处办理报建手续后方可安装。

①空调机的安装规定:空调机必须按指定的位置安装,窗机应直接安装在原设计预留位置上,分体式主机必须先到管理处确定位置后方可安装,力求做到横平竖直、统一美观。洋房日后由管理处统一安装空调滴水管并适当收取工本费。必须使用不锈钢架挂机(普通铁架生锈后锈水易污染墙身),禁止在主机上设置任何附盖。空调安装完毕后必须做好墙身洞口的修补和清洁工作。

②天台花园装修规定:天台花园的装修原则上从小从简,不能超过设定承载力,确保结构安全。严禁在天台加建任何封闭式建筑物,搭设简易光棚和花架应符合规定,以不影响房屋整体外观且高度不能高于天楼层层高为原则。严禁在天台楼板上钻孔、开凿槽坑。严禁于附栏河墙填土种树木。铺泥植树、做小水池、小石山应做好防水、排水措施,在确保防水安全、排水通畅的情况下方可施工,否则因装修而导致渗水、漏水的后果由业主负责。铺泥厚度以不大于20公分为宜,种苗木以不高于栏河为宜,砌小石山及其他园艺以不高于栏河为标准。

严禁将盆景置于栏河墙顶上,以确保安全。

③首层花园装修规定:严禁在花园内加建封闭式建筑物,洋房区严禁在花园内设停车位,未经许可严禁在围栏开设任何门洞口。于供给园内造亭、石山、喷水池及其他园艺建筑应以不影响整体美观、不影响他人为原则,高度不超过首层层高且距围墙应不小于1米为宜。

严禁于花园内开井或种植深根植物。

④严禁于窗台及窗檐加搭任何蓬盖。

(10)以下行为将会产生严重后果,如有违反,管理公司有权责令其恢复原状,并需承担其后果及费用,请认真阅读《房屋使用说明书》,并严格遵守有关规定。

①有损房屋结构、外观、外墙颜色;

②变动现有的水电管理网及公共装置;

③于阳台加建筑物;

④于花园内开井或种植深根植物。

(11)装修期间必须严格遵守国家有关的安全规定,注意防火安全,装修单位内必须至少配备一台家庭灭火器。

(12)业主装修完成后,要申报实际装机容量,如实际用电大于售楼合同额定用量,应即时办理增容手续。请勿擅自增大用电量,以防超负荷用电而发生事故。

(13)为维护区内的良好的治安环境,保障区内业主各住户的利益,凡所有在区内装修的工作人员,必须遵守如下规定:

①不准在装修单位内吸烟或随地大小便;

②在装修单位内煮食时一定要注意安全,严禁用电炉煮食,一经发现管理处将立即没收;

③不准在装修单位内乱拉乱接电线;

④严禁在装修单位内进行赌博或其他违法活动;

⑤所有装修工人必须严格遵守有关机械的安全操作规定,如因违反安全操作规定而造成伤亡,一切后果及责任自负;

⑥装修工人出入小区必须按指定路线行走,并严格遵守管理处的有关规定,佩带好出入证及接受保安员的检查;

⑦所有装修工人不准在所属装修单位外随意走动,穿着要整齐;

⑧严禁采摘区内花果;

⑨严禁在区内向各业主或客人散发商业性广告；

违反上述规定者，将没收其装修工人卡、不准其进入本小区。

六、供水、供电、石油气管道、通讯设施的使用和维修保养

(1)水、电、石油气、公共天线均属生活之必需设施，公共部分全权由管理处或管理处委托的专业公司代管，业主和住户除自觉遵守用水、用电、用石油气和公共天线管理规定外，还需：

①业主缺乏此方面的知识，可与供电部门联系，由供电部门安排专业电工作出评估；

②业主单位的实际用电量大于额定用电量时，应预先到供电部门办理增容手续。请勿擅自增大用电量以防超负荷用电而发生火灾等事故，影响正常供电，请勿私自装拆水电表；

③请勿使用对保安通讯、公共天线电波接收取有影响的电器；

④石油气管道的安装、供气及维护保养工作由专业公司负责。住户必须按有关规定安全使用石油气，严禁私自改动石油气管道；

⑤请勿置渣滓、布屑或其他硬物于下水道；

⑥请勿擅自增大公共电视天线容量和改变其连接。

(2)某些公共设施(如下水管等)铺设在业主单位内，管理处有权在必要时进入有关单位进行维修，预先通知与否，则视紧急程度而定。

(3)业主必须自费对其单位内所有装设(包括水、电、石油气、电视等)作经常性保养和维修。

七、管理费用

小区一切管理支出及公共设施的维护、保养费用由各业主共同承担。管理费收入和规定外行为之罚款均全额投放于区内的保安、环卫、消防、绿化、公共设施维护及日常行政支出，做到取之于民，用之于民。

(1)本期管理费标准：每平方米建筑面积每月××元人民币，每平方米花园面积每月××人民币，以后每年度费用标准将按物价指数及实际收支情况予以调整，通报有关部门批准并事先通知各业主、住户。

(2)各业主必须从管理处发出的入住通知之日起交纳管理费，采用业主卡账户自动转帐由银行代支的方式于公历每月五日前交纳。

(3)逾期交费：每逾期一天需增交5%的滞纳金，逾期二个月不交者将公布其姓名，如逾期三年不交者，管理公司要通过法律手段将其物业拍卖偿还所欠之款项及滞纳金。

(4)业主如转让其物业，请至管理处办理有关手续，若管理处未获书面通知，旧业主仍须负责交纳管理费。

八、有偿服务项目

(1)代客购买车、船、飞机票(最好是提前三天预订)和复印、传真、打字和长途电话服务；

(2)日常生活服务，如：维修水电、清洁家居、用车、联系医院、订报刊、洗衣、托婴、购物等；

(3)维修、装修和园林工程服务；

(4)二十四小时送餐服务；

(5)上门理疗服务；

(6)护理花园、修剪草皮、绿化等服务；

以上有偿服务之收费标准详情请到管理处查询。

物业管理公司

年　　月　　日

五、业主登记表

【样表5-1】

业主登记表

物业名称：房号：　　　　　　年　月　日

<table>
<tr><td rowspan="7">业主情况</td><td>姓　名</td><td colspan="3"></td><td rowspan="6">业主身份证
（复印件）</td></tr>
<tr><td>性　别</td><td></td><td>民族</td><td></td></tr>
<tr><td>出生年月</td><td colspan="3"></td></tr>
<tr><td>身份证号</td><td colspan="3"></td></tr>
<tr><td>职　业</td><td></td><td>国籍</td><td></td></tr>
<tr><td>联系电话</td><td colspan="3"></td></tr>
<tr><td colspan="5">其他联系方式</td></tr>
</table>

<table>
<tr><td colspan="5">家庭居住成员情况</td></tr>
<tr><td>业主
相片</td><td>贴相片</td><td>贴相片</td><td>贴相片</td><td>贴相片</td></tr>
<tr><td>姓名</td><td></td><td></td><td></td><td></td></tr>
<tr><td>性别</td><td></td><td></td><td></td><td></td></tr>
<tr><td>出生年月</td><td></td><td></td><td></td><td></td></tr>
<tr><td>身份证号</td><td></td><td></td><td></td><td></td></tr>
<tr><td>与业主关系</td><td></td><td></td><td></td><td></td></tr>
<tr><td colspan="5">其他说明：</td></tr>
</table>

说明：与业主关系一般填写“夫妻”“父子”“父女”“母子”“母女”等。

六、入住流程

业主入住流程如图 5－2 所示。

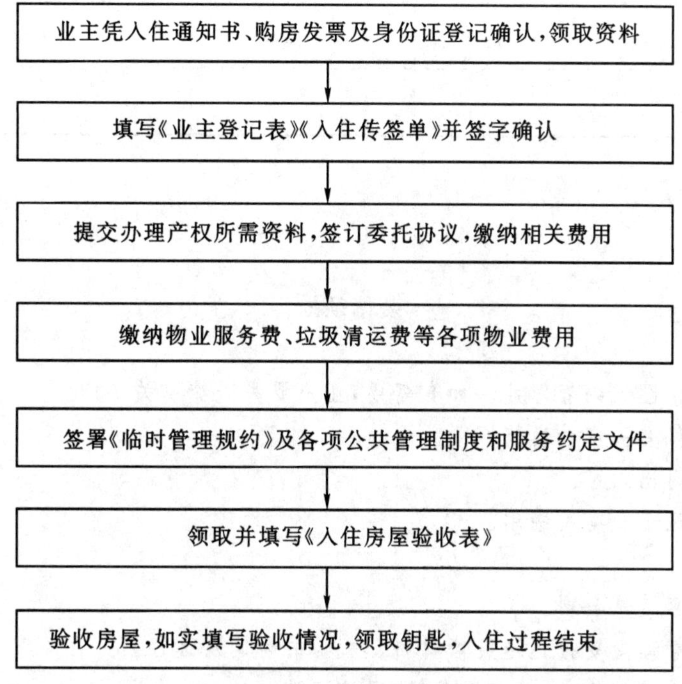

图 5－2　业主入住流程

七、入住房屋验收表

【样表 5－2】

房屋验收交接表

验收日期：　　年　　月　　日

<table>
<tr><td>业主姓名</td><td></td><td>区内地址</td><td></td></tr>
<tr><td colspan="4">业 主 意 见</td></tr>
<tr><td>序号</td><td colspan="2">整改项目</td><td>跟进人</td></tr>
<tr><td></td><td colspan="2"></td><td></td></tr>
<tr><td></td><td colspan="2"></td><td></td></tr>
<tr><td></td><td colspan="2"></td><td></td></tr>
<tr><td></td><td colspan="2"></td><td></td></tr>
<tr><td></td><td colspan="2"></td><td></td></tr>
<tr><td colspan="4">备注：</td></tr>
</table>

续表 5-2

水表底数		电表底数	
业主签名		工程部验收员	
意见反馈		管理处接表人	
整改时间			

八、装修须知

【样例 5-5】

装修须知

1.动工前

(1)请送交装修图纸到管理处。如有需要,业户要另送交有关部门。

(2)请填报装修有关申请表格。

(3)请申办临时出入证。

(4)请缴交保证金及有关费用。

2.施工时

(1)请紧密监督装修公司。

(2)请预先与管理处安排运送装修材料(垃圾)的时间及途径。

(3)请与管理人员合作,小心使用电梯,保持清洁。

(4)请勿于公共场所(地),如走廊、楼梯、电表房、储物室等堆放装修材料及杂物。否则,业户须负责一切清理费用。

若有必要时,请预先与管理处安排适当暂放地点,以免堵塞通道,妨碍其他业户。

每日工作完毕,请关好所有门窗、水龙头及电闸,方可离开。

管理处职员会在施工期间,进入单位内视察有关工程是否已获批准及符合原先认可的图纸。

3.完工时

(1)若有装修杂物弃置于公共地方,请即撤离。

(2)请立即前往管理处,通知派员视察竣工工程,须退还装修工临时出入证,以避免延误保证金发还。

4.临时出入证及保证金

为安全起见及减少外来干扰,未获业户聘托及未曾向管理处办妥手续的装修公司,可被拒进入本物业内施工。

当业户聘请装修公司装修时,请催促其尽快向管理处办理临时出入证申请手续,并缴交指定保证金。申办须提前2个工作日。

届时,管理处签发临时出入证,装修人员须随身携带。装修完工时,业户须立即前往管理处退还所领取的临时出入证,办理领还保证手续,以免延误发还。

发还之前,管理处会先行视察,以确保未有抵触下述条款。例如:①有否遗留装修物料于公共地方;②是否损坏公共设备;③装修工程是否符合有关条例及管理处事前所认可的图纸;④是否交还所有领取的临时出入证,若有遗失,每张扣回工本费。

若一切妥当,保证金尽快悉数免息发还。

若发现工程抵触上述各点,所属业户须负责于指定期限内清理及修改。保证金暂被扣存,直至有关改进工程满意后,才会发还。

若业户延误,未能于期限内完成有关的清理及修葺工程,管理处可不必预先通知,另请装修公司代为处理,并按值从保证金中扣除。若保证金不足以抵偿,由业户缴付不足之数。

各业户请勿损坏公共设备,否则需要赔偿损失。

请勿将废弃物丢入各渠道(含沟、渠、池、井等),否则需对损坏/堵塞负责修理。

请正当使用室内电器。失修及损坏或质劣电器易导致火灾。任何电器工程须由合格技工进行安装。

请勿随意涂画、刮划、吐痰、便溺等,也请自觉自重,及监管家人(含小孩、老人)。

请勿侵占任何公共地方(含堆放私人财物、神位、祭祀、晒晾等),以免有碍市容环境。

九、应急处置方案

【样例5-6】

入住应急方案

一、目的

维护现场秩序,保证入住工作的顺利进行,提高对各类事件的应急处理能力。

二、应急小组成员

(1)组长:

(2)组员:

三、处理权限

(1)组长:接待特殊客户,并对所负责的事项中出现的问题作最终决策;

(2)组员:控制现场秩序,引导相关人员,并立即报告应急小组领导处理。

四、应急事件的具体处理方法

(一)客户对工作(包含对开发、工程、策划、签署等)不满的处理

(1)引导客户到物业办公室沟通,并通知相关事项责任人到场处理;

(2)仔细聆听,了解事情真相;

(3)保持友好、礼貌、冷静的态度,并使客户平静下来,向客户提出解决问题的建议;

(4)如实记录下业主(使用人)谈话的内容,立即处理涉及自己权限范围内的事;

(5)与相关事项的具体责任部门沟通确认解决问题的方法,做好事件的处理记录。

(二)对房屋质量不满意拒绝收楼的处理

(1)询问客户房屋存在问题的具体情况,并引导至办公室由相关工程人员解释;

(2)如确实存在问题,立即答复安排施工队限时整改,并向当事人做好解释工作;

(3)如属无理取闹,应想方设法引导至办公室由专人处理。

(三)客户相互串联,要求与开发商对话的处理

(1)先以客户的身份观察,了解串联的目的,锁定带头的人员;

(2)将带头人员引导至物业办公室由专人单独处理,了解其真正的目的,根据具体情况采

取相应措施；

(3)立即疏散闲杂人员，并引导其他客户去办理相关手续；

(4)处理完结后，安排专人在办公室为带头人员办理相关手续。

(四)客户质问配套、规划等事宜的处理

(1)由工作人员根据预先统一的指导思想作一般解释；

(2)如对方有因此拒绝收楼或与其他客户串联的矛头，立即将对方引导至办公室由预定的专人负责处理；

(3)一般情况由现场总负责人即时处理，必要时向总负责人、公司领导请示。

(五)故意闹事的处理

(1)控制现场，谢绝所有人员(处理人员除外)进入现场；

(2)尽量引导闹事人员到相对封闭或独立的地方处理；

(3)经向现场总负责人请示，可将闹事者隔离到入住现场以外的区域；

(4)如确实无法控制现场，经现场总负责人指示后，报派出所处理。

(六)对可疑分子的处理

(1)注意观察对方的神态，如有异样，必要时可上前盘问，如确实有发生不测事件的可能，应立即安排专人跟进；

(2)对可疑分子进行严密跟踪，暗中监视，防止其破坏或造成其他意外事故；

(3)经查证如属拉业务等闲杂人员，应立即请其离开警戒区域。

(七)对撞车事件的处理

(1)立即将双方隔离，并劝说当事人平静协商解决办法，如当事人不愿协商解决，则请其自行报警处理；

(2)注意保护现场，驱散围观人群，并立即报告应急小组负责人；

(3)加强现场车辆调整，防止发生其他意外情况；

(4)解决后立即引导车辆驶离现场，保持交通畅通。

(八)对突然停电的处理

(1)立即安抚现场客户，通知启用备用电源，尽量保持现场正常工作状态；

(2)维护现场秩序，加强现场警戒，防止有人乘机行窃等；

(3)现场负责人迅速联系工程维修人员了解停电原因及后备电源投入情况等；

(4)供电正常后，及时了解各环节情况，如无异常，入住工作正常办理；

(5)如有异常情况，应急小组立即采取相应措施做出应急处理。

本章小结

入住是指建设单位将已具备使用条件的物业交付给业主并办理相关手续，同时物业服务单位为业主办理物业服务事务手续的过程。入住服务是物业管理单位首次直接面对业主提供相关服务，直接关系到业主对物业管理服务的第一印象。因此，物业管理单位要从各方面作好充分细致的准备，全面有效地保障业主快速、方便、愉快、喜庆地入住。

入住需要准备各项表格、安排人员的培训工作。入住的流程一般为：接待—按揭—房款核算—资料核—入住资料发放及填写—交纳相关费用—房屋验收—领取进户门匙(房屋整改)—完成入住手续。在入往的过程中还要注意应急预案的安排。

学习检测

一、不定项选择题

1. 入住手续文件是指业主在办理入住手续时，所要知晓、参照、签订的有关文件。其主要内容包括(　　)。

A. 入住通知书　　B. 入住手续书　　C. 收楼须知　　D. 缴费通知书

2. 入住时为业主办理物业管理事务的机构是(　　)。

A. 建设单位　　B. 施工单位　　C. 房地产行政管理部门　　D. 物业服务企业

3. 对于业主入住时验收不合格的部分，负责进行工程不合格整改、质量返修等工作的单位是(　　)。

A. 物业服务企业　　B. 建设单位　　C. 施工单位　　D. 监理单位

4. 入住是指(　　)。

A. 建设单位将已具备使用条件的物业交付给业主并办理相关手续的过程

B. 建设单位将已具备使用条件的物业交付给业主并办理相关手续，同时物业管理单位为业主办理物业事务手续的过程

C. 业主凭入住通知书、购房发票及身份证登记入住的过程

D. 物业管理单位为业主办理物业管理事务手续的过程

5. 入住通知书、入住须知、用户手册、管理公约等是(　　)。

A. 日常管理信息

B. 租赁阶段信息

C. 委托管理阶段信息

D. 用户入住信息

6.《业主手册》的作用是为了让业主和住户了解(　　)。

A. 物业小区的概况

B. 管理单位的职责权限

C. 维修管理内容和服务范围

D. 业主和住户的权利和义务

E. 小区内相关公共管理制度

7. 入住流程包括(　　)。

A. 业主凭入住通知书、购房发票及身份证登记确认

B. 验收房屋并填写《业主入住房屋验收单》，签字确认

C. 提交办理产权所需资料，签订委托协议，缴纳相关费用并签署有关物业管理服务约定等文件

D. 缴纳当期物业服务等有关费用

E. 领取房屋钥匙、《业主手册》等相关文件资料

8. 物业入住过程中，物业管理单位应准备的资料包括(　　)等。

A.《住宅质量保证书》和《物业验收须知》

B.《入住通知书》和《住宅使用说明书》

C.《业主入住房屋验收单》和《业主手册》

D.《业主临时公约》

E.《物业管理收费协议》

9. 有关入住服务的表述，正确的是(　　)。

A. 入住的实质是物业服务企业向业主交付物业的过程

B. 物业入住操作的模式是以物业管理单位为主体，物业建设单位相配合的作业模式

C. 对业主而言，入住仅是物业管理有关业务的办理

D. 入住过程涉及建设单位、物业管理单位及业主

10. 入住期间要注意的问题有(　　)。

1. 合理安排业主入住服务办理时间，适当延长办理时间

2. 注意安全保卫

3. 对于因故未能按时办理入住手续的，可按照“入住通知书”中规定的办法另行办理

4. 注意车辆引导

二、简答题

1. 如何进行物业交接与用户入住的管理？

2. 办理入住手续时，业主和物业公司各需要准备什么资料？

3. 入住时间到，业主因出国无法回来办理入住手续，业主可以委托其他人办理吗？需要什么手续？

三、案例分析题

郑先生最近有一个很大的困惑：小区在准备召开业主代表大会核定业主代表时，一些工作人员对郑先生的代表资格存有异议，认为房子可能事实上是郑先生买的，但他没有取得房产证，没有证据证明他就是业主。

请问：

买房暂时没有取得房产证，他就不能被成为业主吗？

综合实训

【实训目标】在学生了解有关如何策划入住方案、入住需要准备的资料、相关物业管理业务的基础理论后，通过物业入住实训，使其掌握物业入住的流程和处理技巧。

【实训内容与要求】

1. 实训要求

(1)能够策划入住方案；

(2)掌握入住相关资料的内容；

(3)掌握现场验楼的程序和应该注意的事项；

(4)掌握小区的基本情况；

(5)模拟入住的现场工作；

2. 实训内容与步骤

(1)制订入住方案；

(2)准备入住资料：

①根据模拟练习收集入住所需要的资料；

②熟悉入住所需资料；

③熟悉为业主服务需要的资料，如有偿服务、协议书等。

(3)演练办理入住手续；

(4)入住现场突发事件的正常处理：

①业主出现身体不适，突然晕倒；

②入住现场突然下雨；

③有业主因为办理时间太长和工作人员或业主发生口角。

【成果与检测】

1.各组策划入住方案；

2.班级汇报与交流。

学习情境六

物业装饰装修管理

【知识目标】

1. 掌握物业管理企业装饰装修管理的内容；
2. 掌握物业管理企业在装饰装修管理中的权利、义务及法律责任。

【能力目标】

具备物业装饰装修管理的能力。

【技能目标】

物业装饰装修管理工作要点。

情境导入

董先生买了一套商品房，面积不大。为了使房屋使用起来更合意，他就改变了房屋的墙体结构，把房屋的原有墙体拆了，按照自己的装修方案进行装修，特别是把承重墙也拆了。这样改造后，房屋宽敞多了。由于董先生有先例，其他业主入住后也比照董先生的做法装修房屋。业主的装修行为被物业管理公司的保安发现了，保安对这一装修行为予以制止，并要求业主必须将已经拆了的承重墙恢复原状。然而，董先生认为装修是自己的个人行为，物管公司无权干预。物管公司认为，业主装修虽然是个人行为，但是拆了承重墙会使整栋楼的承重结构遭到破坏。双方为此一直争执不下。物管公司提出要起诉董先生和其他业主。

请问：假设你是新物业管理公司的负责人，面对老物业管理公司的做法，你会怎样做？

学习单元一　物业装饰装修管理流程

装修，在这里一般指房屋室内装修，是指业主或使用人在办理完入住手续后，根据自己生活或工作的特点和要求，在正式入住之前，对所购(所租)房屋进行重新设计、分隔、装饰、布置等活动。有时住户调换后，新住户往往把原来的装修拆除，按自己的意愿重新进行再次装修或二次装修。

物业装饰装修管理是通过对物业装饰装修过程的管理、服务和控制，规范业主、物业使用人的装饰装修行为，协助政府行政主管部门对装饰装修过程中的违规行为进行处理和纠正，从而确保物业的正常运行使用，维护全体业主的合法权益。

物业装饰装修是业主入住后必不可少的环节。由于缺乏物业装饰装修建筑专业知识和对装饰装修管理相关法律法规的了解，业主在装饰装修中更多的是考虑物业的实用、美观和舒适，而较少顾及建筑安全和公共权益。随着人们审美情趣的不断变化，物业装修设计、施工、材料等的个性化程度越来越高。加之物业装饰装修过程长、点多面广、不确定因素多，管理控制难度大。稍有不慎，一方面有可能危害物业安全，影响物业的正常使用，或对物业构成潜在的危险，导致物业风险；另一方面，也可能激发物业服务双方的矛盾和冲突，影响物业管理和社区的和谐局面。因此，物业装饰装修管理是物业服务的重点和难点之一，不仅要求细致专业、一丝不苟，方案上严格把关，沟通上入情在理，而且要求物业管理单位高度敬业、检查频密、消灭隐患、及时整改。

同时，装修管理也是物业管理的难题之一，因为在这一阶段，为保障公共设施的正常使用、楼宇安全和房屋外观的统一美观，为了全体业主的共同利益，必须规范装修行为，物业管理企业比较容易与业主发生矛盾。因此作为物业管理从业人员，必须熟悉有关法律法规，了解、掌握房屋建筑的基本构造知识，了解装修管理运作程序及熟悉装修施工中的常见问题，明确有关人员的职责范围，尽可能消除或减少违章引起的负面影响。在工作实践中，对违章装修既要做到有据有理、坚持原则，做到知法依法，违规必究，又要尽量做劝告说服工作，晓之以理，尽可能减少与业主发生矛盾。

一、流程示意图

装饰装修流程示意图一般悬挂于物业管理单位或业主入住办理现场。在物业管理内部装饰装修作业文件以及《业主手册》（或《业主须知》）等发放给业主的资料上也需有与其相一致的内容。装饰装修流程一般内容形式如图 6－1 所示。

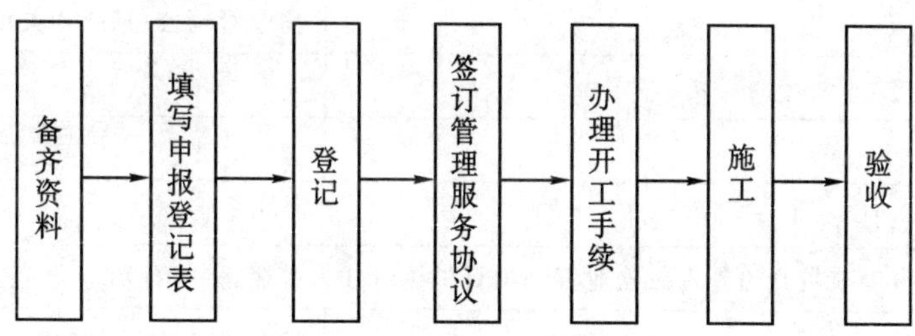

图 6－1 装饰装修流程

二、流程分述

1. 备齐资料

资料的准备由业主（或物业使用人）和施工队分别准备和提供。一般包括物业所有权证明，申请人身份证原件及复印件，装饰装修设计方案，装修施工单位资质，原有建筑、水电气等改动设计和相关审批，以及其他法规规定的相关内容。物业使用人对物业进行装饰装修时，还应当取得业主的书面同意。

2. 物业装饰装修申报

用户在入住过程中，应已收到物业管理企业发出的装修手册及装饰装修申报登记表（见表 6－1）。用户在装修施工前，须认真阅读装修手册，填写申报登记表，并提交管理单位登记备案。只有在物业管理单位对装饰装修内容的登记备案完成之后，用户才能动工装修。

表6－1　装修申报登记表(示例)

业主(物业使用人)	业主(物业使用人)	联系电话：
	地址：	
装修公司	名称：	联系电话：
	地址：	联系电话：
	负责人：	承建资格证号：
资料发放	《装修手册》□　《小区统一要求》□　执行保证□	
资料收集：(复印件需核对原件)□ 装修设计图　张(清晰简要明确) 装修合同　(复印件)□ 消防审批文件　(原件)□ 改造设计图　张(原件)		动火申请表　(原件)□ 业主委托书　(原件) 业主认可书　(原件)□ 租赁合同　(复印件)□ 营业执照　(复印件)□
装修内容：(位置、材料、施工方式)		物业管理项目机构意见：
		物业管理公司(或相关单位)意见：
施工时间：　年　月　日至　年　月　日		
开工意见	准予本申报项目开始施工。物业管理项目机构责任人签名：　日期：	
装修验收	完工验收情况： 验收人：　日期：	物业管理项目机构完工小结： 负责人：　日期：

物业管理工作人员应要求和指导业主逐项填写装饰装修申报登记表，确保各项申请明确无误，涉及专业部门(如水、电、气等)、建筑结构、消防等项目的，要求写明地点、位置或改变的程度及尺寸(具体详见附后的装饰装修申报登记表)等详细数据和资料，必要时装修人或装修单位还应向有关部门申报核准。

3. **物业装饰装修登记**

物业管理单位在进行装饰装修登记时，可以书面形式将装饰装修工程的禁止行为和注意事项告知装修人和装修人委托的装饰装修企业，并且督促装修人在装饰装修开工前主动告知邻里。

物业管理单位应该在规定工作日(一般为3个工作日)内完成登记工作；超出物业项目管

理单位管理范围的，应报主管部门。

物业管理单位应详细核查装饰装修申请登记表中的装修内容，有下列行为之一的将不予登记：

(1)未经原设计单位或者具有相应资质等级的设计单位提出设计方案，擅自变动建筑主体和承重结构的；

(2)将没有防水要求的房间或者阳台改为卫生间、厨房的；

(3)扩大承重墙上原有的门窗尺寸，拆除连接阳台的砖、混凝土墙体的；

(4)损坏房屋原有节能设施，降低节能效果的；

(5)未经城市规划行政主管部门批准搭建建筑物、构筑物的；

(6)未经城市规划行政主管部门批准改变住宅外立面，在非承重外墙上开门、窗的；

(7)未经供暖管理单位批准拆改供暖管道和设施的；

(8)未经燃气管理单位批准拆改燃气管道和设施的；

(9)其他影响建筑结构和使用安全的行为。

4.签订《物业装饰装修管理服务协议》

在物业装饰装修之前，物业管理单位和装修人应签订《物业装饰装修管理服务协议》，约定物业装饰装修管理的相关事项，应当包括下列内容：

(1)装饰装修工程的实施内容；

(2)装饰装修工程的实施期限；

(3)允许施工的时间；

(4)废弃物的清运与处置；

(5)外立面设施及防盗窗的安装要求；

(6)禁止行为和注意事项；

(7)管理服务费用；

(8)违约责任；

(9)其他需要约定的事项。

5.办理开工的一般手续

(1)业主按有关规定向物业管理单位(或指定方)缴纳装饰装修管理服务费；

(2)装饰装修施工单位应到物业管理单位办理开工证、出入证等；

(3)装修人或装饰装修施工单位应备齐灭火器等消防器材。

6.施工

物业装饰装修施工期间，装修人和装饰装修施工单位应严格按照装修申报登记的内容组织施工。

物业管理单位应按照装饰装修管理服务协议做好管理和服务工作，加强现场检查，发现装修人或者装饰装修施工单位有违反有关规定的行为，应当及时劝阻和制止；已造成事实后果或拒不改正的，应及时报告有关部门依法处理。对装修人或者装饰装修施工单位违反《物业装饰装修管理服务协议》的，应追究违约责任。

7.验收

物业管理单位应当按照装饰装修管理服务协议进行现场检查，对照装修申报方案和装饰装修实际结果进行比较验收，验收合格后应签署书面意见。对因违反法律、法规和装饰装修管理服务协议而验收不合格的，应提出书面整改意见要求业主和施工方限期整改。若发生歧义、无法统一意见或业主拒不接受的情况，应报请城市管理有关行政部门处理，并将检查记录存档。

【案例6-1】某日，某高层楼宇32楼B室的业主向管理部门报上一份装修申报登记表，申报在阳台装一台太阳能热水器，物业管理单位装修管理人员在接到申报后拟予以同意。上级主管在审核相关资料时发现安装地点不明确，于是要求装修管理人员去现场核实，发现该户申报的安装位置实为共用屋面，而非业主自用部分。

【案例分析】此案例中反映的问题主要是：第一，业主填写的《装修申报登记表》等资料过于简单，以至于无法确认业主安装设备的具体位置；第二，装修管理人员未到现场核实而盲目同意施工。因此，在物业装修管理中，应从以下方面改进：首先，在业主申报装修时，物业管理人员应辅导业主认真填写《装修申报登记表》，详细说明装修地点、内容等情况；其次，在物业装修情况不明，或语言表达不清时，物业管理人员应到现场核实，不可盲目接受业主装修申报；再次，应对物业管理单位相关人员加强培训和约束，强化装修管理责任意识，同时检查物业装修管理各环节存在的问题并予以改进。

学习单元二　物业装饰装修管理内容

装饰装修管理是一个系统工程，要真正达到科学管理、细致服务，不仅要严格遵守上述装饰装修管理流程，还要对装饰装修过程中的各个环节、涉及的各个方面进行全面的分析。在综合各方因素的基础上，科学地制订装饰装修管理细则，使物业装饰装修管理真正落到实处。物业管理单位应当按照装饰装修管理服务协议实施管理，加强现场检查，及时发现问题加以制止。一般而言，物业装饰装修管理包括以下内容。

一、物业装饰装修范围和时间管理

物业装饰装修的区域应按照相关装饰装修管理规定和业主权益予以限定，原则上应统一要求、统一形式。如室内装饰装修只限于房屋本体单元内的自用部位；封闭阳台不得超过阳台顶部外边缘垂直投影面，封闭款式、材料力求统一等。

装饰装修时间应根据各地不同的作息时间、季节变换以及习惯习俗等综合确定。装饰装修时间包括一般装饰装修时间、特殊装修时间和装饰装修期。

(1)一般装修时间是指除节假日之外的正常时间。

一般装修时间因地域和季节的差异而有所不同，如南方某些地区规定作业时间及拆打时间为：

作业时间：8：00—12：00　14：00—18：00

拆打时间：8：30—11：30　14：30—17：30

(2)特殊装修时间是指节假日休息时间。

为保障其他业主的休息和正常生产生活秩序，原则上一般不允许在节假日进行装修。因特殊情况需要装修，应视具体情况相应缩短装修时间。

(3)装修期是指装饰装修过程的完结时间。

目前国家颁布的法规虽无明确规定，但一般情况下不超过三个月。

二、物业装饰装修管理的要求

为确保物业安全和全体业主的合法权益，物业装饰装修管理应重点检查以下方面：

(1)有无变动建筑主体和承重结构。

(2)有无将没有防水要求的房间或者阳台改为卫生间、厨房间。

(3)有无扩大承重墙上原有的门窗尺寸，拆除连接阳台的砖、混凝土墙体。

(4)有无损坏房屋原有节能设施，降低节能效果。

(5)有无其他影响建筑结构和使用安全的行为。

(6)有无未经有关单位批准的下列行为：

①搭建建筑物、构筑物；

②改变住宅外立面，在非承重外墙上开门、窗；

③拆改供暖管道和设施；

④拆改燃气管道和设施；

⑤超过设计标准或者规范增加楼面荷载的；

⑥改动卫生间、厨房间防水层的。

同时，还应注意检查以下方面：

(1)施工现场有无采取必要的安全防护和消防措施，有无擅自动用明火和进行焊接作业等；

(2)有无任意刨凿楼地面、穿凿梁柱等；

(3)楼地面铺设材料是否超过 10mm、新砌隔墙是否采用轻质材料等；

(4)是否符合物业装修公共及室外统一要求(如空调室外机的安装和排水的统一要求、阳台栏杆的统一要求等)；

(5)物业装修方案和材料的选择是否符合环保、节能的要求。

三、物业装饰装修管理费用和垃圾清运的管理

物业装饰装修管理既涉及公共权益，也涉及业主个人权益。装饰装修管理费用的收取要严格按照国家和地方的相关规定办理，不得自行设置收费项目和任意确定收费标准，即使无统一规定而又确需临时设置收取的，也应科学测算并报经相关主管行政部门批准。在我国物业管理实践中，装饰装修管理收费的项目和标准，因各地规定的不同，差别较大。为确保物业装饰装修工程的有序进行，维护装饰装修活动涉及的各方的合法权益，目前较为通常和相对合理的做法是：在物业装饰装修之前，由装修人和物业管理单位签订《物业装饰装修管理协议》，约定物业装饰装修相关事项和管理收费，并以此为依据规范各方行为。一般而言，《物业装饰装修管理协议》中物业管理单位向装修人约定收取的费用包括装饰装修管理服务费和垃圾清运费。

1. 管理服务费

管理服务费是指因物业装饰装修工程增加物业管理服务工作量而设置的临时性收费项目，国家对于具体的收费标准没有明确规定，一般由装修人和物业管理单位双方约定，该费用

可向装修业主收取,也可向装饰装修工程单位收取。

2. 垃圾清运费

垃圾清运费是指由装饰装修工程所产生的垃圾的管理和清运费用。如业主按照要求管理并自行清运装修垃圾,则该费用可免予缴纳;否则,装修人应向物业管理单位缴纳该费用,装修垃圾由物业管理单位代为清运。

装饰装修垃圾是装修管理中的一个重要内容,其对物业环境和业主以及物业使用人的工作生活有着极大的影响,甚至会产生环保、安全等方面的隐患。因此,物业装饰装修管理的基本要求是:①装饰装修垃圾需袋装处理;②装饰装修垃圾应按指定位置、时间、方式进行堆放和清运。

四、物业装饰装修现场管理

1. 严把出入关,杜绝无序状态

由于装饰装修工人的来源控制有极大的不确定性、施工过程中的自我约束不足、施工单位管理不力等原因,在物业装饰装修期间,物业管理单位应严格物业区域出入口(包括电梯)的人员和材料管理。凡未佩带物业装饰装修施工标识的施工人员和其他闲杂人员,应一律禁止入内,保证装饰装修人员管理的有序化、规范化。

装饰装修材料和设备是装修违章的一个重要因素,应着重从以下两个方面加强控制和管理:①核对是否为审批同意的材料;②核对是否符合相关规定。

对于有特别要求的材料或设备(如电焊机),应按照规定办理相应手续;施工队须进行动火作业的,必须办理申报审批手续;进入物业区域的装饰装修材料、设备等,应符合物业装饰装修规定要求,否则拒绝入场。通过加强装饰装修材料和设备的出入管理,杜绝不安全因素的出现。

【案例6-2】物业管理人员在巡视时发现有未佩带标识(工牌)的施工人员在小区进行装修作业。经询问,其称未来得及办理相关手续。

【案例分析】未办理相关手续进入物业区域施工的属明显的违规行为,要立即检查装修申报、出入口和装修管理等环节。同时,要求未办理装修人员入场手续的立即补办,否则拒绝相关人员入场。

2. 加强巡视,防患于未然

物业装饰装修期间,物业管理单位要抽调专业技术人员、管理人员和保安力量,加大物业装饰装修管理巡视力度,对有违规违章苗头的装饰装修户,要重点巡视盯防、频繁沟通,做到防患于未然。出现违规违章行为的,要晓之以理,动之以情,必要时须报告有关行政主管部门处理。同时,要检查施工单位的施工人员是否如实申报和办理了施工证,强化施工人员的管理。

【案例6-3】巡视人员发现某栋高层顶楼有较大量钢材堆放,经了解得知是某业主准备利用坡顶加设钢结构阁楼。巡视人员当即告诉业主此项装修工程应委托设计单位出设计图,并应事先申报,得到许可后方可施工。

【案例分析】这个案例中的情形是目前大多数装修管理中容易出现的,往往会导致不安全因素产生。增设钢结构楼面板,需经专业设计单位或有同等资历的设计单位进行具体设计,而装修单位一般无钢结构设计能力,物业管理单位也没有设计权限。因此,需经专业设计单位进行设计。从管理角度看,有较大量钢材在楼顶堆放,说明在建筑装修材料进出管理上存在问题，物业管理方应检查相关管理环节，尤其是加强材料出入控制和巡视检查工作，防患于未然。

3. 控制作业时间，维护业主合法权益

物业装饰装修管理要特别注意装修施工（尤其是拆打）的作业时间，避免影响其他业主和物业使用人的正常生活工作秩序。另外，还应针对不同的物业类型，制定相应的管理规定，区别对待。

【案例 6－4】某高层写字楼物业在国庆长假期间实施装修，物业管理员以装修时间不合适为由，要求其停止装修活动。

【案例分析】装修作业的时间控制要根据不同楼盘类型和特点实施管理，本例系写字楼项目，不像一般的住宅项目在节假日不宜施工，相反，其合理的装修时间应是节假日。因此，物业管理员的管理要求是错误的。

4. 强化管理，反复核查

物业集中装修期间，要增派人力，做到普遍巡查和重点检查相结合。一方面，要检查装饰装修项目是否为已登记的项目，一是要检查装饰装修项目是否申报，二是检查装修、装饰物业的内容、项目有无私自增加，在巡视过程中发现新增装修、装饰项目的，须指导用户及时申报，办理相关手续。另一方面，要检查施工人员的现场操作是否符合相关要求，如埋入墙体的电线是否穿管、是否用合格的套管，施工现场的防火设备是否配备，操作是否符合安全要求，现场的材料堆放是否安全；垃圾是否及时清运，有无乱堆放，装修户门外是否保持清洁卫生等。

【案例 6－5】某日，某高层楼宇巡楼员在巡检过程中，发现某户业主未经申报擅自违章更换了四扇铝合金窗。于是巡楼员开出违章整改单，要求其进行整改。

【案例分析】此案例表面上看是在巡查中发现了问题，但仔细分析就不难看出，更换四扇窗是需要一定时间的，因此，此案例中有如下问题需引起注意：第一，在发现问题之前，巡楼员的巡查工作做得是否到位？为什么事前没有发现违章？这就需要检查巡楼员的巡检工作落实情况；第二，大堂负责值班的岗位是如何控制材料进出的？这需要检查大堂值班的环节；第三，开出违章整改单，必须说明违章的依据、要求整改的时限以及拒不整改时将采取的措施，而不能简单要求其整改就行了。这是巡楼员如何出具整改通知单必须掌握的基本要点。

【案例 6－7】装修管理人员在某物业楼层巡视时发现某装修单位现场材料堆放混乱，工人在用电炉做饭，且无灭火设备，于是立即对该装修户提出整改要求。

【案例分析】装修现场材料应堆放有序，施工人员不得在现场采用简易方式点火做饭，易燃易爆材料应专门堆放，现场必须配备灭火装置。否则，应当勒令其停工整改。

学习单元三　物业装饰装修中各方主体的责任

为减少物业装饰装修过程中违章现象的出现，物业管理单位应主动提示督促业主（或物业使用人）阅读理解装饰装修管理的规定和小区规定。为了分清物业装饰装修有关各方的责任，物业装饰装修管理协议等相关文件应由装修人、施工单位及物业管理单位三方签字。物业装饰装修过程中如出现违规、违章行为，造成公共权益受到侵害和物业损害的，物业管理单位应及时劝阻，对不听劝阻或造成严重后果的，物业管理单位应及时向有关部门报告。

一、装修人和装修企业的责任

装修人指业主或物业使用人，装修企业指装修施工单位。装修人和装修企业在装饰装修活动中的责任包括以下内容：

(1)因装饰装修活动造成相邻住宅的管道堵塞、渗漏水、停水停电、物品毁坏等，装修人应当负责修复和赔偿，属于装饰装修企业责任的，装修人可以向装饰装修企业追偿。装修人擅自拆改供暖、燃气管道和设施而造成损失的，由装修人负责赔偿。

(2)装修人装饰装修活动侵占了公共空间，对公共部位和设施造成损害的，由城市房地产行政主管部门责令改正，造成损失的，应依法承担赔偿责任。

(3)装修人未申报登记就进行住宅室内装饰装修活动的，由城市房地产行政主管部门责令改正，并处以罚款。

(4)装修人违反规定，将住宅室内装饰装修工程委托给不具有相应资质等级企业的，由城市房地产行政主管部门责令改正，并处以罚款。

(5)装饰装修企业自行采购或者向装修人推荐使用不符合国家标准的装饰装修材料，造成空气污染超标的，由城市房地产行政主管部门责令改正，造成损失的，依法承担赔偿责任。

(6)装修活动有下列行为之一的，由城市房地产行政主管部门责令改正，并处以罚款：

①将没有防水要求的房间或者阳台改为卫生间、厨房间的，或者拆除连接阳台的砖、混凝土墙体的，对装修人和装饰装修企业分别处以罚款；

②损坏房屋原有节能设施或者降低节能效果的，对装饰装修企业处以罚款；

③擅自拆改供暖、燃气管道和设施的，对装修人处以罚款；

④未经原设计单位或者具有相应资质等级的设计单位提出设计方案，擅自超过设计标准或者规范增加楼面荷载的，对装修人和装饰装修企业分别处以罚款。

(7)未经城市规划行政主管部门批准，在住宅室内装饰装修活动中搭建建筑物、构筑物的，或者擅自改变住宅外立面、在非承重外墙上开门窗的，由城市规划行政主管部门按照《城市规划法》及相关法规的规定处罚。

(8)装修人或者装饰装修企业违反《建设工程质量管理条例》的，由建设行政主管部门按照有关规定处罚。

(9)装饰装修企业违反国家有关安全生产规定和安全生产技术规程，不按照规定采取必要的安全防护和消防措施，擅自动用明火作业和进行焊接作业的，或者对建筑安全事故隐患不采取措施予以消除的，由建设行政主管部门责令改正，并处罚款；情节严重的，责令停业整顿，并处以更高额度的罚款；造成重大安全事故的，降低资质等级或者吊销资质证书。

二、物业管理企业和相关管理部门的责任

(1)物业管理单位发现装修人或者装饰装修企业有违反相关法规规定的行为不及时向有关部门报告的，由房地产行政主管部门给予警告，可处以装饰装修管理服务协议约定的装饰装修管理服务费2～3倍的罚款。

(2)物业装饰装修行政主管部门的工作人员接到物业管理单位对装修人或者装饰装修企业违法行为的报告后，未及时处理，玩忽职守的，应依法给予行政处分。

三、装修管理应注意的问题

(1)服务与控制是装修管理过程的一对矛盾,如何处理充分体现了物业管理的水平与技巧。物业管理是服务活动,而装修管理工作的核心是对装修人各项装饰装修行为的控制,甚至是约束。因而,如何做好控制和服务,解决好这一矛盾,在实现控制的基础上让业主得到最大程度的满意,树立良好服务形象,就需要物业管理各级各类人员真正做到坚持原则,熟悉装饰装修管理规定,要换位思考,为业主着想,规范操作行为。

(2)装修人在准备资料的阶段,常常不知道如何表达需做的装饰装修项目,甚至因为语言表达不同,致使装修人与物业管理单位出现理解歧义。此时,物业管理单位有必要进行现场核对,避免出现漏项或错报项。

(3)在装饰装修项目申报登记时,物业管理单位必须到现场对所附图纸进行核对,以防有漏项,或有大的拆动项目漏报。如建成使用已有数年的房屋申请装饰装修,需注意其在此之前是否做过装饰装修,内部布局是否有改变。尤其是多层建筑,一般情况下大多数墙体为承重墙体,如在此之前进行过拆打,则需对其新申报的拆打项谨慎核查,以确保其结构的安全。

(4)在办理开工手续前,物业管理方需确认装修施工的相关手续是否已经完备。

(5)在施工过程中,物业管理方应注意现场是否有未申报项目和材料;是否存在违反有关装修法规的行为(如装修中是否注意防火安全,有无使用电炉等火源等);装修工程是否对公共秩序、公共安全以及毗邻业主或物业使用人构成侵害。

(6)验收工作是装修管理的最后一道工序,也是控制违章的最后一关。如果在此之前已经发现了违章,则需在处理了违章后再进行验收工作。

(7)对于在物业装饰装修过程中的违规违约行为,应根据相关法规、业主公约及物业装饰装修管理服务协议进行处理。

(8)装饰装修资料的一部分为业主资料,如申报表、装修图、施工人员资料等,另一部分为操作记录表。在每一单项装饰装修完成后,物业管理单位需及时整理好相关资料,属业主资料的部分需归入业主档案资料,并长期保存,以备后查,操作记录则按文件管理办法进行相应的归档。

知识链接

装修施工中的常见问题及处理

一、常见问题

(1)破坏承重墙。一般砖混结构的建筑物中,凡是预制板墙一律不能拆除或开门开窗;超过 24cm 以上的砖墙也属于承重墙。如果在承重墙上开门开窗,会破坏墙体的整体承重,这是不允许的。

(2)破坏墙体中的钢筋。如果把房屋结构比作人的身体的话,墙体中的钢筋就是人的筋骨。如果在埋设管线时将钢筋破坏,就会影响墙体和挡板的承受力,遇到地震,这样的楼板就容易坍塌或断裂。当然房间中的梁柱更是不能动的。

(3)拆除阳台边的配重墙。一般房间与阳台之间的墙上,都有一门一窗,这些门窗拆改问题不大,但窗以下的墙体是不能动的。这段墙叫"配重墙",它像秤砣一样起着挑起阳台的作用。拆改这墙体,会使阳台承重力下降,导致阳台下坠。

(4)改变阳台功能。通常是把没有防水要求的阳台更改为卫生间、厨房间或者封闭阳台,拆除阳台与厅之间的墙体,使之连成一厅房。这样将破坏外观的整体性,改变了排污、排水管道,加重阳台的负荷,造成下面漏水。

(5)破坏卫生间和厨房的防水层。这些地方的地面上都有防水层,所以在更换地面材料、重新安装卫生洁具等时,可能破坏防水层,导致楼下成“水帘洞”。重新修建防水层,必须作24小时渗水实验。实验合格才能重新使用。

(6)在管理实践中遇到的违章通病还有很多,简列如下:

①擅自开工。

②在承重墙上穿洞。

③不适当增加楼面静荷载,包括在室内砌墙、超负荷吊顶、安装大型灯具、铺设大理石地板等。

④任意刨凿、重击顶板、外墙内侧及排烟管道,不经穿管直接埋设电线或改线。

⑤破坏或者拆改厨房、厕所的地面防水层。

⑥使用不符合消防要求的装修材料。

⑦擅自改动燃气线路,安装燃气用具。

⑧空调机不按位置安装。

⑨随意改变窗台、窗框、玻璃、阳台、护栏、户门颜色、格调。

⑩随意改变阳台功能。

⑪随意封闭阳台,装防盗门、网。

⑫随意拆改墙体,改变房屋承重结构。

⑬在承重墙、梁、柱上穿孔、削薄、挖槽。

⑭私自增加线路负荷。

⑮改动上下水管道。

⑯破坏、占用公共绿篱、绿地。

⑰擅自占用公共通道、天台、屏面。

⑱擅自在室外加装灯、牌、广告等。

⑲堵塞地漏和封闭排水管道。

⑳擅自移动、堵塞消防设施,使用消防禁用品。

㉑擅自动火作业。

㉒随意丢弃装修垃圾,利用公共部位、场地加工装修材料。

㉓随意向窗外抛扔物品。

㉔未经许可随意用电梯运送装修材料(散装料和超长重料)。

㉕不按规定时间施工,制造噪音。

㉖不按规定配置灭火器。

㉗随意改装智能化系统等。

二、常见问题的处理

装修施工期间,发现违章装修的,应立即要求装修人停止违章装修,并视情况采取以下方式进行处理:

(1)批评教育,规劝改正(如不按规定时间施工等)。
(2)责令停工,出具《违章整改通知单》限期整改(如侵占公共场地等)。
(3)责令恢复原状(如在承重外墙面打洞)。
(4)扣留或没收工具。
(5)水电集中供应的,视情况暂停水电(如改变管线等)。
(6)要求赔偿损失或按规定罚没押金(如损坏电梯表面或其他公共设施等)。
(7)情况严重的,上报当地上级主管部门(如破坏房屋结构,拒不整改等)。

本章小结

物业装饰装修管理是通过对物业装饰装修过程的管理、服务和控制,规范业主、物业使用人的装饰装修行为,协助政府行政主管部门对装饰装修过程中的违规行为进行处理和纠正,从而确保物业的正常运行使用,维护全体业主的合法权益。

作为物业管理从业人员,必须熟悉有关法律法规,了解、掌握房屋建筑的基本构造知识,了解装修管理运作程序及熟悉装修施工中的常见问题,明确有关人员的职责范围,尽可能消除或减少违章引起的负面影响。在工作实践中,对违章装修既要做到有据有理、坚持原则,做到知法依法,违规必究,又要尽量做劝告说服工作,晓之以理,尽可能减少与业主发生矛盾。

学习检测

一、不定项选择题

1. 物业装饰装修管理流程示意图的内容有(　　)。
A. 备齐资料　B. 填写申报登记表　C. 登记　D. 签订管理服务协议
E. 办理开工手续　F. 施工　G. 验收
2. 物业装饰装修管理,业主应准备的资料有(　　)。
A. 物业所有权证明　B. 申请人身份证原件及复印件　C. 装饰装修设计方案
D. 施工单位资质　E. 建筑、水电气等改动的设计的审批　F. 其他业主的书面同意
3. 物业装饰装修,不予登记的行为有(　　)。
A. 擅自变动建筑主体和承重结构
B. 将没有防水要求的房间或阳台改为卫生间、厨房
C. 扩大承重墙上原有门窗尺寸,拆除连接阳台的砖,混凝土土墙体
D. 损坏房屋原有节能措施,降低节能效果的
E. 未经规划部门批准搭建的建筑物、构筑物
F. 未经规定部门批准改变的住宅外立面,在非承重外墙上开门、窗的
G. 未经供暖单位批准,拆改供暖管道和设施
H. 未经燃气单位批准,拆改燃气管道和设施
I. 其他影响建筑结构和使用安全的行为
4.《物业装饰装修管理服务协议》应包括的内容有(　　)。
A. 装饰装修工程的实施内容　B. 装饰装修工程的实施期限　C. 允许施工的时间
D. 废弃物的清运与处置　E. 外立面设施及防盗窗的安装要求
F. 禁止行为和注意事项　G. 管理服务费用

H. 违约责任及其其它需要约定的事项

5. 办理开工手续的必要事项有(　　)。

A. 已签订《物业装饰装修管理服务协议》

B. 业主按规定缴纳了装饰装修管理服务费

C. 装修施工单位已办理开工证、出入证等

D. 装修人或施工单位已备齐了消防器材

6. 装修人和装饰装修施工单位应严格按照(　　)组织施工。

A. 政府的装修管理规定　　B. 物业装饰装修管理服务协议

C. 装修设计图　　D. 装修申报登记的内容

7. 物业管理单位应按照(　　)做好管理和服务工作，加强现场检查，发现违规行为，应及时劝阻制止。

A. 政府装修管理规定　　B. 装饰装修管理服务协议

C. 装修设计图　　D. 装修申报登记方案

8. 物业装饰装修管理的内容有(　　)。

A. 装修范围和时间管理　　B. 按装修管理要求进行管理

C. 装修管理费和垃圾清运费管理　　D. 物业装饰装修现场管理

9. 物业的装饰装修区域，应按相关装饰装修管理规定和(　　)予以限定。

A. 业主权益　　B. 开发商要求　　C. 物业公司的管理要求　　D. 装修管理协议

10. 装修期一般不超过(　　)个月。

A. 一　　B. 二　　C. 三　　D. 六

11. 物业装饰装修应重点检查的内容有(　　)。

A. 有无变动建筑主体和承重结构

B. 有无将没有防水要求的房间或阳台改为卫生间、厨房

C. 有无扩大承重墙上原有门窗尺寸，拆除连接阳台的砖、混凝土墙体

D. 有无损坏房屋原有节能设施，降低节能效果

E. 有无其他影响建筑结构和使用安全的行为

F. 有无未经有关单位批准搭建建筑物、构筑物、拆改供暖管道和设施

G. 超过设计标准规范增加楼面荷载

12. 物业装饰装修管理既涉及(　　)也涉及业主个人权益。

A. 政府管理规定　　B. 物业公司的管理权益　　C. 开发商的权益　　D. 公共权益

13. 由装修人和物业管理单位签订(　　)约定物业装饰装修相关事项和管理费用。

A. 装修管理规定　　B. 业主临时公约

C. 物业装饰装修管理协议　　D. 政府装饰装修管理费收费标准

14. 物业管理企业可向装修人约定收取的费用包括(　　)。

A. 装饰装修管理服务费　　B. 装修人员出入证管理费

C. 装修材料运输电梯费　　D. 垃圾清运费

15. 管理服务费可以向(　　)收取，也可向装饰装修工程单位收取。

A. 装修业主　　B. 装饰工程单位　　C. 使用人　　D. 装饰装修工人

16. 物业装饰装修垃圾管理的基本要求是(　　)。

A. 就地倾倒　B. 自行处理清运　C. 装饰装修垃圾袋装处理

D. 按指定位置、时间、方式堆放和清运

17. 物业装修材料和设备是装修违章的一个重要因素，应着重从(　　)方面加强控制和管理

A. 核对是否为审批同意的材料　B. 核对是否符合相关规定

C. 按照规定办理相应的手续

18. 物业装饰装修现场管理应注意事项有(　　)。

A. 严反出入关，杜绝无序状态　B. 加强巡视，防患于未然

C. 控制作业时间，维护业主合法权益　D. 加强管理、反复核查

19. 物业装饰装修管理协议等相关文件应由(　　)三方签字。

A. 开发建设单位　B. 物业管理单位　C. 装修人　D. 施工单位

20. 装修人和装修企业在装饰装修活动中的责任包括(　　)。

A. 承担赔偿责任　B. 负责修复和赔偿　C. 接受政府部门的罚款

D. 按照相关法规的规定处罚　E. 降低资质等级或吊销资质证书

二、简答题

1. 装修管理期间，物业服务企业主要负责哪些工作？

2. 物业服务企业在装修管理中如遇到业主违章装修应怎样处理？

三、案例分析题

物业公司管理人员在装修管理巡视过程中发现了如下问题：

(1)业主安装太阳能热水器的位置违规，据查，管理人审批有误。

(2)小区中有未佩带标识牌的施工人员在进行装修作业。经询问，其回答是“未来得及办理手续”。

(3)小区高层楼顶堆放了大量的钢材，经了解，是业主准备利用坡顶加设钢结构阁楼。

(4)高层写字楼在国庆长假期间实施装修。

(5)某业主未经申报，擅自更换了四扇铝合金窗。

(6)小区某装修现场材料堆放混乱，工人用电炉做饭且无灭火设备。

问题：

针对现场中发现的问题应如何处理？在装修管理中，物业管理企业应注意的问题有哪些？

综合实训

【实训目标】

掌握物业装饰装修管理的要点。

【实训内容与要求】

将全班同学根据具体人数分成若干小组，每小组选出一名组长，到物业管理现场参与物业装饰装修管理工作。

【成果与检测】

1. 各组写出心得报告；

2. 班级汇报与交流。

学习情境七

日常物业管理服务与经营

【知识目标】

1. 了解房屋及附属设备设施维修养护的特点；

2. 掌握房屋及附属设备设施维修养护的方法；掌握环境管理的要点；掌握安全管理的要点。

【能力目标】

1. 能根据物业的实际情况，制定可行的房屋维修管理计划；具备进行房屋完损等级评价的基本能力；

2. 具备进行物业环境管理、安全管理的基本能力；

3. 锻炼学生的语言表达能力。

【技能目标】

提高解决房屋建筑维修管理实际问题的技能。

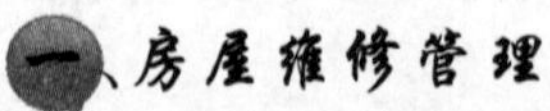

房屋所具有地点固定、价值量大、使用年限长等特点，决定了其在使用过程中，为了抵御、恢复各种因素的影响所造成的损坏，保证使用者的安全和正常使用的性能，必须加强房屋的维修管理。房屋维修管理是物业管理企业日常经营活动的一个重要环节。房屋的价值、寿命、收益、物业管理活动的成果在很大程度上依赖于物业的维修管理。而且随着人们生活水平的提高和房屋产权的多元化，人们对居住环境，物业管理服务，物业的保值、增值都提出了更高的新要求，对房屋的日常养护和修缮管理要求也更加严格，物业管理企业因此承担起比以前更多的管理责任。

请问：房屋修缮管理都包括哪些方面？物业管理企业如何更好地完成房屋修缮管理？

学习单元一　房屋及附属设备设施的维修养护管理

一、房屋维修管理

(一)房屋维修的概念和特点

1. 概念

房屋维修是指在房屋的经济寿命期内，在对房屋进行查勘鉴定、评定房屋完损等级的基础上，对房屋进行维护和修理，使其保持或恢复原来状态或使用功能的活动。房屋维修包括对非损坏房屋的维护和对损坏房屋的修理。

2. 特点

(1)房屋维修是一项经常性的工作。

房屋使用期限长，在使用中由于自然或人为因素的影响，会导致房屋、设备的损坏或使用功能的减弱，而且由于房屋所处的地理位置、环境和用途的差异，同一结构房屋使用功能减弱的速度和损坏的程度也是不均衡的，因此，房屋维修是大量的经常性的工作。

(2)房屋维修量大面广、零星分散。

量大面广是指房屋维修涉及各个单位、千家万户，项目多而杂；零星分散是指由于房屋的固定性以及房屋损坏程度的不同，决定了维修场地和维修队伍随着修房地段、位置的改变而具有流动性、分散性。

(3)房屋维修技术要求高。

房屋维修由于要保持原有的建筑风格和设计意图，因此技术要求相对于建造同类新建工程来讲要高。房屋维修有其独特的设计、施工技术和操作技能的要求，而且对不同建筑结构、不同等级标准的房屋，采用的维修标准也不同。

(二)房屋维修管理的意义和原则

1. 房屋维修管理的意义

(1)房屋维修管理是房屋实现保值增值的保证。

(2)房屋维修管理是房地产经营顺利开展的基础。

(3)房屋维修管理是物业管理企业实现“自负盈亏、自我发展”的前提。

2. 房屋维修管理的原则

(1)坚持“经济、合理、安全、实用”的原则。

(2)采取不同标准、区别对待的原则。

(3)维护房屋不受损坏的原则。

(4)为用户服务的原则。

(5)修缮资金投资效果最大化的原则。

(三)房屋维修管理的内容

1. 钢筋混凝土结构、混合结构房屋完损等级评定办法

(1)凡符合下列条件之一者可评为完好房。

①结构、装修、设备各项完损程度符合完好标准。

②在装修、设备部分中有一两项完损程度符合基本完好的标准，其余符合完好标准。

(2)凡符合下列条件之一者可评为基本完好房。

①结构、装修、设备部分各项完损程度符合基本完好标准。

②在装修、设备部分中有一两项完损程度符合一般损坏的标准，其余符合基本完好以上的标准。

③结构部分除基础、承重构件、屋面外，可有一项和装修或设备部分中的一项符合一般损坏标准，其余符合基本完好以上标准。

(3)凡符合下列条件之一者可评为一般损坏房。

①结构、装修、设备部分各项完损程度符合一般损坏的标准。

②在装修、设备部分中有一、二项完损程度符合严重损坏标准,其余符合一般损坏以上标准。

③结构部分除基础、承重构件、屋面外,可有一项和装修或设备部分中的一项完损程度符合严重损坏的标准,其余符合一般损坏以上的标准。

(4)凡符合下列条件之一者可评为严重损坏房。

①结构、装修、设备部分各项完损程度符合严重损坏标准。

②在结构、装修、设备部分中有少数项目完损程度符合一般损坏标准,其余符合严重损坏的标准。

2. **其他结构房屋完损等级评定方法**

①结构、装修、设备部分各项完损程度符合完好标准的,可评为完好房。

②结构、装修、设备部分各项完好程度符合基本完好标准,或者有少量项目完好程度符合完好标准的,可评为基本完好房。

③结构、装修、设备部分各项完损程度符合一般损坏标准,或者有少量项目完损程度符合基本完好标准的,可评为一般损坏房。

④结构、装修、设备部分各项完损程度符合严重损坏标准,或者有少量项目完损程度符合一般损坏标准的,可评为严重损坏房。

(四)房屋维修的范围和标准

1. **修缮范围**

房屋的修缮均应按照租赁法的规定或租赁合同的约定办理,但是如下情况需另行处理:

(1)用户因使用不当、超载或其他过失引起的损坏,应由用户负责赔修。

(2)用户因特殊需要对房屋或它的装修、设备进行增、搭、拆、扩、改时必须报经营管理单位鉴定同意,除有单项协议专门规定者外,其费用由用户自理。

(3)因擅自在房基附近挖掘而引起的损坏,用户应负责修复。

(4)市政污水(雨水)管道及处理装置、道路及桥涵、房屋进户水电表之外的管道线路、燃气管道及灶具、城墙、危崖、滑坡、堡坎、人防设施等的修缮,由各专业管理部门负责。

2. **修缮标准**

(1)房屋等级。

按不同的结构、装修、设备条件,把房屋划分成一等和二等两类。

(2)修缮项目。

修缮项目主要包括以下几方面:

①主体工程;

②木门窗及装修工程;

③楼地面工程;

④屋面工程;

⑤抹灰工程;

⑥油漆粉饰工程;

⑦水、电、卫、暖等设备工程;

⑧金属构件;

⑨其他工程。

建筑物的分类和等级划分

一、建筑的分类

1. 按使用性质分类

建筑物按照它的使用性质，通常可分为以下类别：

(1)生产性建筑：工业建筑、农业建筑。

①工业建筑：为生产服务的各类建筑，也可以叫厂房类建筑，如生产车间、辅助车间、动力用房、仓储建筑等。厂房类建筑又可以分为单层厂房和多层厂房两大类。

②农业建筑：用于农业、畜牧业生产和加工用的建筑，如温室、畜禽饲养场、粮食与饲料加工站、农机修理站等。

(2)非生产性建筑：民用建筑。

2. 民用建筑分类

(1)按照民用建筑的使用功能分类：居住建筑、公共建筑。

①居住建筑：主要是指提供家庭和集体生活起居用的建筑物，如住宅、公寓、别墅、宿舍。

②公共建筑：主要是指提供人们进行各种社会活动的建筑物，其中包括以下方面：

A. 行政办公建筑：机关、企事业单位的办公楼。

B. 文教建筑：学校、图书馆、文化宫等。

C. 托教建筑：托儿所、幼儿园等。

D. 科研建筑：研究所、科学实验楼等。

E. 医疗建筑：医院、门诊部、疗养院等。

F. 商业建筑：商店、商场、购物中心等。

G. 观览建筑：电影院、剧院、购物中心等。

H. 体育建筑：体育馆、体育场、健身房、游泳池等。

I. 旅馆建筑：旅馆、宾馆、招待所等。

J. 交通建筑：航空港、水路客运站、火车站、汽车站、地铁站等。

K. 通讯广播建筑：电信楼、广播电视台、邮电局等。

L. 园林建筑：公园、动物园、植物园、亭台楼榭等。

M. 纪念性的建筑：纪念堂、纪念碑、陵园等。

N. 其他建筑类：如监狱、派出所、消防站。

(2)按照民用建筑的规模大小分类：大量性建筑、大型性建筑。

①大量性建筑：指建筑规模不大，但修建数量多的；与人们生活密切相关的；分布面广的建筑。如住宅、中小学校、医院、中小型影剧院、中小型工厂等。

②大型性建筑：指规模大，耗资多的建筑。如大型体育馆、大型影剧院、航空港、火车站、博物馆、大型工厂等。

(3)按照民用建筑的层数分类：低层建筑、多层建筑、中高层建筑、高层建筑、超高层。

①低层建筑：指1～3层建筑。

②多层建筑：指4～6层建筑。

③中高层建筑：指7～9层建筑。

④高层建筑:指10层以上住宅。公共建筑及综合性建筑总高度超过24米为高层。

⑤超高层建筑:建筑物高度超过100米时,不论住宅或者公共建筑均为超高层。

(4)按照主要承重结构材料分类:木结构建筑、砖木结构建筑、砖混结构建筑、钢筋混凝土结构建筑、钢结构建筑、其他结构建筑。

二、建筑物的等级划分

建筑物的等级一般按耐久性、耐火性、设计等级进行划分。

(一)按耐久性能划分

从耐久等级、耐久年限、使用建筑物的重要性和规模大小这几方面,划分如下:

(1)一级:100年以上,适用于重要的建筑和高层建筑;

(2)二级:50～100年,适用于一般性建筑;

(3)三级:25～50年,适用于次要的建筑;

(4)四级:15年以下,适用于临时性建筑。

(二)按耐火性能划分

(1)耐火等级:是衡量建筑物耐火程度的指标,它是由组成建筑物构件的燃烧性能和耐火极限的最低值所决定。

按耐火等级划分为四级,一级的耐火性能最好,四级最差。性能重要的或者规模宏大的或者具有代表性的建筑,通常按一、二级耐火等级进行设计;大量性的或一般性的建筑按二、三级耐火等级设计;次要的或者临时建筑按四级耐火等级设计。耐火等级按耐火极限和燃烧性能这两个因素确定。

(2)燃烧性能:把构件的耐火性能分成非燃烧体、燃烧体、难燃烧体。

(3)耐火极限:是指任一建筑构件在规定的耐火试验条件下,从受到火的作用时起,到失去支持能力、完整性被破坏、失去隔火作用时为止的这段时间,用小时表示。

(三)按民用建筑设计等级划分

按照原建设部《民用建筑工程设计收费标准》的规定,我国目前将各类民用建筑工程按复杂程度划分为:特、一、二、三、四、五,共六个等级,设计收费标准随等级高低而不同。

以下是民用建筑复杂程度等级的具体标准:

1.特级工程

(1)列为国家重点项目或以国际活动为主的大型公建以及有全国性历史意义或技术要求特别复杂的中小型公建。如国宾馆、国家大会堂、国际会议中心、国际大型航空港、国际综合俱乐部、重要历史纪念建筑、博物馆、美术馆,三级以上的人防工程等。

(2)高大空间有声、光等特殊要求的建筑。如剧院、音乐厅等。

(3)30层以上建筑。

2.一级工程

(1)高级大型公建以及有地区性历史意义或技术要求复杂的中小型公建。如高级宾馆、旅游宾馆,高级招待所、别墅,省级展览馆、博物馆、图书馆,高级会堂、俱乐部,科研实验楼(含高校),300床以下医院、疗养院、医技楼、大型门诊楼,大中型体育馆、室内游泳馆、室内滑冰馆,大城市火车站、航运站、候机楼,摄影棚、邮电通讯楼,综合商业大楼、高级餐厅,四级人防、五级平战结合人防等。

(2)16～29层或高度超过50M的公建。

3. 二级工程

(1)中高级的大型公建以及技术要求较高的中小型公建。如大专院校教学楼，档案楼，礼堂、电影院，省部级机关办公楼，300床以下医院、疗养院，地市级图书馆、文化馆、少年宫，俱乐部、排演厅、报告厅、风雨操场，大中城市汽车客运站，中等城市火车站、邮电局、多层综合商场、风味餐厅，高级小住宅等。

(2)16～29层住宅。

4. 三级工程

(1)中级、中型公建。如重点中学及中专的教学楼、实验楼、电教楼，社会旅馆、饭馆、招待所、浴室、邮电所、门诊所、百货楼，托儿所、幼儿园，综合服务楼、2层以下商场、多层食堂，小型车站等。

(2)7～15层有电梯的住宅或框架结构建筑。

5. 四级工程

(1)一般中小型公建。如一般办公楼、中小学教学楼、单层食堂、单层汽车库、消防车库、消防站、蔬菜门市部、粮站、杂货店、阅览室、理发室、水冲式公厕等。

(2)7层以下无电梯住宅、宿舍及砖混建筑。

6. 五级工程

一二层、单功能、一般小跨度结构建筑。

说明：以上分级标准中，大型工程一般系指1万平方米以上的建筑；中型工程指3000～10000平方米的建筑；小型工程指3000平方米以下的建筑。

二、物业设备的保养、维修与管理

(一)物业设备的保养

1. 日常保养

日常保养是指设备操作人员所进行的经常性的保养工作。主要包括定期检查、清洁保养，发现小故障及时排除，及时做好维护工作并进行必要记录等。

2. 一级保养

一级保养是指由设备操作人员与维修人员按计划进行保养维修工作。主要包括对设备的某些局部进行解体清洗，按照设备磨损规律进行定期保养。

3. 二级保养

二级保养是指设备维修人员对设备进行全面清洗、部分解体检查和局部修理、更换或修复磨损零件，使设备达到完好状态。

4. 设备点检

设备点检是指根据要求利用检测仪器、设备或人的感觉器官，对某些关键部位进行的检查。

(二)物业设备的维修

1. 零星维修工程

零星维修工程是指对设备进行日常的保养、检修及为排除运作故障而进行局部修理。

2. 中修工程

中修工程是指对设备进行正常的定期全面检修、对设备部分解体修理和更换少量磨损零部件，保证能恢复和达到应有的标准和技术要求，使设备正常运转。更换率为10%～30%。

3. 大修工程

大修工程是指对房屋设备定期进行全面检修，对设备进行全部解体，更换主要部件或修理不合格零部件，使设备基本恢复原有性能，更换率一般不超过30%。

4. 设备更新和技术改造

设备更新和技术改造是指设备使用一定年限后，技术性能落后，效率低、耗能大或污染日益严重，需要更新设备，提高和改善技术性能。

5. 故障维修

故障维修通常是房屋设备在使用过程中发生突发性故障而停止，检修人员采取紧急修理措施，排除故障，使设备恢复功能。

(三)物业设备设施管理的特点

物业设备设施是附属于房屋建筑的各类设备设施的总称，它是构成房屋建筑实体的不可分割的有机组成部分，是发挥物业功能和实现物业价值的物质基础和必要条件。随着社会经济的发展和现代科技的进步，物业设备的种类日益增多，新型产品纷纷涌现，不断向更完备、更先进的多样化、综合化系统发展。这不仅使人们对物业设备的功能需求不断提高，也对物业设备的管理提出更高的要求。多数物业的物业设备设施管理除了具有设备设施的特定性、固定性、多样化、综合性和系统化等特点外，一般还具有以下特点：

(1)设备设施管理受到的约束较多，具有明显的限制性。

设备设施管理工作只能在原有房屋建筑的物业基础上进行，创造性较低，且工作不能超越特定的环境条件。

(2)设备设施管理需要安全运行。

物业的各部位和各系统，如结构、内外墙面、门窗玻璃、电梯、空调等都会因种种原因发生故障或不同程度的损坏，而且各类问题的发生无固定性和规律性，因此物业设备设施管理，不仅要保证技术性能的安全发挥，还要及时发现隐患，避免事故的发生。并尽可能延长设备的合理使用年限，提高设备的使用效益。

(3)物业设备设施的维护维修工程非常分散。

由于设备设施多样，使用频率高，需要不断进行日常维护和故障维修，这类工程项目大小不一，时率要求高，用料品种多、规格多，零星分散。

(4)物业设备设施管理具有较强的技术性。

随着社会经济和科学技术的进步，智能化建筑、通讯系统、安全监控系统和设备监控系统等高科技设备的应用，都进入了普通的物业管理范畴。在设备设施的维护管理中需要有各类相关技术知识的支持。

(5)设备设施管理工作是提高物业经济效益的关键。

物业的经济效益体现在两个方面：一方面是物业设备的寿命周期成本即购置成本和使用成本能够降低；另一方面是物业保值和增值。物业设备的成本一直是物业成本的最大构成部分之一。

同时，物业设备设施管理还要涉及设备维修工作的安全性、计划性和及时性等诸多方面。只有弄清了以上特点才能对设备设施管理工作有一个比较全面的认识，才能从管理制度、人员配备、机械与材料的准备、维修计划与方案、资金落实等方面进行周到的安排。

(四)物业设备设施管理的难点

一般意义上的物业设备设施包括建筑给排水、采暖通风及空调和建筑电气。传统的物业设备管理侧重于现场管理,着眼于有故障的设备,具有“维持”的特点。但在信息化时代的今天,物业管理范围内的设备设施已经形成庞大而复杂的系统,传统产业的业务也由于结合了信息技术而出现了变化。“维持”水平上的管理已不适应物业管理智能化、信息化进程的缺点日益突出。至今仍有相当一部分物管人员认为,大楼或小区建成后,招聘一些空调工、水电工、冷冻工让设备运转起来就行了。这样的管理思路实施起来会造成诸如能耗高、自控不能实现、设备损耗加速、室内环境品质恶化(典型如空气品质)等问题。根据物业设备与设施管理的现状,迫切要求我们物业管理企业提高服务技术和能力、合理配置已有资源,在提高设备设施管理水平的前提下大力节约成本开支,减低管理成本,从这方面来看,准确认识物业设备设施管理的难点,为设备设施管理工作“对症下药”和少走弯路有很直接的关联。目前物业设备设施管理工作主要存在以下难点:

(1)从业人员素质、待遇之间存在的矛盾。

就目前多数物业公司而言,因为待遇普遍较低,从业人员的素质也大多偏低,具备一技之长的本来就少,而设备设施管理工作往往需要“一工多技”和“一专多能”的复合型人才,要解决这两者的矛盾不但与一个企业的经营规模、资源和管理理念有关,还与企业拥有的市场量有关。

(2)设备设施的维修基金问题。

特别是在物业管理实施前建设的大量房屋中,以前房改基金可以用于设备设施维修的资金少之又少,对于大修和中修则更是“杯水车薪”。

(3)设备设施维修工程施工的资质管理问题。

大多数物业公司是不具备工程施工、修缮等相关资质的,一些细小的工作对于物业公司来说还可以勉强应付,但对于稍大一点的项目,物业公司则无能为力。

学习单元二 物业环境管理

物业环境管理包括物业管理区域内物业共用部位、共用设施和场地等的清洁卫生、园林绿化和卫生虫害防治等管理服务。环境管理与业主、物业使用人生活工作密切相关,也是物业管理服务的直观体现,是物业管理的基本内容之一。

一、保洁服务

在物业区域中,良好的环境卫生所带来的舒适和幽雅,是评判物业管理公司服务水准的一个直观指标。整洁的物业区域环境需要常规性的保洁服务。

(一)保洁服务的概述

1.保洁管理的含义

保洁管理是指物业管理公司通过宣传教育、监督治理和日常保洁工作,保护物业区域环境,防止环境污染,定时、定点、定人进行垃圾的分类收集、处理和清运,通过清扫、擦拭、整理等专业性操作,维护辖区所有公共地方、公共部位的清理卫生,保持环境整洁,提高环境效益。

2.保洁管理的原则

(1)扫防结合,以防为主。

“扫”和“防”是保持整洁的两个重要方面，“扫“是指清扫，“防”是指防治。搞好清洁卫生，首先要清扫干净，要保持下去就要靠防治。通过管理服务，纠正业主和使用人的卫生习惯，防止脏乱差现象发生。

(2)依法依规严格管理。

在实施物业管理之初，企业就要与业主就保持的有关事项签登有关的规定和协议，对区域内的保洁提出切实可行的措施和规章，而且要求全体业主共同遵守。这些规定规范是业主和物业管理公司双方的行为准则，并通过长期的宣传教育达到深入人心的效果。

(3)责任明确，分工具体。

保洁本身是一个很烦琐的工作，而且工作的时间长，内容多，在管理的过程中，要保证各个环节的良好衔接，防止出现卫生空白区，要周密安排每个岗位和明确岗位职责、责任人，才能保持良好的卫生状况。

3. 保洁管理的范围

(1)公共地方。

在物业区域中，业主私人的空间不允许打扰，但是，公共地区的卫生必须靠物业公司来保持，包括楼宇的前后左右、道路、广场、空地、绿地等平面位置的保洁和管理。

(2)共用部位。

这是指楼宇在垂直方面的保洁，包括楼梯、走道、电梯间、大厅、平台和建筑物的外观的清扫保洁。

(3)垃圾处理。

垃圾处理包括住宅区的生活垃圾和商业楼宇使用过程中的废物的分类收集、处理和清运，要求业主按规定的时间、地点、方式，将垃圾倒人指定的区域或容器。

4. 保洁管理的质量标准

(1)“五定”。

“五定”即指清洁卫生工作要做到定人、定地点、定时间、定任务、定质量。

(2)“六净”“六无”。

“六净”即路面净、人行道净、雨(污)水井口净、树坑墙根净、果皮箱净；“六无”即无垃圾污物、无人畜粪便、无砖瓦石块、无碎纸皮核、无明显粪迹和浮土、无污水脏物。

(3)“当日清”。

“当日清”即指清运垃圾要及时，当日垃圾当日清。要采用放置垃圾桶(箱)、垃圾分类、袋装的方法集中收集垃圾。

5. 保洁管理的机构设置及职责划分

(1)保洁管理机构设置。

保洁管理的机构设置如图 7－1 所示。

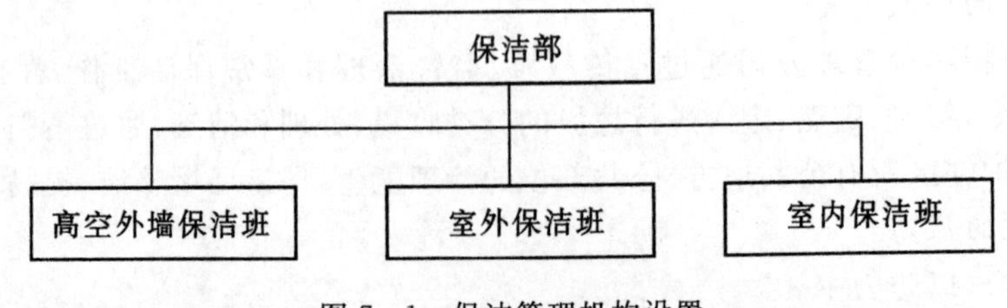

图 7－1 保洁管理机构设置

(2)保洁部各级人员的岗位职责。

①部门经理(保洁主管)的职责。

A. 按照公司经理的指示精神和公司的管理目标,组织各项清扫保洁管理的具体工作;

B. 每日检查督促各区域保洁任务的完成情况,发现问题及时返工补救;

C. 接洽开拓各种清洁服务、业务,为公司创收;

D. 经常进行巡查抽查,发现卫生死角及时解决。

②技术员的职责。

A. 配合经理拟定清扫保洁工作的实施方案;

B. 对专用清洁设备进行使用指导;

C. 随时检查和保养清洁用具和机械设备;

D. 检查监督分管的保洁区域和项目;

E. 做好经理交办的其他事项。

③公共卫生区域领班的职责。

A. 向保洁主管负责,每日班前留意当日保洁主管的指示,并接受其督导;

B. 检查员工签到记录,查看是否全勤当值,对缺勤及时采取措施,合理安排属下员工工作;

C. 检查所辖范围的清洁成效;

D. 随时检查员工的工作情况,及时调整各种工具及人力配备;

E. 编制保洁人员、用品、物料计划,降低消耗,控制成本。

④保洁员的职责。

A. 遵守《员工守则》,统一着装上岗;

B. 听从领班的安排,严格按照清洁程序,保质保量地做好职责范围内的清扫保洁工作。

⑤仓库保管员的职责。

A. 严格遵守《员工守则》及各项规章制度,服从主管的工作安排;

B. 认真做好仓库的安全、整洁工作。按时到岗,经常巡视打扫,合理堆放货物,发现可疑迹象和火隐患及时排除或报告上级;

C. 负责清洁工具、用品的收发工作。收货时必须严格按质按量验收,并正确填写入库单;发货时必须严格审核领用手续是否齐全,对于手续欠妥者一律拒发;

D. 严禁私自借用工具及用品;

E. 做好月底盘点工作,及时结出月末库存数据呈报主管;

F. 做好每月物料库存采购计划,提前呈报主管。

(二)楼内保洁服务

1. 楼内保洁的卫生要求

(1)人行楼梯、电梯。

①地面保持光洁、光亮,无污迹、水印、脚印。

②走廊四角及踢脚板保持干净,无污渍。

③墙面、地面、灯具保持干净,无积灰。

④安全扶梯台阶保持清洁,无污物,栏杆上保持光亮,无污迹。

⑤电梯梯门光洁、光亮,轿箱及四壁干净、整洁。

(2)高层住宅出入口大堂及楼层清洁。

①地面：无废杂物、纸屑，无污迹，地毯平整、干净。

②墙面：踢脚线、消防排烟口、警铃、安全指示灯、各种标牌表面干净，无灰尘、水迹、污迹、斑点。

③垃圾桶：外表干净，无积垢、臭味。

④玻璃窗（玻璃、窗框、窗帘、窗台）：明净、光洁，无积尘、污迹、斑点。

⑤各种设施外表（如大堂前台、广告牌、灯箱、消防栓箱、楼层分布牌等）：表面干净，无积尘、污迹、斑点。

(3)公共部位的卫生间。

①大小便池：内外光洁，无污垢、积尘。适当地方放卫生球，喷空气清新剂。

②洗手盆、镜台、镜面：内外光洁，无污垢、斑点、积水、积尘。

③地面、墙面：光洁，无污迹，无杂物、脏物，无积水、积尘，无蜘蛛网。

④厕所篓、垃圾桶：无陈积物，无臭味，外表干净。

(4)玻璃门窗及不锈钢设施。

①玻璃无灰尘，无水迹，保持干净、光亮。

②玻璃上的污斑、手印应及时清除，保持清洁。

③爱护清洁工具，注意保养，不得用损坏的工具擦洗玻璃。

④不锈钢表面无灰尘，无水迹，无污迹，无手印。

下面分别以住宅小区和商厦为例，介绍保洁操作的具体内容和要求。

住宅小区的保洁操作细则和要求如表7-1至表7-3所示。

表7-1 每日保洁操作细则和要求

序号	保洁项目和内容	保洁方式	保洁次数
1	指定区域内的道路（含人行道）	清扫、洒水	2
2	指定区域内绿化带（含附属物）	清扫	1
3	各楼层楼梯（含扶手）过道	清扫、抹擦	1
4	居民生活垃圾、垃圾箱内垃圾	收集、清除、集送	2
5	电梯门、地板及周身	清扫、抹擦	2
6	通道扶手、电梯扶手、电梯两侧护板与脚踏	抹擦、清扫	2
7	男女卫生间	拖擦、冲洗	3
8	会议室、商场等公众场所	清扫、拖擦	2～4

表7-2 每周保洁操作细则和要求

序号	保洁项目和内容	保洁方式	保洁次数
1	天台、天井	清扫	1
2	各楼层公共走廊	拖洗	1
3	用户信箱	抹擦	1

续表 7-2

序号	保洁项目和内容	保洁方式	保洁次数
4	电梯表面保护膜	涂上	1
5	手扶电梯打蜡	涂上	1
6	公用部位门窗、空调风口百叶	抹擦	1
7	地台表面	拖擦	2
8	储物室、公共房间	清扫	1

表 7-3　每月保洁操作细则和要求

序号	保洁项目和内容	保洁方式	保洁次数
1	公用部位天花板、四周围墙	清扫	1
2	公用部位窗户	抹擦	1
3	公用电灯灯罩、灯饰	抹擦	1
4	地台表面打蜡	涂上	1
5	卫生间抽排气扇	抹擦	2
6	公用部位地毯	清洗	1

商厦清洁服务的内容及要求如表 7-4 所示。

表 7-4　商厦清洁服务的内容及要求

清洁范围	清洁内容	清洁要求
(一)商厦总体清洁服务	1. 清理大厦内所有垃圾到垃圾转运站	每天 2 次
	2. 收集及清理所有垃圾桶、烟灰缸及花槽内垃圾	每天 4 次
	3. 清洁垃圾桶及花槽、花盆内外表面	每天 2 次
	4. 清洁所有告示牌、橱窗及指示牌	每天 2 次
	5. 清洁所有出口大门	每天 4 次
	6. 清洁所有手印及污渍(包括楼梯、墙壁、防烟门)	每天 2 次
	7. 清洁所有扶手、扶杆及玻璃表面	每天 4 次
	8. 清洁所有通风窗口	每天 2 次
	9. 清洁空调风口、百叶门窗	每周 2 次
	10. 拖擦地台、云石、大理石表面	每周 2 次
	11. 大堂云石地板(含电梯厅、走道)打蜡	每月 1 次
	12. 大理石、云石墙壁打蜡	每季 1 次
	13. 其它公共区域、走廊区地面打蜡	每季 1 次
	14. 办公室地毯清洗	每月 1 次
	15. 清洁所有楼梯、窗户、走廊地毯吸尘	每天 1 次
	16. 清洁所有灯饰(含灯罩、灯片等)	每月 1 次

续表 7-4

清洁范围	清洁内容	清洁要求
(二)扶手电梯卫生	1.擦净扶手带表面及两旁安全板	每天 4 次
	2.踏脚板、梯级板表面吸尘	每天 2 次
	3.扶手带及两旁安全板表面打蜡	每周 1 次
(三)男、女卫生间卫生	1.抹净所有门板、档板	每天 1 次
	2.抹、冲及洗净所有洗手间设备	每天 3 次
	3.擦洗洗手间内镜面	每天 4 次
	4.冲洗洗手间地台表面	每天 4 次
	5.定时喷洒空气清新剂	每天 3 次
	6.天花板及照明设备表面除尘	每天 2 次
	7.抹净排气扇	每天 1 次
	8.清理卫生桶脏物垃圾	每天 2 次
	9.更换厕所纸、毛巾、清洁液及肥皂	每天 2 次
	10.洗手盆、便池、水箱清洁	每天 1 次
	11.墙壁及地漏清洁	每天 1 次
(四)人行楼梯卫生	1.打扫及拖抹所有楼梯	每天 2 次
	2.抹扶手不锈钢栏杆	每天 1 次
	3.给不锈钢栏杆扶手上保护剂	每月 2 次
	4.洗擦及磨光楼梯表面	每月 1 次
(五)商厦出入口大堂卫生	1.扫净及洗刷大堂出入口地台及梯级	每天 2 次
	2.清洁大堂入口所有玻璃门窗	每天 3 次
	3.抹净大堂内墙壁、镜面、分布牌表面	每天 1 次
	4.大堂总服务台、地脚线抹尘	每天 2 次
	5.清洁大堂天花板、空调窗	每天 1 次

2.日常清洁方法

(1)地台清洁。

使用有硬毛、尼龙或钢绵底热的洗擦机,配合适当的去污剂将所有污渍包括深藏地台内的沙泥及尘埃清除,然后用吸水机吸净,再用湿地拖地台表面,干毛巾擦干即可。

(2)墙角线清洁。

使用绵质湿软布加去污剂去除表面积尘,如遇顽固污渍,除使用已认可的清洁剂擦洗外,还可用刮刀或天那水配合,再用干抹布擦干表面即可。

(3)竖面除尘。

使用除尘刷、毛刷或真空吸尘器清除附在墙表面的污渍、蜘蛛网及灰尘等,同时使用湿布将照明灯擦净。

(4)金属表面清洁。

使用快洁布或软质绵布浸放适当份量的专用清洁剂将金属表面彻底清洁,直至附着物生锈的地方恢复光亮。不可用硬物抹擦，以保持其统一色泽（金属保护膜只可在核准情况下方可使用）。

（5）地台打蜡。

先用起蜡剂加适量清水用地拖均涂在地台表面，浸泡数分钟后用洗地单刷机来回擦洗，直至原蜡彻底去除，然后用吸水机吸干，再用干净地拖加清水拖洗地台表面2遍，如有顽固污渍，必须用专用清洁剂或专用工具彻底清除干净，用烘干机将地台吹干，再用干净绵布抹一遍，即可进入打蜡程序：

①先用地蜡从纵向上第一遍底蜡，待干后横向上第二遍底蜡，每层蜡不宜太厚，且要均匀涂抹；

②按上底蜡程序再上二层面蜡；

③待地台面蜡干后，使用打蜡磨光机对地台表面进行抛光处理，直至光洁明亮（在抛光时可用喷壶对地台表面喷射少许喷洁蜡再抛光）。

（6）卫生间清洁。

①所有表面必须喷上清洁消毒剂；

②用棉质干布搓擦表面及擦干；

③用橡胶手套加洁厕灵洗净厕具；

④镜面用玻璃水洗擦并擦干；

⑤洗手盆用去污粉洗净；

⑥地面用洁厕灵拖洗，用干地拖拖干；

⑦聚在门窗及其间隔的污点用洗涤净或去污粉清洗擦干；

⑧定时喷洒空气清新剂；

（7）地毯清洗。

①使用专用设备清洗（单刷直立式或喷吸式洗地机）；

②使用高泡干洗地毯清洁剂或低泡湿洗地毯清洁剂；

③清洗前，务必将地毯上的尘埃用吸尘器吸净；

④如发现地毯上有茶迹、墨水迹或其他污迹务，需使用已认准的清洁剂先将其去除；

⑤洗地毯过程中，个别较脏或有固渍的地方，务必重复清洗几遍，直至干净为止；

⑥新装地毯作干洗处理，较脏地毯作湿洗处理。

（三）外围保洁服务

按照不同的墙体材料和外墙不同的清洗周期要求，作为环境卫生的管理人员，应掌握和了解一些外墙情况的一般知识。

1. 清洗条件

（1）气候情况。

由于外墙情况一般是在室外高空进行，危险性大，因此，应注意清洗的气候条件。一般情况下，风力应小于四级，尤其是高空风力。此外如果是下雨、下雪、起雾及高温（35℃以上）气候条件，均不宜进行外墙的清洗。

（2）人员条件。

外墙清洗的清洁工人，必须身体条件要好，心理素质好，无心脏病、高血压等症，严格进行定期体验，经过专门培训、取得高空作业证书，并在证书有效期内，持证上岗。

2. 清洗方式

(1)擦窗机。

擦窗机也叫室外吊篮,通过吊篮上、下、左、右移动,达到清洗的目的。吊篮内有电话,可以与外界随时联络,比较安全,是今后高楼外墙清洗的发展趋势。

(2)吊板。

吊板是由悬挂支架、大绳(直径 16mm)、吊板、安全带和安全滑动锁组成。它将清洁工吊到工作位置上进行外墙清洗。使用这种清洗方式,危险较大,因此,要求各项安全措施到位,避免危险事故发生。

3. 擦窗机的操作

(1)操作程序。

①准备工作:查看清洁现场,确定工作方案。

②现场测风力,是否符合工作条件。

③检查擦窗机性能,工作位置地面设好围栏,安全告示牌,由安全员现场监督。

⑥准备清洗工具。

⑤两名操作人员携带清洗工具和用品进入吊篮,系好安全带。

(2)安全操作规程。

①作业者必须是年满 18 岁男性公民,经过专门技术培训,经考试合格后持证上岗。

②作业者必须是经过定期体检,确认身体合格者。

③作业者在工作前及工作期间,不准喝酒、嘻笑,更不准吊篮内打闹或投掷物品。

④作业期间必须穿工作服,戴安全帽及手套,系好安全带(包括室内活窗内的清洁人员)。

⑤作业者如遇身体不适,不得参加高空作业。

⑥作业前应将现场由专门人员进行安全检查,确定安全后方可工作。

⑦作业前对屋面结构悬挂装置的连接件、紧固件、牵引绳等进行检查,确认无隐患后,方可作业。

⑧在吊篮作业中,严禁修理或移动吊篮悬挂机构及制动器等。

⑨在移动屋面某部分结构时,吊篮中严禁站人,在吊篮跨越障碍移动中,必须用缆绳稳定吊篮以防止碰撞到其他地方。

⑩严禁用吊篮做垂直运输工作,更不能超负荷。

⑪在吊篮工作时要设法使吊篮稳定,以防大的晃动。

⑫注意隐蔽电器的防护,雨天应停止作业。

⑬指挥人员必须集中精力从事专项指挥工作,不得兼做其他工作。

⑭爱护设备及工具,提升机每 24 小时注油并检查一次。悬挂钢丝绳每工作 56 小时全面检查一次,提升机制动器每日检查一次。

⑮作业后,将一切设备及工具进行保养,按指定位置集中放置。

⑯作业后应将吊蓝停放或悬挂在安全地点,并上好安全锁,防止损坏。

4. 室外场地

(1)操作程序。

①清扫地面的灰尘和垃圾。

②每星期进行两次大面积的冲洗(星期天的 7:30 前),冲洗后及时扫干净,保证无积水。

③不停地循环清扫,保持地面无灰尘、无垃圾、无烟蒂。

④所有垃圾集中到总垃圾箱里。

⑤保持室外场地的各类标牌、栏杆、墙面、灯座的清洁。

⑥保持室外场地的上、下水道干净、通畅。

(2)卫生标准。

①地面保持清洁、光亮,无污迹、水渍、脚印。

②走道四角及踢脚板保持干净,无垃圾。

③烟灰缸保持清洁,无污痕,烟蒂不得超过 6 个。

④楼地面、垃圾间内垃圾箱堆放整齐,公共部位垃圾箱内应套有垃圾袋,四周无散积垃圾,无异味。

⑤走道及墙面等公共部位的各项设施,如门框、通风口、路灯等保持干净,无积灰。

⑥安全扶梯台阶保持清洁,无污物、垃圾;扶手上保持光亮,无积灰。

⑦设有电梯间的部位,电梯梯门光洁、明亮,轿箱及四壁、地面应干净、整洁。

⑧室外场地的地面,应做到无垃圾、灰尘、烟蒂、纸屑,使人感到清洁、舒适。

(四)垃圾清运

垃圾的收集及清运是住宅小区及商贸楼宇清洁服务的重要项目,如果垃圾收集处理不当,不仅影响物业的环境美观,还会产生臭味,滋生细菌、蚊蝇、害虫,严重污染工作和生活环境,影响人们的身心健康。

1.环境卫生设施

(1)废物箱。

①废物箱一般设置在道路的两旁和路口。废物箱应美观、卫生、耐用,并能防雨、阻燃。

②设置间隔规定。

A.商业大街设置间隔 25～50m;

B.交通干道设置间隔 50～80m;

C.一般道路设置间隔 80～100m。

(2)垃圾容器和垃圾容器间。

①供居民使用的生活垃圾容器、袋装垃圾收集堆放点的位置要固定,既应符合方便居民和不影响市容观瞻等要求,又要利于垃圾的分类收集和机械化清除。

②生活垃圾收集点的服务半径一般不应超过 70m。在规划建造新住宅区时,未设垃圾管道的多层住宅一般每四幢设置一个垃圾收集点,并建造生活垃圾容器间,安置活动垃圾箱(桶)。生活垃圾容器间内应设通向污水井的排水沟。

③医疗废弃物和其他特种垃圾必须单独存放。垃圾容器要密闭并具有识别标志。

④各类垃圾容器的容量按使用人口、垃圾日排出量计算。垃圾存放容器的总容纳量必须满足使用需要,避免垃圾溢出而影响环境。

(3)垃圾管道。

①多层及高层建筑中排放、收集生活垃圾的垃圾管道包括:倒口、管道、垃圾容器、垃圾间。垃圾管道应满足机械装车的需要。

②垃圾管道应垂直。管道内壁应光滑无死角,内径应按楼房不同的层数和居住人数确定,并应符合下列规定:

A. 多层建筑管道内径 600～800mm；

B. 高层建筑(二十层以内,含二十层)管道内径 800～1000mm；

C. 超高层建筑管道内径不小于 1200mm。管道上方出口必须高出屋面 1m 以上。管道通风口要设置挡灰帽。

③垃圾管道应采取防火措施,其设计和建造应符合有关防火规定。

④垃圾管道在楼房每层应设置倒口间,但不得设置在生活用房内。倒口间应封闭,并便于使用、维修和清理管道。

⑤垃圾管道底层必须设有专用垃圾间。高层垃圾管道的垃圾间内应安装照明灯、水嘴、排水沟、通风窗等。北方地区应考虑防冻措施。

⑥气力输送垃圾管道系统,适宜应用于高级住宅、办公楼及商贸中心等。

(4)垃圾转运站。

①垃圾转运站一般在居住区或城市的工业、市政用地中设置。垃圾转运站的设置数量和规模取决于收集车的类型、收集范围和垃圾转运量,并应符合下列要求：

A. 小型转运站每 0.7～1m^{2}设置一座,用地面积不小于 100m^2,与周围建筑物的间隔不小于 5m。

B. 大、中型转运站每 10～15m^2 设置一座,其用地面积根据日转运量确定。

②供居民直接倾倒垃圾的小型垃圾收集、转运站,其收集服务半径不大于 200m,占地面积不小于 40m。

③垃圾转运站外型应美观,操作应封闭,设备力求先进。其飘尘、噪音、臭气、排水等指标应符合环境监测标准。

④当垃圾处置基地距离市区路程大于 50 公里时,可设置铁路运输转运站。转运站内必须设置装卸垃圾的专用站台以及与铁路系统衔接的调度、通讯、信号等系统。

⑤在城市生活垃圾处理系统没有完善以前,在垃圾高峰和自然气候变异情况下,应设置固定的应急生活垃圾堆积转运场且应有围墙、道路、绿化和管理用房及环境保护措施。

2. 垃圾的收集与清运

(1)收集方法。

①划分垃圾类别。按用途划分垃圾分为可回收垃圾与不可回收垃圾,如塑料瓶、玻璃瓶、铝罐等属于可回收垃圾,可单独收集;泡沫塑料盒、塑料袋等属于不可回收垃圾。按干净的程度分类别,用户要严格地按照分类要求将垃圾投放到标明分类用途的垃圾回收容器中,管理人员将各个用户投放的垃圾逐级集中送至垃圾站。

②规定特种垃圾收集日期。比如废弃的旧家具、旧电器等,必须到规定的日期才可以抛弃。在楼宇的各个场所分别放置垃圾筒、垃圾箱、纸篓等存放垃圾的容器应做到以下方面：

A. 按垃圾种类和性质配备存放垃圾的容器。

B. 按垃圾的产生量布置场所的合适位置。

C. 存放容器要易存放、易清倒、易清洗。

D. 存放垃圾容器的周围环境要保持清洁。

(2)垃圾清运的操作程序。

①及时清运所有楼地面上的所有垃圾,选择适宜的时间,使用货运电梯清运。

②不准将垃圾散落在地面上、楼梯上。

③要常冲洗垃圾存放地，不得产生异味、飞虫。

(3)卫生标准。

①无堆积垃圾。

②垃圾做到日产日清。

③所有垃圾集中堆放在指定地点。

④垃圾堆放点应定期喷洒药水，防止发生虫害。

二、物业环境的绿化管理

联合国确定的可以达到保障人类健康的城市人均绿地标准是 50～60m²，绿色是生命之色，可以使人益寿延年，可以陶冶情操，净化环境。物业管理中，通过行使组织、协调、督促、宣传教育等职能，以及加强绿化管理，创造出一个清洁、安静、优美、舒适的生活环境和工作环境，提高环境效益，这是物业管理的绿化管理工作内容。

(一)绿化管理概述

1.绿化作用

城市居住小区绿化是城市建设中的一个重要组成部分，绿化的作用很多，主要体现在以下三个方面：

(1)具有保护和改善生态环境的作用。

绿化树林能起到降低风速、阻挡风沙的作用；绿色植物能吸收二氧化碳，放出氧气，起到净化空气的作用。

(2)具有美化作用。

绿化是美化城市的一个重要手段，运用园林树木、花卉不同的形状、颜色、用途和风格，不仅使城市披上绿装，而且瑰丽的色彩，芬芳的花香使城市更美。

(3)能陶冶人的情操，起到修身养性的作用。

人们在色彩丰富的园林绿地中生活，不仅能得到美的享受，还能陶冶人的情操，提高人的审美能力。

2.绿化管理工作

按照我国城市绿化分工的有关规定，居民小区道路建筑红线之内部分、小区内部没有路名的道路归房管部门或物业管理公司绿化和养护管理。

绿化管理工作通常是指绿地建设和绿化养护管理。绿地建设包括新建小区绿地建设、恢复整顿绿地和提高绿地级别三方面的内容。新建小区绿地一般由房地产开发公司建设，但物业管理公司应争取早期介入，参与建设和了解掌握建设情况，以便日后更好管理。恢复整顿绿地主要是对原有绿地因自然或人为因素严重损坏部分进行整治和修复工作。提高绿地级别就是对原有绿地进行全面升级改造。

绿化养护管理工作主要是经常性地对辖区内的绿地进行浇水、施肥、除草、灭虫、修剪、松土、维护等活动，以及巡视检查，保护绿地的工作。

3.绿地规划布置的基本要求

居住区绿地规划的指导思想是“适用、经济、美观”。居住区绿地规划的基本要求是：

(1)合理组织，统一规划。

要采取集中与分散，重点与一般，点、线、面相结合，以居住区中心花园为中心，以道路绿化为网络，以住宅间绿地为基础，使居住区绿地自成系统，并与城市绿地系统相协调，成为有机的组成部分。

(2)因地制宜，节约用地。

要充分利用自然地形和现状条件，尽量利用劣地、坡地、洼地和水面作为绿化用地，以节约城市用地。对原有的树木，特别是古树名木应加以保护和利用，以期早日形成绿化面貌。

(3)植物为主，注意景观。

居住区的绿化，应以植物造园为主，合理布局。植物材料的选择和配置，要结合居住区的绿地的特点，结合居民的能力，力求投资节省，养护管理省工，充分发挥绿地的卫生防护功能。为了居民的休息和景观的需要，适当布置一些园林小品，其风格及手法应朴素、简洁、统一、大方。

(二)室外绿地养护

园林绿化是一个功能和美观结合的整体，它的设计原则是“适用、经济、美观”有机的结合。小区的园林绿化也应遵循这一原则。

1. 园林绿地的营造与养护

小区的园林绿地，布置虽然不如公园的完备，但利用精巧的园林艺术小品和丰富多彩的园林植物进行绿化，使其形成优美清新的环境，供住户做短时间的文体活动和户外休息、享用。可以设置凉亭、座椅，建成群众文体活动的中心。远离市区单独的大型小区，应该在可能的条件下开辟游戏的绿地，内容应尽量丰富多彩，以满足住户进行文体活动和安静休息的需要。

对绿地的要求，应做到遮荫、降温、减少噪音、防尘、增加湿度、防火。重点美化部分应放在小区的出入口处，引人注目的地方，一般地方绿化方式宜简，主要着重改善环境的实效。

有些小区建筑群前是人车集散的场所，人车流量大，广场和停车场可结合成一体，广场绿地可建有草坪、花坛、座椅、水池等。而广场两侧可布置成花园式，并注意与街道绿化相呼应。

(1)植物选择。

园林中，包括植物、建筑、地形、山石、甬道、水体等，而植物是园林的主体。一个城市或单位绿化的指标，也是用园林植物覆盖面积来计算。园林植物的选择，要注意树种的选择，因为树木生命周期长，如果选择不当，将造成严重的后果，园路树应树干高大，树冠浓密，根深耐旱；水池边宜栽落叶少，不产生飞絮的花木；花木尽量不选用带刺和有毒的品种；花坛、花境应栽种色彩鲜艳，花香果佳的植物。

(2)配置方式。

小区园林绿化布置分别采用规则式和自然式两种格式。接近房屋建筑物的园区采用规则式，远离房屋的地方采用自然式。

园林植物配置，不仅要取得“绿”的效果，还要进一步给人们美的享受。因此，必须考虑植物的外形、颜色等方面的特性并进行仔细的选择、合理的配置，这样才能创造出美的景象，使物质环境的美化渗透到精神世界的美的情感中。

房屋附近种植的乔灌木，必须严格按绿化规范中所规定的乔灌木与建筑和各种管道网的最小距离，同时要注意不影响房屋的通风和采光。

在搭配问题上，除考虑到快长与慢长外，也应考虑到常绿与落叶、乔木与灌木、观叶与观花、观果树的搭配。

(3)施工。

绿化工程可由园林工程部门承建,若本部门本单位有条件,也可以自行设计、施工,但不管何单位建造,为了达到绿化美化、改善环境这个目的,除了良好的设计外,施工是重要的一环,它直接影响工程的质量与以后的管护工作,影响花木的生长及绿化美化的效果和各种功能的发挥,要严格按照设计图纸施工。

(4)养护。

园林绿化工程完成后,要巩固其成果,发挥其功能,主要取决于后期的养护工作。养护工作一年四季不间断地长期地进行,只有这样才能使花木生长旺盛,花红草绿。养护工作包括除草松土、浇水、施肥、整形修剪、防治病虫害、围护等项。表 7－5 所示为我国北方地区园林植物浇水时间、次数参考表。

表 7－5　北方地区园林植物浇水时间、次数参考表

植物类型	生长期内每月浇水次数	浇水时间	湿润深度(cm)	冬灌深度(cm)
低矮地被植物	2～3	早、晚	10	40
一年生草本花卉	3～4	早、晚	10	40
多年生灌木、藤木	1～2	早、晚	20	40
竹类	3～5	早、晚	30	50
1～5 年生乔木	2～5	早、晚	40	50
5 年以上乔木	1	早、晚	40	50

2. 绿化养护管理的质量要求和考核标准

(1)绿化养护管理的质量要求。绿化养护管理的具体质量要求有以下方面:

①树木:生长茂盛无枯枝;

②树形:美观完整无倾斜;

③绿篱:修剪整齐无缺枝;

④花坛:土壤疏松无垃圾;

⑤草坪:平整清洁无杂草。

各类草坪浇水时间、次数如表 7－6 所示。

表 7－6　各类草坪浇水时间、次数参考表

植物类型	生长期内每月浇水次数	浇水时间	湿润深度(cm)	冬灌深度(cm)
观赏草坪	2～3	早晨、下午	6～8	30
休息草坪	3～4	早晨、下午	5～8	20
球场草坪	1～2	傍晚与夜间	6～10	20
活动性草坪	3～5	傍晚	6～10	20
南方冷季型草坪	2～5	傍晚	3～4	20

(2)绿化养护的考核标准。具体的考核标准有以下方面：

①新种树苗：本市苗成活率大于95%，外地苗成活率大于90%。

②新种树木：高度1 ㎡处倾斜超过10 cm的树木总数不超过树木总数的2%，栽植一年以上的树木保存率大于98%。

③五大虫害的树木不超过树木总数的2%；树木二级分枝枯枝不超过树木总数的2%。

④围栏设施无缺损；绿化建筑小品无损坏。

⑤草坪无高大杂草，绿化无家生或野生的攀援植物。

⑥绿地整洁无砖块、垃圾。

⑦绿化档案齐全、完整，有动态记录。

3. 园林小品

居住区绿地建设中，少不了园林小品点缀。其种类、造型、规格可根据功能与需要而设计。园林小品建造宜简单、小型，较多采用的是水池、瀑布、喷泉、花架、假山、亭子等。建筑小品既有功能要求，又具有点缀、装饰和美化作用。

(1)喷泉瀑布。

喷泉和瀑布都是用立体的方式来表现动水景观。可根据造型的需要和水量的多少来创造各种造型。在地势平坦、规则的水域中，常以喷泉为主景。在地形起伏的庭园中常设人工假山，配以瀑布水景，瀑布不宜设置过高。瀑布的造型各异，以石头的排列组合为重点。水流下泻的方法也有种种变化，自上而下的动水形式还有壁泉、滴泉等，在位置选择上，不要设置在与居民相近之处，以免水声影响他人。

(2)叠石。

以石头相叠，作为山的缩影称为叠石。庭园中的叠石给人带来永恒之感。自然的山石、流水、花草树木等都会给人们带来各种想象。在庭园一隅叠石或置几块山石即可成主景，也可以粉壁为纸，以石作画，形成立体画面或云墙石壁等景观。在大树之下或在草地及铺装空间点缀几块奇石作为凳、桌，不仅有欣赏价值还有休息等功能。叠石在空窗、漏窗之前造景，可形成天然的框景；在楼梯之下，布以叠石即可创造从山中云梯登楼之意；门前的踏步，用叠石构成便有踩云朵而升堂之感。

(3)水池。

水池是人造的蓄水体。水面平静，在室外环境中作为其他景物如雕塑、建筑或喷泉的柔和背景，能在水中映照出景物的倒影，为人们提供了优美的观赏效果。

(4)人工喷泉。

人工喷泉是利用压力，使水自喷嘴喷向空中。喷泉由于其垂直变化，加上灯光或音乐的配合，色彩绚丽斑斓，乐声悠悠，使人赏心悦目。

(5)人工瀑布。

人工瀑布是把水提到高处流向下方而形成的，瀑布的观赏效果比流水更丰富多彩，特别是瀑布流水撞击硬物表面时水花四溅，更加壮观。

(6)花架。

花架是建筑与植物结合的造景物，上有攀援藤蔓遮荫，下设凳、椅供人们休息。其种类有竹木花架，砖混凝土花架，钢筋混凝土花架。

(7)假山。

假山是用天然的山石块堆叠而成，具有自然的山形，假山常与流水和瀑布结合设置，颇具有自然情趣。

(8) 亭。

亭是一种开敞的小型建筑物。多用竹、木、石等材料建成，平面一般有圆形、方形、六角形和八角形等。亭常设在园林中或小区活动中心处。

(9)雕塑。

雕塑是人文精神产物，它是居住小区精神面貌的反映，也是时代精神的体现。雕塑常放在小区内的主要广场或草坪位置中间。

居住区绿化工作的好坏，不仅仅是绿化部门的职责，同时也是每一位业主和使用人的职责。如果只有绿化部门的积极性，而没有每一位业主和使用人的积极性，居住区的绿化工作是搞不好的。为此：

(1)要加强绿化宣传，培养绿化意识。

帮助每一位业主和使用人认识到绿化工作的重要性，绿化工作不仅直接关系到我们是不是有一个安静、清洁、优美的生活环境，而且直接关系到我们这一代人以及整个人类能否生存和发展的问题。

(2)加强制度建设，严格管理。

一般在居住区物业环境绿化管理中都要公布有关绿化管理方面的规定：

①爱护绿化，人人有责；

②不准损坏和攀折花木；

③不准在树木上敲钉拉绳晾晒衣物；

④不准在树木上及绿地内设置广告招牌；

⑤不准在绿地内违章搭建；

⑥不准在绿地内堆放物品；

⑦不准往绿地内倾倒污水或乱扔垃圾；

⑧不准行人和各种车辆践踏、跨越和通过绿地；

⑨不准损坏绿化的围栏设施和建筑小品；

⑩凡人为造成绿化及设施损坏的，根据政府的有关规定和公共契约的有关条文进行赔偿和罚款处理。

【案例 7－1】某物业管理公司刘经理在巡视物业管理区内的安全和环境管理时看到：管区内草坪竖立着一个产品广告牌；在路边停放一辆越野车；大厅保安人员来回走动，且见客人进入不闻不问，视而不见；大厅放置一花盆遮住宣传广告；两名物业管理人员与客人抢乘电梯；在走廊用两个灭火器挤门；在楼道禁烟告示牌处，有两人在吸烟；在走廊有一陌生人员正在向业主门缝中塞小招贴；保洁人员在工作时间清洁楼道；保洁人员在洗面池投洗抹布。上述所见是否存在问题，并说明理由和规范要求。

【案例分析】

(1)存在的问题：管区内草坪上插设产品广告牌。

理由或规范：不允许在管理区内草坪上插设产品广告牌。

(2)存在的问题：机动车未按指定地点停放。

理由或规范：机动车应按指定地点停车，不应乱放。

(3)存在的问题:物业保安人员不坚守本岗位,见客人出入不闻不问

理由或规范:物业大厅保安人员应坚守本岗位不乱走动,见客人应主动敬礼打招呼。

(4)存在的问题:花盆放置地点不当,遮住宣传广告。

理由或规范:花盆应按指定地点摆放,不应遮住宣传广告。

(5)存在的问题:物业人员与客人抢乘电梯。

理由或规范:应让客人先乘电梯,不应与客人抢乘电梯。

(6)存在的问题:用灭火器挤门。

理由或规范:灭火器应摆放在指定处,不应用灭火器挤门以防损坏灭火器。

(7)存在的问题:在禁烟告示牌吸烟,且不予劝阻。

理由或规范:吸烟应在指定地点以防引起火灾,任何人均不得在禁烟处吸烟。

(8)存在的问题:发送小招贴。

理由或规范:不应在业主门缝或走廊处发小招贴。

(9)存在的问题:工作时间清洁楼道。

理由或规范:在工作时间清洁楼道影响行人出入,应在上班前、上班后或休息时间清洁楼道。

(10)存在的问题:用洗面池投洗抹布。

理由或规范:应在固定池中投洗抹布,确保洗面池卫生清洁。

(三)室内绿地养护

建筑物内(如宾馆大堂、餐厅,会议厅、商店和居室等处)种植或摆放观赏植物,是构成室内装饰不可分割的部分。人们希望在享受现代物质文明(如空调、音响和灯光等)的同时,与植物为伴,这也是现代人崇尚自然、追求返朴归真意境的反映。植物可以改变室内环境呆板、单调的氛围,起到改善小气候和清洁空气的作用。除装饰外,植物还可以被用来分隔室内空间,如餐厅、酒吧可借助植物创造一个相对独立的空间。除造景外,植物还可与休息、社交、购物等活动在空间上有机结合。

1.大厦内的绿化布置

大厦内的绿化布置主要以公共部位为主,如大堂、过道、走廊、大小会议厅、观光厅等,其摆设基本固定。但根据绿化物的长势和需要,一般在1~3个月更换一次。大堂的绿化摆设以大盆或中盆的观叶植物为主,如棕竹、龟背竹、苏铁、巴西铁、橡皮树等。在春、秋季节还可适当配些色彩鲜艳、品种名贵的盆栽花来加以点缀,如茶花、杜鹃等。走廊、过道绿化摆设 以普通型大盆或中盆的观叶植物为主,如散尾葵、发财树、针葵、棕竹等。会议厅是接待来客,举行会议的场所,绿化布置力求高贵、典雅、美观、大方,四周可放置大型和中型的较名贵的观叶植物,茶几和桌子上可以放上瓶插花。观光厅的绿化摆设观光厅本身就是让人们观光欣赏的地方,因此要注意绿化的整体效应,使宾客好像置身于园林、花坛之中,令人心情舒畅,赏心悦目。

2.办公室的绿化摆设

办公室是写字楼办公的主要地方,在绿化摆设上要突出舒适、清静、高雅。在窗台上可选用小兰草、君子兰、文竹等植物来点缀,办公桌上可放些小型盆景或瓶插,如水仙花等来衬托。

3.阳台绿化

阳台是楼房单元式住宅仅有的外部空间。如充分加以绿化可布置成“缩小了的庭院”;同时美化了楼房和城市景观。绿化时应注意以下方面:

(1)根据阳台不同方向和地区气候特点所形成的日照、风力、温度、湿度等条件选择植物,根据特点选择喜阳或耐荫植物。

(2)根据阳台的面积、形状选择容器。除一些建筑阳台设有固定的种植池外,可以采取在栏杆

上加挂吊箱、阳台内设花盆架或增设格架，供植物攀援等方式，丰富绿化布置形式。在栏杆上放置盆花时应有防止坠落的措施。为减轻建筑结构的负荷，阳台绿化最好使用轻质人工合成基质。

(3)由于阳台上一般有风，空气湿度低，因此充分的灌溉往往是养护管理的关键。若能使用小型自动灌溉装置，常能获得理想的效果。

4. 窗台绿化

窗户是沟通室内外空间的纽带。窗台是一块可以用于绿化的宝贵空间，因为那里常有充足的阳光，又处于人们视觉的重要位置上。特别在建筑密集、空间宝贵的城市中，窗台绿化更有特殊意义，室内、室外部分都可用植物来装饰。室外窗台的绿化可以装扮城市，增加绿视率，但要注意它的特殊环境，如风大、干燥、冬季气温低、夏季阳光灼热等，选择适合这些条件的植物品种。如在窗台上摆放盆栽植物一定要采取防止跌落的措施。在窗台上安装种植槽则既安全，又可增加绿化面积。香港由于地价极高，许多人家都把窗台种满五彩缤纷的花卉。荷兰由于盛产鲜花，人们竞相用奇花异草装饰窗台。室内窗台绿化在室内装饰中更处于重要地位，能给居室带来勃勃生机。但要选择比较耐荫的品种，以观叶植物为主。由于室内比较温暖，可以栽培多种不耐寒的观赏植物，常年有赏心悦目的效果。

【案例 7-2】因物业小区管区内有一片草坪茎叶茂盛，一片葱绿，而另一片草坪枯萎变黄，发生业主与物业管理公司之间的争议，业主认为是物业管理公司养护不当，而物业管理公司认为是业主对草坪爱护不够。你认为他们的看法是否正确，应如何处理，并指出草坪管理的方法和要求。

【案例分析】业主和物业管理公司的看法是否正确，不能简单下结论。应进行调查研究，具体情况具体对待，找出草坪枯萎变化的真正原因，再作结论。

(1)应向该住宅小区原绿化设计和施工单位了解绿化配置有无区别，是否合理。

(2)了解绿化管理人员在养护管理人员在养护管理中的技术、操作是否正确合理。

(3)绿化管理人员应针对所管区草坪的问题，积极采取措施进行补救。

(4)总结经验教训，加强管理，提高绿化养护管理水平。

知识链接

草坪绿化养护管理的方法和要求

1. 浇水排水

生长期内每月浇水 1～2 次，浇水时间为早晨和下午，湿润深度 6cm～8cm，冬灌深度 30cm。

2. 施肥

草坪要经常补充肥料，一般南方地区由于气温高，多在秋季施肥，其中，长江流域则以梅雨季节为宜；北方寒冷地区应在春季。以粪肥为主，同时施以磷、钾肥。

3. 中耕除草

清楚草坪中的杂草方法比较多，可以采用物理机械的方法，也可采用化学药物方法，如扑草净、敌草隆、二钾四氯等。

4. 病虫害防治

因地制宜选用抗病虫害的品种；合理搭配，避免发生病虫害的诱因；加强水肥管理，促其生长，增强抵抗病虫害的能力；检疫、消毒、防止病虫害的传播；一旦发生病虫害，要采取有效措施，阻止其蔓延。

学习单元三　物业安全管理

物业安全管理是指物业管理公司采取各种措施和手段，保护业主和物业使用人的人身财产安全，维持社会的工作和生活秩序的管理活动。包括治安管理、消防管理、道路与车辆管理。

一、治安管理

(一)治安管理的含义和特点

1.治安管理的含义

这里说的治安管理又称社区治安管理，是指在一定地域内对社会治安问题进行治理，是社区治安管理主体依靠社区群众、协同公安、司法机关，对涉及社区的社会秩序和人民群众生命财产安全问题依法进行治理的管理活动。

2.治安管理的特点

治安管理的特点主要包括两方面：①治安工作难度大；②服务性强。

(二)治安管理的内容

1.门卫治安管理

门卫的治安职责有以下方面：

(1)疏通车辆和人员进出，维护门口交通秩序，保证车辆及行人安全，使门前畅通无阻；

(2)严格制止闲杂人员、小商贩、推销人员进入辖区；

(3)提高警惕，发现可疑人员和事情后应及时处理并迅速报告相关高级负责人；

(4)认真履行值班登记制度，详细记录值班中所发生、处理的各种情况；

(5)坚持执行用户的大宗及贵重物品凭证出入制度，确保用户财产安全；

(6)认真做好非办公时间用户出入登记工作；

(7)积极配合其他保安人员，做好各项安全防范工作，把好管区的第一关。

2.巡逻治安管理

(1)巡逻的范围及方式。

保安巡逻的范围只严格限制为物业的公共地方。未经用户许可，保安员一般不能进入用户的物业以及工作或生活的房间内。

(2)巡逻保安的职责。

保安的职责有以下方面：

①巡视检查辖区内是否有不安全的因素，发现情况应及时报告，并采取有效措施进行处理；

②认真记录巡逻过程中发现的情况，做好巡逻的交接班工作；

③对形迹可疑人员进行必要的查询，劝阻推销人员、小商贩等尽快离开辖区；

④制止辖区内打架斗殴事件的发生；

⑤制止在辖区内，尤其是在大厦或住宅楼的电梯内、电梯厅、公共走廊等地大声喧哗、随地吐痰、吸烟等不文明行为；

⑥看管好车场内的车辆，防止撬车、盗车事件的发生；

⑦检查消防设施是否完好，及时消灭火灾隐患。

3. 电视监控管理

要提高物业安全防范管理水平,除了依靠治安管理人员的人为因素外,还要依靠治安管理的物的因素,也就是要建立并完善治安管理的技术防范措施。电视兼课系统在治安管理中占有极为重要的地位,是物业安全防范管理的重要组成部分。监控室是辖区治安工作的观察中心、指挥中心、设备自动控制中心。门卫、巡逻、监控三足鼎立,组成物业安全防范管理较为完善的系统。

【案例 7-3】某小区业主李某,上班回家后发现自己的住房被盗贼光顾,房内的财物损失上万元,盗贼已经逃之夭夭,负责小区安全的保安没能提供有力的线索,门卫也没有陌生来访人员的登记记录。李某认为,物业公司与小区业主签订的合同中承诺小区为封闭式管理,自己交纳了物业管理费,自己住宅的安全却没有得到保护,于是将物业管理公司告上了法庭。不久,在警方全力追查下,盗贼被抓获。该盗贼供认自己是从小区的一个忘记上锁的侧门进入小区行窃的。

请问:业主住房被盗,物业公司是否应该赔偿?

【案例分析】这几年因财产被盗业主被杀,把物业管理公司推上被告席的诉讼已不鲜见,司法界对此观点各异,争论非常激烈。《物业管理条例》似乎对此问题也做了规定,即"物业管理公司未能履行物业服务合同的约定,导致业主人身、财产安全受到损害的,应当依法承担相应的法律责任。"但是在日常的案件中,未能破的案例更多,《物业管理条例》的规定在实践中较难操作。其原因首先是物业管理公司提供的服务性质不明确,是仅仅对公共设施设备的管理,还是负有保护业主人身财产安全之责;其次,什么样的服务就应当获得什么样的报酬,权利义务应当对等。物业管理公司收取的物业管理费是否包括了保护业主人身财产安全的费用;第三,承担法律责任必须以行为人主观上有过错为前提,只有在法律有明确规定的情况下才能适用无过错原则。而业主被盗或被杀,物业管理公司未必就一定负有不可推卸的责任。因此法律界人士认为在物业服务合同中应明确物业管理公司的权利义务,只有在有过错的情况下物业管理公司才应当承担与己不利的法律后果。

本案例因为有窃贼的供词,所以过错责任非常明晰。法庭认为,物业公司与小区业主签订的合同中承诺小区为封闭式管理,而小区的一处侧门却没有锁上,小区的物业管理公司没有很好地履行职责,属于违约行为,而这与李某的失窃有直接的因果关系,应该赔偿李某相应的损失。

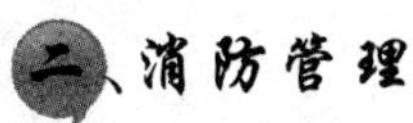

二、消防管理

(一)消防管理的目的

消防管理的目的是预防物业火灾的发生,最大限度的减少火灾损失,为业主和使用人的生产和生活提供安全环境,增强城市居民的安全感,保证其生命和财产的安全。

(二)消防管理的主要内容

1. 消防宣传教育

火灾发生的原因很多,但都与人的消防意识、对消防工作的重视程度不够有关,因此,消防管理中的首要任务就是向全体物业管理人员和所有物业使用人员做好消防宣传教育。

2.义务消防队伍建设

义务消防队伍是日常消防检查、消防知识宣传及初起火灾抢救扑灭的中坚力量,为了做好小区的消防安全工作,各物业项目应建立完善的义务消防队伍,并经常进行消防知识与实操技能的训练与培训,加强实战能力。物业管理项目的义务消防队由项目的全体员工组成,一般分为指挥组、通信组、警戒组、设备组、灭火组、救援组。

义务消防队员的工作主要包括:负责消防知识的普及、宣传和教育;负责消防设施设备及日常消防工作的检查;负责消防监控报警中心的值班监控;发生火灾时应配合消防部门实施灭火扑救。

义务消防队伍建立后应定期对义务消防人员进行消防实操训练及消防常识的培训,每年还应进行一到两次的消防实战演习。

3.消防制度的制订

(1)制订物业管理企业消防管理规定;

(2)制订消防设施设备管理制度;

(3)制订检查方案及应急预案。

4.物业消防安全检查内容

检查内容主要包括消防控制室、自动报警(灭火)系统、安全疏散出口、应急照明与疏散指示标志、室内消防栓、灭火器配置、机房、厨房、楼层、电气线路以及防排烟系统等场所。

5.物业消防安全检查程序与要求

(1)消防安全检查的基本程序。

基本程序包括以下方面:

①确定路线与部位;

②确定检查部位的检查内容;

③对检查结果作出结论并进行判断是否提出整改意见;

④对检查出的消防问题在规定时间内整改,对问题严重或不及时整改的应上报有关部门;

⑤对检查情况进行登记存档、分析总结,提出安全检查报告。

(2)消防安全检查的要求。

具体要求有以下方面:

①深入楼层对消防重点部位进行检查;

②检查公共通道的物品堆放情况;

③对重点实施设备和机房进行深层次的检查;

④发现消防隐患,立即处理。

(三)火灾发生时的处置方法

1.先控制,后消灭

对于不能立即扑灭的火灾要首先控制火势的蔓延和扩大,然后在此基础上一举消灭火灾。例如,燃气管道着火后,要迅速关闭阀门,断绝气源,堵塞漏洞,防止气体扩散,同时保护受火威胁的其他设施;当建筑物一端起火向另一端蔓延时,应从中间适当部位控制。

先控制,后消灭在灭火过程中是紧密相连,不能截然分开的。特别是对于扑救初起火灾来说,控制火势发展与消灭火灾,二者没有根本的界限,几乎是同时进行的。应该根据火势情况与本身力量灵活运用这一原则。

2. 救人重于救火

当火场上有人受到火势围困，首先要作的是把人从火场中救出来，即救人胜于救火。救灾实际操作中，可以根据被困人员和火势情况，救人和救火同时进行，但决不能因为救火而贻误救人时机。

3. 先重点，后一般

在扑救初起火灾时，要全面了解和分析火场情况，区分重点和一般。很多时候，在火场上，重点与一般是相对的，一般来说，要分清以下情况：人重于物；贵重物资重于一般物资；火势蔓延迅猛地带重于火势蔓延缓慢地带；有爆炸，毒害，倒塌危险的方面要重于没有这些危险的方面；火场下风向重于火场上风向；易燃，可燃物集中区域重于这类物品较少的区域；要害部位重于非要害部位。

4. 快速、准确、协调作战

火灾初起愈能迅速、准确靠近火点及早灭火，愈有利于抢在火灾蔓延扩大之前控制火势，消灭火灾。

协调作战是指参与扑救火灾的所有组织，个人之间的相互协作，密切配合行动。

三、车辆道路管理

随着经济的发展，人们生活水平的提高，车辆逐年在增加，尤其是私有的机动车辆增加迅速。因此，做好车辆的管理工作，是物业管理公司不容忽视的大事。

(一)道路管理

道路管理的内容主要有以下几方面：

(1)掌握各类设施的布局、结构情况；

(2)负责对道路的日常巡查，随时发现并纠正违反物业管理规定的现象，并根据管理规定作出相应的处理；

(3)执行物业管理企业下达的道路维修计划；

(4)负责道路设施的日常氧化工作，随时了解设施的运行状况，发现异常及时上报和处理。

(二)交通管理

交通管理的主要内容有以下几方面：

(1)建立机动车辆通行证制度，禁止过境车辆通行；

(2)根据区域内道路情况，确定部分道路为单行道，部分交叉路口禁止右转弯行车；

(3)禁止乱停放车辆，尤其在道路两旁；

(4)限制车速，铺设减速墩，确保行人安全；

(5)在物业管理区域内发生交通事故时，应及时报请公安交通管理部门处理。

【案例 7-4】某大学物业公司对住宅小区进行物业管理，其中有一住户家里有辆小货车，做运输业务，该人过去经过劳改现已释放，很不讲理，他拒不交停车费，物业公司三番五次找他做工作，但就是不交。因此，物业公司通知他，如再不交就不让他的车进入小区，该住户称：如果不让进，就把车堵在大门口。为此，物业公司请教了交通部门，了解到堵塞交通可以用拖车将其拉走。因此，在该住户不交停车费的情况下，拒绝了该车进入小区大门，该住户就将车堵在了门口，物业公司立即打电话给交通部门，交通队来了拖车将其拖走。该住户起先认为物业公司还会将车还给他，过了三天见车未归还，就着急了，找物业公司要车，物业公司告诉他，你的车是交通队拉走的。他更着急了，开始请求物业公司出面帮他要车，最后在物业公司的帮助下，交了罚款要回了货车，该住户再也不拒交停车费了。

【案例分析】物业管理要依靠政府有关部门的支持，既要讲原则，还要讲策略。根据《中华人民共和国道路交通管理条例》第六十六条规定，“任何单位和个人未经公安机关批准，不准占用道路摆摊设点、停放车辆、堆物作业、打棚、盖房，进行集市贸易和其他妨碍交通的活动”。该住户将车停言辞在非停车场的道路上，应该受到处罚，物业管理公司依靠交通队进行执法，既解决了堵塞道路的问题，又教育了住户，还收齐了停车费，一举三得。

(三)车辆管理

车辆管理有狭义和广义之分。狭义的车辆管理仅指对车辆本身的管理，即车辆的出入与停放管理；广义的车辆管理实质是车辆、道路与交通管理，本书所指的车辆管理是广义的。

1.车辆管理的目的

车辆管理的目的是为了建立良好的交通秩序、车辆停放秩序，减少业主的车辆损坏和失窃的可能性。

2.车辆管理的内容

(1)交通管理。

交通管理的任务是正确处理人、车、路的关系，在可能的情况下做到人车分流，保证居住区内交通安全、畅通。

(2)车辆管理。

车辆管理包括机动车、摩托车和自行车的管理，应实行物业服务企业与公安交通部门相结合的原则。

机动车管理是通过门卫管理制度和车辆保管规定来落实的。物业服务企业对进出的机动车必须坚持验证放行制度，对外来车辆要登记。对车辆管理，物业服务企业可与车主签订车辆保管合同或协议。

居住小区为确保摩托车、自行车的存放安全，应设有存车处，派专人负责。车主需委托保管车辆时，先办理立户登记手续、领取存车牌，按指定位置存放好。

(四)停车场管理

1.停车场位置的规划与建设

(1)是否经济。

建设停车场需要一定资金，物业管理公司投资建设，是希望能回收资金并获得利润。这样，规划时既要考虑建设成本，又要考虑建成后能否充分利用。

(2)是否因地制宜。

要做到因地制宜，物业管理公司必须对所管物业区域的环境(建筑格局、道路交通等)有一个全面的了解，特别对原有停车场有所研究，这样，规划停车场位置时就能避免失误，较好地实现停车场的因地制宜。

【案例7-5】某小区数位业主反映，原来他们在楼前楼后停车，今年年初，物业管理公司未经小区业主委员会同意就把楼前楼后划上线，改成临时停车场并进行经营。该小区的业主委员会对停车场的经营提出异议，多次与物业管理公司协商，但都未达成一致。无奈之下，业主委员会将物业管理公司告上法庭，要求停止侵权并赔偿损失。那么，业主委员会的要求能否得到法院的支持呢？

【案例分析】业主委员会的要求能得到法院的支持，原因如下：

(1)小区内的道路和公共场地的使用权归小区全体业主所有。任何人要使用公共场地，都必须得到全体业主或是业主委员会的同意。只有小区业主委员会才能在国家允许的范围内，对小区的公共场地行使处置权、收益权，作为物业管理公司，仅仅是业主委员会聘请来的管理者，其管理行为不应侵犯业主的权利。

(2)小区的规划在建设之前已经经政府相关部门的批准，一旦更改规划，还必须得到政府部门的同意。即使物业管理公司经政府部门同意更改了小区规划，只要全体业主或业主委员会不知情，或没同意，物业管理公司同样对全体业主构成侵权。此时，政府部门也同样是侵权者之一。

2. 停车场管理的基本要求

(1)场内车位划分明确。安全有序的停放车辆，停车场应用白线框明确划分停车位。

(2)场内标志清楚。为便于行车方便和管理，场内行驶路线要用扶栏、标志牌、地下白线箭头指示清楚。

(3)车辆进出停车场管理严格。车辆进入停车场要验证发牌、登记。驶离停车场时要验证收牌。

(4)车辆防盗和防损坏措施得力。

【案例7-6】10月上旬夜里10点左右，某小区地下车库值班护卫员报告x号楼的一位业主，只购买了一个车位，却在车库停了两辆车。护卫员劝其将未购车位的车开走，但业主对护卫员不予理睬，将车锁好后扬长而去。无奈，护卫员只好求助楼间护卫员使用对讲系统同其联系，要求其将车子开出车库。业主对护卫员的行动先是采取了不接对讲的方式，后来又对护卫员进行谩骂，甚至扬言谁再打他家的对讲，就用开水倒下来烫谁。

了解到这些情况后，办公室值班人员当即同业主联系，得到他的同意后，登门拜访。首先对护卫员反复打对讲影响业主生活的行为进行道歉(有理也要先说自己的不是，给足对方面子和台阶，为双方的进一步交流创造条件)，然后向他说明车库内的大多数车位已售出，一个车位只允许停放一辆车，如果占用别人车位，别的业主就会有意见。接着，又特别指出这样事情多了，大家互相效仿，总有一天他自己的车位也会被别人占用。看到他不断点头，值班人员趁热打铁，建议他再租个车位来从根本上解决泊车问题(不仅着眼一时一事，而且争取一劳永逸，这样去做工作就更有效率)。他听了这番话，觉得入情入理，便提出要求，让值班人员替他找一个空位租下来。值班人员自是满口答应。

第二天一早，管理人员就同他联系，告诉他车位已找好，请他抓紧到办公室来办理。果然，他没有食言，当天下午便来到办公室，顺利地办理了租位手续。

【案例分析】以其人之道还治其人之身，是古人总结出来的一种处事哲学。纠正某些违章行为，亦不妨用用这一办法。当然我们这里讲的“治”，没有鼓励以错制错的意思，而是说用语言创造一种客户本身受违章困扰的情境，使之能“己所不欲，勿施于人”。

学习单元四　物业档案管理

物业档案是指关于物业项目所有的包括过去和现在的一切活动中所形成的，具有参考价值，应当归档保存的各种文字、图表、声像等不同形式的历史记录。

物业档案管理是对物业资料的综合管理，是指对在物业的购置、维修变迁和管理过程中所形成的各种图、档、卡、册、表等物业资料经过收集和加工整理分类，运用科学的方法进行的综合管理。

物业档案是物业形成、变迁和管理工作中的历史记录，这是物业档案的本质属性。物业形成过程中各种有关立项、登记、审批和购置、建设、维修等图纸文卷以及产权变迁等的原始记录，都是物业档案管理的对象。一般来讲，物业档案是图纸文卷等有条件地转化而成的，具有保存查考的价值，其载体多种多样。从物业档案的记录方式来看，就有文字、图形、表册、符号、声频、视频等。

做好物业档案管理是物业管理企业的职责，也是物业管理企业为业主或使用人所提供的服务内容之一。物业档案在物业管理中有着极其重要的作用，无论是维修养护物业设备设施、了解物业的使用情况，还是收取物业管理费用、开展经营活动，都离不开物业档案。因此，管理规范的物业管理企业一般都很重视档案的管理工作。在物业管理实践中，物业档案分为业主档案和物业项目档案两大部分，涉及业主、使用人、业主委员会、产权产籍、房屋、设备设施、企业管理等许多方面，其管理工作主要是收集、整理、归档、利用等四个环节。

一、物业档案管理的内容

（一）业主档案

业主档案是指与物业管理辖区内业主或使用人有直接关联的，或由业主或使用人在工作、生活中形成的对物业管理工作具有保存价值的文字、图表、声像等历史记录。

业主档案的形成者包括：业主或使用人、前来探访业主或使用人的外来人员及与业主大会或业主委员会、物业管理企业相关的文件资料。

1. 业主

业主是物业的所有权人。因此，业主的资料是物业管理企业最重要的客户资料，这其中包括业主的家属，他们也是物业管理企业的服务对象。

针对业主需要收集的文件材料包括以下方面：

（1）业主详细资料登记表；

（2）产权登记及权属变更材料；

（3）物业（包括房屋、车库）购置合同及身份证复印件；

（4）与物业管理企业签订的物业管理服务合同、业主公约等；

（5）家庭主要成员登记表；

（6）入住手续全套资料；

（7）房屋装修全套资料；

（8）交纳各种交费凭证；

（9）房屋维修资料；

（10）与业主有关的其他材料。

2. 使用人

使用人是指物业的承租人，即物业的使用权人，这也是物业管理企业的服务对象。由于使用人有较大的流动性及不稳定性，因此收集使用人的档案需要更详细。

针对使用人需要收集的文件材料包括以下方面：

(1)使用人详细资料登记表；

(2)业主与使用人签订的租赁合同复印件；

(3)物业管理企业与使用人签订的合同、公共契约等；

(4)家庭主要成员登记表；

(5)交接手续全套资料；

(6)房屋装修全套资料；

(7)使用人交纳各种费用的凭证；

(8)房屋维修资料；

(9)与使用人有关的其他材料。

3.探访业主或使用人的来访者

探访业主或使用人的来访者是指探访业主或使用人的外来人员。对于来访者，物业管理企业主要是通过来访登记簿对其实行约束管理的，物业管理企业通过登记其姓名、被探访者姓名、被探访者住室、出入时间等掌握其行踪。来访登记簿是物业管理企业需要保存的档案，假设事后发现异常，可以通过翻查来访登记核对或寻找证据。

4.业主大会和业主委员会

业主大会和业主委员会档案是全体业主在行使权利、义务等自我管理活动中形成的各种文字、图表、声像等文件材料。

针对业主大会和业主委员会需要收集的文件材料包括以下方面：

(1)业主大会和业主委员会关于筹备、换届、选举、人员变更情况等文字材料；

(2)业主大会和业主委员会制定的章程、制度、公约等文字材料；

(3)业主委员会发出的各种通知、会议记录、纪要及形成的报告等文字材料；

(4)业主委员会采用招投标选聘物业管理企业形成的选聘方案、标书、标底、评标结果、中标协议书、有关合同、招标会议记录等文字材料；

(5)业主委员会与物业管理企业协商备忘录等文字材料。

业主大会和业主委员会形成的档案属于物业产权人及使用人共同所有，但在一般情况下，由于业主委员会不具备档案管理的基本条件，往往由物业管理企业代为保管。在实践中物业管理企业一要注意尊重业主大会和业主委员会的权利，二要注意一旦条件具备时，应及时、完整地将这些档案返还给业主委员会。

(二)物业项目档案

物业项目档案是指物业项目在形成与使用过程中所留下的对物业管理企业在该物业项目管理活动中具有查考和保存价值的各种文字、图表、声像等历史记录。

1.产权与工程技术资料

产权与工程技术资料主要包括以下方面：

(1)住宅区规划图纸、项目批文、用地批文；

(2)建筑许可证、投资许可证、开发许可证；

(3)拆迁安置资料；

(4)红线图、竣工总平面图；

(5)地质勘察报告、开工竣工报告、图纸会审报告、工程设计变更通知；

(6)工程合同、工程预决算；

(7)竣工图；

(8)单位建筑、结构及隐蔽工程竣工图，消防、燃气等工程及地下管网竣工图，房屋消防、燃气竣工验收证明书，水电、消防等设备的检验合格证书及设备技术资料；

(9)主要材料质量保证书，新材料、配件的鉴定合格证书；

(10)砂浆、混凝土块试压报告；

(11)绿化工程竣工图；

(12)住宅区各类房屋清单、出售房屋的产权范围或成本按算清单；

(13)住宅区未完工的房屋公用设施设备及公共插地的竣工日期；

(14)其他工程技术资料。

2.装修档案

装修档案主要包括以下方面：

(1)二次装修登记表，装修责任书；

(2)施工企业资质证明、装修人员登记表；

(3)室内装修设计平面图；

(4)装修竣工图。

3.维修资料

维修资料主要包括以下方面：

(1)维修申请记录、回访记录；

(2)维修派工单；

(3)公共设施巡检记录。

4.治安交通管理资料

治安交通管理资料主要包括以下方面：

(1)日常巡视记录，交接班记录、值班记录、巡逻路线；

(2)日常抽检记录、查岗记录、闭路电视监控系统录像带；

(3)搬入/出记录、突发事件处理记录；

(4)车辆管理记录、车辆详细资料。

5.设备设施管理资料(包括消防)

设备设施管理资料(包括消防)主要有以下方面：

(1)公用设备设施维修保养记录；

(2)机电设备运行、巡视记录；

(3)设备承包方案；

(4)公用设备设施台账及更新记录。

6.绿化清洁资料

绿化清洁资料主要包括以下方面：

(1)清洁班检记录；

(2)清洁周检记录；

(3)绿化工作记录；

(4)病虫害检查记录。

7. 社区文化资料

社区文化资料主要包括以下方面：

(1)社区文化活动计划及实施情况记录；

(2)社区文化活动图片及录像记录；

(3)传媒报道资料；

(4)文化活动场所、设施台帐及使用记录。

8. 业主反馈资料

业主反馈资料主要包括以下方面：

(1)服务质量回访记录；

(2)业主意见调查、统计记录；

(3)业主投诉及处理记录。

9. 员工管理资料

员工管理资料主要包括以下方面：

(1)员工个人资料，聘用记录；

(2)员工业务考核及奖惩记录；

(3)员工培训计划、培训档案、考核记录；

(4)员工薪金变动及内务管理记录。

10. 行政文件资料

行政文件资料主要包括以下方面：

(1)管理处值班及检查记录；

(2)财物记录；

(3)内部管理规章制度、通知、通报等文件。

【案例 7－7】坐落于浦东的某街坊，是浦东开发初期建造的安置房，前期物业管理由开发商自行管理。

早在 2000 年末，该新村就成立业主委员会，通过招投标方式，从社会上重新选聘了一家物业公司。新来的物业公司接手物业管理后，根据有关规定，将对该地区进行天然气通气。此时，有业主反映说，该地区的煤气管道有渗漏现象。物业公司立即进行检查，发现煤气管道都存在不同程度的锈蚀，情况严重的管道表面全部锈迹斑斑，并且有煤气渗漏现象。物业公司立即联系天然气公司的有关部门，对该地区煤气管道再次进行检查，天然气公司专业人员认为，天然气的压力比煤气高，鉴于煤气管道严重锈蚀，建议尽快调换煤气管道。

经测算，调换新村煤气管道，所需费用约为 122 万元。面对严重锈蚀的煤气管道和 122 万元的巨款，物业公司经理心急如焚。情急中他突然想到了接手该新村时的档案，档案中的资料应该是最完整的，“能不能研究资料档案从中获得什么好办法?”于是经理立即查阅资料。经查当时归档的案卷，该新村共六个街坊，建造时涉及 15 家施工单位，其中自来水、煤气管所用管材基本上由施工方供应，六个街坊所用镀锌管的供货商系上海的两家建材公司，它们都是非正规建材供货单位，所用的管材是国家建设部已明令禁止使用的冷镀锌管。

鉴于以上情况，该物业公司立即起草了一份《关于某新村某街坊室内煤气管道严重锈蚀的情况》，并附上调查材料，送到了开发商手中，希望他们能予以配合，共同将这一问题解决。开发商有关领导看了调查情况后，认为该物业公司的请求完全是合理的，于是请物业公司委托天然气公司实地查勘，并报预算，工程费用由开发商列支。物业公司随即与天然气公司联系，签订了工程合同，并以最快的速度对所有煤气管道进行了调换，及时消除了事故隐患。

请问：假设你是该物业管理公司的负责人，在查阅档案时找不到文中所提及的管材相关资料时，你会怎样做？

【案例分析】档案资料管理对于一个物业公司来说，是一笔十分宝贵的财富。物业管理公司在提供管理与服务的过程中，会产生各种各样的文件、资料，这些原始资料是物业管理的基础资料，将它们整理、汇总起来，存入电脑，可以为许多日常管理和服务工作提供资料参考。设备、设施的台账可以为设备、设施的维修保养提供依据，让维修人员清楚什么时候需要更换零件、什么时候需要维护保养；业主的基本信息，可以使物业公司更好地为他们提供个性化服务，而且在关键时候，这些无声的资料会像证人一样“站”出来“说话”。案例中的物业公司正是利用了“当初提供煤气管道的供货商”这一资料，及时地发现了问题的症结所在，找到了解决问题的途径和办法。

二、物业档案管理的程序

（一）收集

收集就是将与物业项目相关的各种资料集中在一起，它是物业档案管理工作的起点，是实现物业档案集中、统一管理的基本途径。收集的关键是完整，即凡是具有保存价值的文件材料都必须收集，并确保所有图纸、文件材料的齐全、完整、准确、翔实。

收集过程中，要力争做到：纳入计划，明确责任，即将物业档案收集工作纳入物业档案管理的程序和计划，纳入物业档案管理人员的职责范围；形式要标准规范，即要坚持高标准、高质量，力求文件材料的形式、规格、各项技术指标和验收标准达到高度统一，符合档案工作的标准化、规范化的要求。载体要丰富，即在收集纸质档案的同时，要重视收集感光档案和磁性档案。

物业档案收集的范围包括物业项目自形成到管理整个过程中的一切资料，这些资料简称为图、档、卡、册、表。

1. 图

图是指包括物业初始形成时和改建维修时的各种设计施工图纸、地籍图等。这些图纸可以帮助物业管理企业了解物业的分布、占有、结构、面积、层数、用途、建成年份以及各户房屋与土地的权属范围和面积，了解物业使用维修改建后在结构与功能上的变化情况等，从而为正确使用和维护物业提供了重要依据。如有关物业的建筑设计、施工和竣工图及地籍图等复印件；反映物业情况的地形图、房屋分幅平面图、分丘平面图、分层分户平面图及房屋位置示意图等

2. 档

档是指物业产权档案。物业产权档案的内容既包括物业产权情况及用地状况的系统记载，以及审查确认产权的意见、结论。以反映产权人的身份、历史和产权的全貌、产权的演变情况及纠纷处理过程。物业产权档案最显著的用途是凭证性强，它详细记载了产权的演变情况，是物业管理部门收取物业经营管理费和进行有关处罚的重要依据，同时它也是物业管理部门处理有关物业纠纷的宝贵资料。如产权证书、住宅区规划图纸、项目批文、用地批文、建筑许可证、投资许可证、开发许可证、红线图等

3. 卡

卡包括房地卡片和索引卡，前者概括了物业档案资料的主要内容，是产权情况、房屋情况及土地使用情况的缩影，也是手工汇总统计房地产资料或者资料输入微机的重要工具；后者是调阅、查找档案的工具，主要有地名索引卡和人名索引卡。其中房地卡片包括：

(1)房屋卡片，简称房卡。房卡的项目包括房屋产别、座落、丘号、产权人、概貌、共有人、产权来源、他项权利设置、权证编号、发证日期、未登记原因、未发证原因等，房屋情况项目包括幢号、房号、结构、层数、建成年份、用途、建筑面积、占地情况、使用面积、居住面积、成套住宅的套数和建筑面积、房屋完好情况等。

房卡可以分幢卡和处卡。按幢为单位制作的卡称为幢卡；在一丘范围内，按户制作的卡片称为处卡。

(2)土地卡片，简称地卡。地卡即使用土地情况的卡片。其项目的设置，除座落、丘号、使用人外，还应包括土地方面的相关情况，如土地的地目种类、土地等级、土地来源、土地总面积、房屋占地面积、院落面积、违章占用土地面积等，并附所在此处土地上的房屋情况。土地一般按处制卡。

4. 册

册实际上是一种工作手册，是根据物业管理工作的需要所编制的。如收费登记簿、设施保养簿、维修记录簿、租赁登记簿、房屋总册等。簿册便于使用与保管，是物业档案资料的重要辅助资料。

5. 表

表是指各类统计、会计报表。

除此之外应用现代摄影、录像技术拍摄、录制的反映物业面貌的照片、录像带及缩微制品；应用计算机采集、存储的数据库备份材料，如磁盘、磁带、光盘及软件说明等；其他对物业管理公司经营管理活动有保存价值的文件、材料等都在收集的范围。

(二)整理

物业档案整理工作，就是将处于零乱状态和需要进一步条理化的档案，进行基本的分类、组合、排列和编目，使之系统化。

物业档案整理工作的要求就是归档的要求。归档要求可概括为：凡收集齐全、完整应当归档的文件材料，必须经过系统地整理，按照文件材料的形成规律和它们之间的历史联系进行分类、立卷，使案卷能准确反映物业的基本面貌。要求做到：分类科学，组卷合理，排列有序，保管期限准确，装订整齐、牢固，案卷封面、脊背、卷内目录和备考表(异动记录)填写准确，字迹工整，图样清晰，载体和装具质地优良，便于保管和利用。物业档案整理的具体实施包括以下环节：

1. 分类

分类就是将档案按其来源、时间、内容和形式的异同，分成若干类别和层次，使其构成有机的体系。分类是档案系统化的关键性环节，是档案工作标准化、规范化的一项重要内容。

一般档案的分类方法有：年度分类法、组织机构分类法、问题分类法。在多数情况下，是两种分类方法结合运用的，如年度—问题分类法、年度—组织机构分类法等。选择何种分类方法，应根据具体情况而定。

(1)年度分类法：按照档案形成的不同年代进行分类。

(2)组织机构分类法:根据立档单位的内部组织机构进行档案分类。

(3)问题分类法:按照档案内容所说明的问题进行分类。

(4)年度—问题分类法:先按照年度对档案进行类别的划分,再按照档案内容所能说明的问题进行分类。如按年度将某物业管理企业档案分为2013年度、2014年度、2015年度等,然后分别在3个年度里又划分了房屋维修、设备设施维护、业主信息、保安服务、绿化管理、保洁服务等类别

(5)年度—组织机构分类法:先按照年度对档案进行类别的划分,再按照立档单位的内部组织机构进行档案分类。如按年度将某物业管理企业档案分为2013年度、2014年度、2015年度等,然后分别在3个年度里继续划分了工程部、财务部、开发部或者A项目、B项目等类别。

2. 立卷

立卷是指把具有查考保存价值的文件材料按照其形成过程中的联系和一定的规律组成案卷。

(1)物业管理立卷类别。

物业管理立卷类别常见的有以下方面:

①修缮档案。修缮档案以房屋单元为立卷单位,即将在一段时期内同一单元的修缮材料组成一卷,如将属公共设施或重大项目维修产生的档案归入基建档案类。

②物业房产档案。物业房产档案以小区或管理处为立卷单位,对每一套物业建立档案。档案内容即原始登记材料,包括了登记过程中产生的申请、审核、发证等原始资料。

③设备、仪器档案。设备、仪器档案以一种或一套设备、仪器为立卷单位,按依据性材料→设备、仪器开箱验收→设备、仪器安装调试→设备、仪器运行维修→随机图样排列。随机图样也可单独立卷。

④基建档案。基建档案以一个项目或一项工程为立卷单位,按依据性材料→基础性材料→工程设计(含初步设计、技术设计、施工设计)→工程施工→工程竣工验收排列。

⑤行政管理档案。行政管理档案按年度—问题—保管期限进行立卷,即将同一年度形成的同一问题且同一保管期限的文件材料组成一卷。卷内的文件材料按问题、时间或重要程度排列。

⑥声像档案。声像档案包括照片、录音带、录像带、计算机磁盘、缩微胶片等特殊载体档案。

其他还有经营管理档案、党群工作档案、人员档案和会计档案等。

(2)立卷工作的内容。

立卷工作的内容包括:卷内文件材料的排列与编号、卷内目录的编制、备考表的填制、案卷封面的填列、案卷装订。

①卷内文件材料的排列。物业档案可以以物业产权人为宗立卷,也可以按文件材料的重要程度排列,主要文件在前,次要文件在后;正件在前,附件在后;引件在前,定稿在后;结论性文件材料在前,依据性材料在后。两种排列方法各有优点:前者能清楚地了解产权的来龙去脉,便于物业的租赁、交易和收费等经营管理活动的进行;后者则开门见山,重点突出。在实际工作中往往是两种方法相互交叉、结合使用。如修缮档案案卷内文件材料的排列即按结论性材料在前、依据性材料在后;译文在前、原文附后;文字材料在前、图样在后的原则进行。

物业文件中附有照片的,必须进行系统的整理。每张衬纸只粘贴两张照片,不得将几张或

几十张照片成摞地订在一张衬纸上；每张衬纸右侧贴照片，左侧（靠装订线一侧）留出 4～6cm 空白，供填写文字说明之用；每张照片都要编号，即编流水号；每张照片都必须有文字说明。文字说明的内容包括照片内容（如待大修的房屋正面、侧面照片或裂痕处照片等）、拍摄时间、拍摄地点、拍摄者。拍摄者的姓名要写全，应加职务或技术职称。文字说明应做到概括、准确、项目齐全、书写规范。没有文字说明的不能称之为物业档案。

②卷内文件材料的编号。卷内文件材料的编号就是按照卷内文件材料的排列顺序，用打号机依次编页号。凡有文字或图表的页面均应编号。页号位置为正面编在右上角，背面编在左上角。

编号时应注意，页号一律使用阿拉伯数字，从"1"编起，有效数字前不得出现一个或几个"0"。无文字、图表的页面和卷内目录不得编页号。要使用碳素墨水编页号。如出现倒号，将页号划掉，重新打号；漏号，采用分号式，将漏编的页与前页或者后页共用一个页号，如有一页漏号，其前页为 7 号，其后页为 8 号，可与前页共用一个号，即前页为"7－1"，该页为"7－2"；重号将重号改为分号式，如前后两页均为 9 号，则分别改为"9－1"和"9－2"；错号，将错号划掉，打上正确的页号；一个页面有两个或两个以上页号，将正确的页号留下，其余页号划掉。

另外编号前要去掉文件材料上的大头针、回形针、订书钉等；字迹已扩散的要复印，原件需保留，按原件在前、复印件在后的顺序排列；破损的页面要进行裱糊；文件材料用纸小于标准用纸的要进行裱糊、取齐，大于标准用纸的要进行折叠、取齐。

③卷内目录的编制。编制卷内目录要做好以下方面：

A. 文件卷、仲裁卷卷内目录的填制，可以沿用文书档案卷内目录。其内容如下：

序号：即卷内文件材料的编号，依照文件材料的排列顺序填写。

文号：即文件字号，须如实填写、填全，不得省略。

责任者：即文件形成机关或个人，据实填写。

题名：即文件材料的名称，要照实抄录。没有题名的，应补拟题名，外加方括号。

日期：指归档日期，一般标在发文机关名称的下方。

B. 登记卷卷内目录。其主要内容如下：

序号：即卷内文件材料的顺序号。

证件名称：即文件材料的名称。

页号：即从"1"开始，按大流水编号，双面有文字或图表的双面都应编号。

归档日期：归档人盖章和备注。

C. 卷内目录其他内容的填写方法。其填写方法如下：

分目号：要求与总目上的分目号一致。

丘号、权号、登记户名、权利种类：这四项要与总目一致；座落按物业登记申请书填写。

文件编号：按文件材料右上角分目编号章内编号填写。

文件名称：用物业管理业务部门的专用名称。

件数：按实际件数填写，如两份证明，则件数为 2。

页数：卷内文件材料页数的总和。需要注意，页数不同于张数，如果一张产权文件材料背面有文字或图表，那么，它实际上是 2 页，而不是 2 张。

附注：一般不填写，如遇文件材料取出，则需在此栏目注明移到何处。

卷内目录填制时应注意：所有数字都应采用阿拉伯数字；日期必须填写公元纪年，不得省略；各栏目的内容，盖章或书写均可；盖章，须使用红色印泥，不得使用红色墨水；书写，须使用碳素笔，以利永久保存；卷内目录用双面纸的均应填写，但不编页号；卷内目录应放在全卷文件材料首页之前；如发生变更，新旧卷合二为一，新卷文件材料接续填写。

④备考表的填制。备考表一般包括以下内容：本卷需要说明的情况、立卷人、检查人、立卷时间。需要说明的情况为卷内文件材料、照片若有破损、丢失或被水淹、虫蛀、鼠咬，文件材料用圆珠笔书写、字迹褪变等；立卷人即整理该卷的责任者；检查人即档案负责人；立卷时间即完成该卷全部整理工作的日期。

⑤案卷封面的填制。其内容如下：

A. 案卷题名：题名由责任者、内容（问题）和名称三部分组成，要求简明扼要，能确切反映卷内文件材料的主要内容，字数以不超过 50 字为宜。

B. 卷号：位于封面左上角，一般采用六位或七位数编号法，即区号＋图幅编号＋产别代号＋单元、层次及户号。

C. 原产权人和现产权人及原使用人和现使用人：据实填写。

⑥案卷装订。案卷装订应注意如下方面：

A. 物业文件材料分类、组卷、排列、裱糊、拆叠、编号等进行完毕，并符合规定要求，即可进行案卷装订。

B. 卷内文件材料要排列得当、取齐，靠装订线一侧要留出 2～2.5cm 的空白，装订线内不得有文字或者图表。

C. 案卷薄厚要适宜，一般案卷厚度以 1～1.5cm 为宜。案卷太薄，应加垫条。垫条应放在最末一页文件的后面，垫条数量最多不应超过 3 个，不得用空白纸充当垫条。

D. 装订采用三孔一线的方法（袋装的案卷除外），使用黑卷线，卷绳结头打在案卷背面，结头不裸露在外。

E. 案卷装订，要做到整齐，牢固，美观，无脱页、倒页现象。

F. 对于特别珍贵的文件、图片，可使用合适的卷夹、档案袋、盒装封，有利于文件材料的保管，也便于提供利用。

另外，短期保存的案卷，一般也可不装订。不装订的案卷，每件文件右上角要加盖件号章，每件文件应用细线装订，以防丢页。

3. 案卷排列

各类案卷经组卷后，必须进行案卷排列，以确定案卷的前后次序和排放位置。案卷排列大致有以下几种方法，按案卷所反映的问题排列，按时间顺序排列，按地区排列，按地号排列。在同一类物业档案内，排列方法应统一，前后应保持一致，应便于管理和查找利用，不应任意改动案卷的排列。各类物业档案不强求采用一种排列方法。案卷排列顺序固定以后，应依次编制卷号。案卷排列既要考虑档案之间的有机联系，又要排列有序，整齐美观。

4. 案卷目录编制

案卷目录即案卷花名册。物业档案的各个类别，各为独立的案卷目录，有多少类就设多少个目录。根据一个全宗内案卷目录号不得重复的规定，物业档案各类目录的编制，应按各物业管理部门各门类档案的排列顺序编排案卷目录号。案卷目录应编制 1～3 份。案卷目录的一般结构包括：

(1)封面和扉页：应写明全宗号、案卷目录号、全宗名称、类别名称、目录中档案的起止日期。

(2)说明:对目录结构、编制方法、档案完整程度等作必要的说明。

(3)案卷目录表:它是案卷目录的主体,主要项目有案卷号、案卷题名、年度、页数、保管期限等。

(4)备考表:说明案卷数量、目录页数、编制日期、案卷移出及销毁等情况。分类目录可直接列出该类案卷卷次,以便查阅。

(三)更新

物业档案建立以后,由于业主的产权交易、使用人的更换、物业的改建等因素,都会造成物业档案内容的变化,因此,为保证物业管理工作的正常进行,物业管理企业必须做好物业现状变更文件材料的及时归档工作,使物业档案保持完整、准确、系统,做到物业档案与产权档案一致。

物业档案更新时,凡涉及物业现状情况变更的,如结构、式样、层次、建筑面积等,包括翻建、改建、扩建、部分拆除等,必须依据设计、施工图纸,并根据物业测绘人员实地查勘后填写更改通知;凡涉及产权情况变更的,如产别、产权人姓名和单位名称、他项权利设定等,必须依据房地产转移变更登记案件或有法律效力的文件;凡涉及物业委托管理人变更的,要依据委托管理合同等。总之,有变更就一定要有相应的变更依据。

物业档案更新的归档方法有以下两种:①新登记案件另行归档。这种归档工作容易组织,可制定新老档案号功能对照表将两者联系起来,新档案是物业经营与管理的主要依据,老档案作参考。但缺点是对物业的来龙去脉失去连贯性,查阅不够方便。②新登记案件归入原档。这种做法对物业的来龙去脉交代清楚,查阅方便。但归档组织工作困难,要逐处考虑新老资料的联系,对归档人员业务要求较高,归档拆装的次数增多,易破损。

(四)保管

1.设立专用的档案库房

物业档案保管的首要条件是设立具备相当容量和一定条件的库房。档案库房应以利于档案的安全保护为根本前提,要坚固耐用,能满足抗震、保温、隔热、防潮、防虫、防霉、防尘、防光、防火、防盗、防鼠等要求。库房窗户宜小不宜大。宜少不宜多,有条件实行空调控制的档案库房可不设窗户;库房的面积大小、层高,门窗的结构和形式,应考虑柜架排放、方便管理、有利服务的原则。库房面积,应根据存储档案的类别、数量等不同情况确定,一般小库为 60~100m^2,中库为 100~200m^2,大库为 200~300m^2。

2.档案装具

档案装具是保管档案必需的基本设备,主要有档案柜、档案箱、档案架等。档案装具的选择应按库房特点、档案价值以及规格的不同,合理使用,灵活配置。目前普遍使用金属制品,因为其防火性、耐用性较好,并有组合构件形式,便于组装、使用。如图纸档案多的单位,最好选择专用图纸柜,以利于图纸档案的保管。

档案装具在库内排放,应考虑便于提调运送档案、避免光线直射、利于空气流动、整齐美观的要求。一般库房门应对着库内的主通道,主通道的净宽不少于 1.5m;固定式的装具,相邻两排之间的净宽应不少于 0.8m;为便于通风和防潮,装具不能紧贴墙壁,与墙壁的距离应不少于 8cm,装具与墙壁之间的通道不少于 0.6m;有窗户的库房,装具的排列应与窗户垂直,利于通风和避免室外光线直射档案；各排装具靠近主通道的一端，应有整齐统一的侧板，以便于贴插标签。

3.档案的排列次序和方法

装具在库内的编排次序一般是站在库内主通道上，面对各排行柜架，左起第一排为首排，右起第一排为末排；档案的排放要保持相互之间的联系，按照分类方案逐类排放；每类档案排完后预留一定的空间；档案在柜架内的排放次序，应先左后右，先上后下；对于一个柜架来说，起始案卷号在架的左上角，终止案卷号在架的右下角。档案在装具内不应放得过紧过挤，以免给提取和存放带来困难，并因此造成卷皮和卷盒的损伤。

4.物业档案存放位置索引

为了便于保管和借阅，物业档案分库分类排好之后，应该编制《档案存放位置索引》。索引一般分为两种，一种是指明档案存放位置，以档案类项为单位，标明存放处所；另一种是指明各档案库房保存档案情况，以档案库房和档案架(柜)为单位，标明所存放的档案种类，多采取图表形式，把每个库房(楼、层、房间)内档案的存放情况绘成示意图，安置在入口处。

5.档案安全检查

安全检查主要是检查不安全的因素，防止档案被盗、被损和泄密；查看档案有无发黄变脆、字迹褪色、虫霉感染、潮湿粘连等自然损毁现象，以便采取相应措施，积极防治；检查档案是否缺少、案卷是否错位；检查消防设备是否齐全、有无异常变化等情况，以防止意外事故的发生。

检查有一年或两年一次的定期检查，或因人员调换工作、发生事故而进行的不定期检查两种。检查时，可先局部检查，发现问题再全面检查。检查时必须做检查记录，检查后要写出检查报告，内容包括检查工作的组织、人员、检查时间、进行情况、发现的问题，以及妥善处理发现的问题和改进工作的意见等。

(五)利用

建立物业档案的目的就是要使档案更好地发挥作用，满足查询者的需要。为充分地利用物业档案，应做好以下工作：

1.建立完善的检索体系

物业档案管理部门应重视编制物业档案案卷目录、分类目录、专题目录、底图目录、人名索引、文号索引、物业卡片等各类检索，使档案查找迅速、准确。检索工作的编制要与物业管理工作保持一致。

2.熟悉所藏档案的情况

物业档案管理人员应精通档案业务，熟悉各类档案的存放情况，以提高档案查准率和查全率，更好地为借阅者服务，满足物业管理服务的需要

3.利用方式多样化

利用各种方式提供全方位的服务，提高借阅率。主要有以下几个方式：

(1)阅览服务。

建立档案阅览室，物业管理公司企业内部工作人员、业主或使用人查阅有关的档案原件，获取需要的信息，提供服务。

(2)外借服务。

一般情况下档案不准外借，但遇到特殊需要，如制定大型的修缮计划需要用到房产资料的图纸，在阅览室中翻阅会不方便，应允许外借。但需办理外借手续，确定借用的时间，用后

即还。

(3)复制服务。

档案复制服务是指对档案原件制成的各种复制本所进行利用。根据利用档案的不同用途和范围,可分为原件副本和摘录副本两种。

(4)咨询服务。

它是指档案工作人员以档案为根据,通过口头(或电话)的形式,向利用者提供档案信息,解答利用者各方面的问题。

(5)档案证明。

出具档案证明是指根据使用者的询问和要求,为证实某种事实,根据档案记载摘抄并出具书面证明材料。

(6)资料编辑。

物业档案管理部门应积极开发物业档案信息资源,做好物业档案文件汇编、专题编研等工作,以便管理业务人员能更好地是用档案资源。

4.做好利用效果记录工作

物业档案利用效果要填写翔实、准确、及时。每年都要编写出档案利用年度分析报告,主要是分析、总结本年度档案利用的人次、卷次、内容、利用方式方法和效果,以及存在的问题和拟采用的改进措施等,以充分发挥物业档案的作用。

学习单元五　客户管理

物业管理客户包括内部客户和外部客户。内部客户是指企业内部的人员,外部客户是指与物业管理服务相关的单位和个人,包括业主(或物业使用人)、建设单位、专业公司和政府部门等。客户管理是指物业管理企业通过客户沟通、投诉处理和满意度调查等手段,不断改进工作,提升管理服务水平,获取更大经济效益的行为。在物业管理的客户管理中,业主(或物业使用人)是物业管理服务的直接消费者,与物业管理服务活动联系最为紧密,关系最为重要,因此,是最主要的客户管理对象。

本单元介绍的物业管理客户沟通主要指物业管理企业与外部客户之间的沟通交流,与内部客户的沟通此处未予涉及。客户投诉处理和满意度调查则主要是针对业主(或物业使用人)所进行的客户管理活动。

一、客户沟通

(一)客户沟通的概念与内容

沟通是两个或两个以上的人之间交流信息、观点和理解的过程。良好的沟通可以使沟通双方充分理解、弥合分歧、化解矛盾。沟通的形式有语言交流、书面交流和其他形式交流(如网络等)。沟通的方法包括:倾听、交谈、写作、阅读和非语言表达(如表情、姿态)。

在物业管理服务活动中,沟通是一种常见的管理服务行为,也是物业客户管理的一个重要组成部分。科学掌握沟通的方式方法对提高物业管理服务的品质,顺利完成物业管理服务活动,满足业主(或物业使用人)的需求有着积极和重要的作用。物业管理客户沟通的内容一般包括以下方面：

(1)与建设单位就早期介入、承接查验、物业移交等问题的沟通交流；

(2)与政府行政、业务主管部门、辖区街道居委会等在法规监管、行政管理服务方面的沟通交流；

(3)与市政公用事业单位、专业服务公司等相关单位和个人的业务沟通交流；

(4)与业主大会和业主委员会物业管理事务的沟通交流；

(5)与业主(或物业使用人)的沟通交流，其包括内容如下：

①物业管理相关法规的宣传与沟通；

②物业管理服务内容、标准和有关账目的公示与解释；

③物业管理相关事项、规定和要求的询问与答复；

④物业管理的投诉受理与处理反馈；

⑤物业服务需求或其他需求的受理、答复、解释和反馈；

⑥物业管理服务的项目、水平、标准、收费以及其他事项的沟通交流；

⑦物业管理日常服务中的一般沟通交流等；

(6)与其他单位和个人的沟通交流。

(二)客户沟通的准备

物业管理企业和管理服务人员为了使沟通工作达到良好效果，在做好场地、人员、资料和相关服务工作的同时，应针对不同对象、不同内容做好相应准备工作。

(1)在与政府相关部门的沟通中，物业管理企业要摆正位置，对政府职能部门提出的建议和要求应经过了解、调查和分析，做好沟通交流每个环节的准备。

(2)与建设单位、市政公用事业单位、专业公司等单位的沟通交流，要以合同准备为核心，明确各方职责范围、权利义务，做好沟通交流工作。

(3)与业主、业主大会和业主委员会的沟通准备工作要求如下：

①物业管理企业中的管理人员应熟悉物业管理基本的法律法规，并能将其运用于物业管理实践。如《物业管理条例》、《业主大会规程》、《住宅室内装修装饰管理办法》等。

②客户沟通相关人员应充分熟悉和掌握物业的基本情况，熟悉物业区域内各类设施设备、场地的功能、特点和要求。

③在日常的物业管理服务中，要勤于学习，勤于思考，注意观察、了解物业区域内的业主(或物业使用人)的基本情况。

④物业管理企业应定期对物业管理服务人员进行必要的培训，使其把握沟通服务的基本形式、方法和要求，以达到良好的沟通效果。

(三)沟通的方法与管理

1.沟通的方法

在物业管理服务活动中，物业管理企业及员工与客户的沟通随时随地都可能发生，沟通的内容、形式和方法是复杂多变的，沟通并无固定模式。一般而言有以下方法：

(1)倾听。

物业管理服务沟通人员应该以极大的耐心倾听客户倾诉，让其充分表达甚至宣泄。

(2)提问。

在客户表达混乱或语无伦次时,要有礼貌地截住客户谈话,弄清主题和要求,也可以重新组织谈话或转换话题。

(3)表示同情。

无论客户所谈话题与物业管理是否相关,是否合理,应表示同情但不能轻易表示认同,要审慎对待,不可受到客户的情绪影响。

(4)解决问题。

客户所提问题或投诉,要引起重视,尽快处理。

(5)跟踪。

物业管理人员要全程跟踪处理过程,尤其要注意解决问题的方式方法。要有一个积极的结尾,对于无法解决的问题,要有充分合理的解释。

2.沟通的管理

(1)建立定期客户沟通制度。

物业管理应区分不同沟通对象进行分析研究,针对客户特点和要求,定期走访客户,与客户进行沟通,全面了解和掌握客户需求,不断改进管理服务工作。与建设单位的沟通主要集中在前期物业管理阶段,重点是物业资料的移交和工程遗留问题的处理;与政府机关、公共事业单位、专业服务外部单位以及业主、业主大会和业主委员会等的沟通则是一项长期性的工作,贯穿于物业管理全过程,如定期召开业主座谈会,实施客户满意度调查,向政府行政主管部门汇报物业管理相关工作等。

(2)建立跟踪分析和会审制度。

在与客户沟通的过程中,要形成完整的沟通记录,包括时间、地点、沟通人员、事件和处理结果等。在每次沟通完成之后要按照客户不同类型分门别类地建立客户档案;实施跟踪分析和会审制度,评估客户沟通工作的效果;检讨物业管理工作和客户沟通存在的问题,适时采取相应措施,提升管理服务水平;同时,结合公司发展战略制订项目管理相关计划,确保物业管理工作的有序开展和顺利进行。

(3)引进先进技术和手段,加强客户管理。

客户沟通是客户管理的基础性工作。有条件的物业管理企业要通过引进先进的客户管理技术和手段,通过定量分析和定性分析相结合,将人工管理和技术管理相结合,建立行之有效的客户沟通和客户管理系统。

(四)客户沟通的注意事项

(1)良好的沟通环境可使双方轻松愉悦地进行沟通和交流。客户沟通的地点可能是物业管理单位的办公区域,也可能是其他地点,如政府办公场所、业主家中等。在物业管理办公区域实施沟通时,物业管理单位应对相关场所进行必要布置,做到摆放有序、干净整洁、明亮舒适。

(2)物业管理人员在与客户沟通交流时,应态度诚恳、神情专注,没有特别情况不去做其他与沟通交流无关的事。对较简单或能够立即回答的问题要当场解释,对职权范围内可以决定的事项立即予以答复,对较复杂或不能立即决定的问题要致歉并解释,请高级管理人员回答或另行约定沟通的时间、地点和人员。

(3)沟通中物业管理人员要与客户保持适度距离,不应有多余的肢体动作或不恰当行为,如过多的手势，不停地整理头发等。注意倾听别人的谈话，不得轻易打断。服务行为要适度，避免影响沟通气氛。

(4)在与业主正式沟通中，可以寒暄等方式为开场白，缓和气氛，使双方更好地交流。物业管理人员对业主(或物业使用人)所提任何问题和要求，均要采取与人为善的态度，给予充分理解，必要时可作耐心解释，但不宜指责、否定和驳斥。

(5)物业服务的沟通应根据沟通的对象、目的、内容和地点的不同采取相应的沟通方法。如和老人沟通时，首先要尊重对方，沟通的气氛要庄重，语速不宜过快；而与年轻人沟通，则可以相对自由放松。当对方偏离沟通主题时，应用适当技巧予以引导。

(6)客户沟通的事由、过程、结果应记录归档。客户所提要求，无论能否满足，应将结果及时反馈客户。

【案例7-8】某日，业主周先生来到某物业服务中心，接待员小赵立刻起身以站姿迎客，并微笑着请对方在对面座位就座，倒了杯水放在周先生面前说："您请喝水。"周先生随即说明来意。在了解到周先生是咨询有关物业管理费构成和支出方面的问题后，小赵为了能够准确答复，有理有据，便找出《物业管理条例》、物业服务费用测算表等相关材料，向周先生出示并解释。在小赵与周先生交流沟通时，服务中心门外又来了一位先生，小赵立即对周先生说了句："对不起，您请稍等"后，起身迎客。

在获知来人王先生需办理装修管理相关事宜时，小赵为了不耽误两位客人的时间，在请两位来宾稍等片刻的同时，立即向物业服务中心主管说明情况并请求帮助接待。返回接待台，即对王先生说："实在不好意思，我现在正在接待周先生，我请中心主管和您谈好吗？"王先生欣然接受，小赵随即引导其来到主管座位前，请其入座后，回到接待台继续回答周先生的问题。

【案例分析】在接待业主来访时，工作人员首先要注意礼仪礼节，尤其是最基本的礼仪一定要按标准操作，这与平时的培训和不断的实践是分不开的。另外，第一时间接待业主也很关键，要让业主在到达服务中心的第一时间就受到关注，保持轻松愉快的心情，避免节外生枝，使问题复杂化。最后，当业主简单说明咨询内容后，接待人员应快速判断自己能否准确解答，如果存在困难，则应向其他工作人员请求支援或查阅相关文件资料，尽可能让业主得到满意的答复。

在答复业主咨询的过程中，有时会突然产生新的情况而打断接待，如本案例中又有一位业主需要接待。在此情况下，接待人员应立即判断两项工作中是否有一项可在非常短时间内完成，如果可以，则让另一位来访者稍等，先处理简单事务；如果发现两项事务都无法很快处理完，则应立刻请求其他工作人员的支援，协助接待工作，这样可提高工作效率，节约业主时间，同时避免使业主有受冷落的感觉，产生不满情绪。

二、客户投诉的处理

(一)投诉的内容和方式

在物业管理与服务运行的过程中，引起物业管理投诉的原因很多，但概括起来主要有以下几个方面：物业管理服务、物业服务收费、社区文化活动组织、突发事件处理和毗邻关系处理等。

投诉的途径一般包括：电话、个人亲临、委托他人、信函邮寄、投送意见信箱以及其他方式，如通过保安、清洁等物业操作人传言投诉、传真投诉和网上投诉等。

(二)正确理解投诉的意义

(1)物业管理投诉的接待与处理是物业管理服务中重要的组成部分,也是提高物业管理服务水准的重要途径。通过物业管理投诉不仅可以纠正在物业管理与服务运行中所出现的失误与不足,而且能够维护和提高物业管理企业的信誉和形象。

(2)要正确看待物业管理投诉,并把它转换为一种消除失误、改善管理与服务、加深与业主沟通联系的机遇。

(3)一般情况下,业主的投诉可反映出在物业管理与服务中存在的缺陷(不合理投诉或无效投诉除外),也可以折射出业主对物业管理与服务的需求和期望。将各类投诉项目归类存档,同时运用科学的数量统计方法进行顾客满意度的测评,可使管理与服务更上一层楼。

(4)如果对待业主的各类投诉置之不理、敷衍了事,非但不能解决问题,还有可能将问题扩大化。如业主反复地电话投诉、书信投诉、拒交物业服务费等,将影响物业管理企业的正常工作,甚至会影响企业的品牌声誉。

(三)物业管理投诉处理的要求

物业管理人在受理业主投诉时,除了要严格遵守服务规范外,还有以下要求:

(1)对投诉要"谁受理、谁跟进、谁回复";

(2)尽快处理,暂时无法解决的,除必须向业主说明外,要约时间处理,时时跟进;

(3)接受和处理业主投诉要做详细记录,并及时总结经验;

(4)接受与处理业主的投诉,要尽可能满足业主(或物业使用人)的合理要求。

(四)物业管理投诉处理的程序

1.记录投诉内容

在接受投诉时,应将投诉的内容详细记录,其中包括时间、地点、投诉人姓名、联系电话、所居住地、被投诉人及部门、投诉内容、业主的要求和接待人或处理人等。

2.判定投诉性质

首先应确定投诉的类别,然后判定投诉是否合理。如投诉属于不合理的情况,应该迅速答复业主,婉转说明理由或情况,真诚求得业主谅解。

3.调查分析投诉原因

通过各种渠道与方法调查该项投诉的具体原因,并及时进行现场分析,弄清投诉问题的症结所在。

4.确定处理责任人

依据调查与分析后所获得的信息,确定该项投诉由谁(责任人或责任单位/部门)负责专项落实与处理。

5.提出解决投诉的方案

由处理投诉事件的专项负责人或部门/单位根据业主投诉的要求,提出解决投诉的具体方案。

6.答复业主

运用信息载体如信函、电话、传真、电子邮件以及走访等方式及时和业主取得联系,将投诉处理情况告知业主(或物业使用人),经业主认可后立即按照方案付诸实施。

7. 回访

在投诉事件全部处理完毕后，一般要进行回访，向业主征询投诉事件处理的效果，如存在的不足或遗漏，对投诉处理的满意程度等。

8. 总结评价

物业管理人可以按照每月或每季度将各类投诉记录的文件给予归类存档，同时进行总结、检讨和评价。

（五）物业管理投诉处理方法

1. 耐心倾听，不与争辩

要以真诚的态度、平和的心态认真耐心地听取业主的投诉，不要轻易打断。同时，可以通过委婉的方式进行提问，及时弄清投诉的原因和要求。对那些失实、偏激或误解的投诉，适度表示理解，不做任何敌对性、辩解性的反驳，以免发生冲突。

2. 详细记录，确认投诉

在倾听业主投诉的同时，应当面认真做好尽可能详细具体的投诉记录，并对业主所投诉的内容以及所要求解决的项目进行复述，确认业主投诉事项。如"××先生、小姐/女士，您是说……，是吗？""××先生、小姐/女士，您认为……，对吗？"等。

3. 真诚对待，冷静处理

对各种投诉、遭遇或不幸的倾诉，首先要设身处地从业主的角度考虑，适当表示理解或同情。如业主投诉时情绪激动、态度粗暴，物业管理人员应冷静处理，必要时暂时离开，避免冲突。

4. 及时处理，注重质量

对投诉要求要尽快提出处理意见和解决方案，立即行动，采取措施处理。拖延处理也是导致业主产生新投诉的一个重要原因，同时还要特别注重投诉处理的质量。

5. 总结经验，改善服务

在投诉处理的回访中，对业主提出的意见和建议要表示感谢。同时，将业主的投诉加以整理与分类，进行分析，总结教训与经验，完善和改进管理及服务工作。

【案例 7－9】某小区物业服务中心维修班小李接到报修电话，业主王小姐说家中阳台地漏冒水。小李马上带着设备在 5 分钟内赶到了业主家，此时王小姐家的阳台已积了 30 多毫米深的污水，小李急忙用吸泵试图抽通地漏，但效果不佳，地面污水不见减少。小李满脸歉意地对业主说："对不起，小姐，这个地漏堵得很死，吸泵无法通开，必须用机器才能打通，但按规定要收取相关费用。"王小姐不同意，"我家洗衣机这几天都没用过，不可能是我家地漏堵了，一定是主下水管的事，没有道理让我付钱。"小李耐心地向她解释相关规定，但是业主很不高兴，马上拨通了物业服务中心的电话，投诉维修工不想干活，胡乱收取费用。小李并没有生气，而是采取了婉转沟通的策略，向业主详细分析："您家厨房洗菜盆下水管和阳台的地漏是连通的，共用一个出口。我们可以试验打通洗菜盆下水管，如果污水流走，说明是您家地漏堵了，您需要支付维修费用；如果水管疏通而污水还没流走，说明是主下水管的堵塞，我们不收取您一分钱。"王小姐同意了，小李用机器从洗菜盆下水口将疏通带打下去，很快阳台的积水从地漏流走了。在事实面前业主才相信是自己家的地漏堵了，付清了维修费用，积水事件也得到了圆满解决。

【案例分析】物业管理人在接到投诉过程时，应当首先使业主从戒备、焦虑的心理状态中解脱出来，采用良好的沟通方式化解业主的对立情绪。在处理投诉的过程中，不要将注意力纠缠于谁对谁错，而是应当注重问题的有效处理和解决。

三、客户满意度调查

(一)客户满意度

1.客户满意与客户需求

(1)客户满意。

客户满意是指客户感觉状态的水平,它来源于一项服务的绩效或产出与客户的期望所进行的比较:绩效不及期望会造成客户不满意;绩效与期望相称会达成客户满意;绩效超过期望则客户十分满意、高兴或喜悦。值得注意的是,这种实际感受不一定全是真实的。

(2)客户需求。

一般而言,客户有四种需要,具体如下:

①需要被关心。客户需要你对他表现出关心与关切,而不是不理不睬或应付。客户希望自己受到重视和善待。他们希望与其接触的员工是真正关心他们的要求或能替他们解决问题的人。他们需要理解的表达和设身处地的关心。

②需要被倾听。客户需要公平的礼遇,而不是埋怨、否认或找借口。倾听可以针对问题找出解决之道,并可以训练员工远离埋怨、否认、借口。

③需要服务人员专业化。客户需要明白与负责的反应,需要一个能用专业精神和专业水平为其解决问题的人,一个不仅知道怎样解决而且会负责解决问题的人。

④需要迅速反应。客户需要迅速与彻底地解决问题,而不是拖延和沉默。客户希望听到"我会优先考虑处理您的问题","如果我无法立刻解决您的问题,我会告诉您我处理它的步骤与时间。"

2.测量客户满意的方法

(1)建立受理系统。

以客户为中心的组织应当会方便客户传递他们的建议和抱怨。很多会所都为客人提供表格以反映他们的好恶。一些以客户为中心的物业管理企业建立了"客户热线"和"经理信箱"等,从而最大程度地方便客户咨询、建议或投诉。这些信息流为这些公司提供了很多好主意,并能使他们更迅速地解决问题。

(2)客户满意度调研。

客户满意度调研的核心是确定服务在多大程度上满足了客户的欲望和需求。客户因欲望和需求而产生期望,要求和期望可以归纳为一系列绩效指标,这些指标是表明客户如何判断一个公司的重要标准。调研不仅应揭示出客户满意的程度,而且应找出满意和不满意的内在原因。

关键的绩效指标可以通过定量和定性研究方法的结合使用来确定,这些方法包括个人访谈、小组访谈、问卷调查和电话询问等。

(3)失去客户分析。

公司应当同抱怨甚至拒绝服务或正打算转向其他服务企业的客户进行接触,了解发生这种情况的原因。

(4)竞争者分析。

对竞争对手的相应绩效指标进行分析,找出差距,寻找对策,制订并实施解决方案。

(二)客户满意度调查

1.客户满意度调查基本原则

为做到使自己的客户满意,首先必须了解和评估他们的满意程度,分析他们的满意度是在上升还是在下降。倘若满意程度下降,则必须决定采取哪些必要的措施来促使业主满意度上升;如果客户感到满意,同样有必要了解企业在哪些方面做到了尽如人意。

客户满意度评估是根据自己的业务目标并针对客户的侧重点,进行规划、调查、研究、衡量、分析、采取纠正措施和持续改进的过程。它还是一个为推动以客户为中心的业务战略和长远规划而认识市场、优势、实力和机遇的过程。客户满意度调查应当注意以下方面:①目标明确:即明确客户满意度调查的目标。②领导重视:即在实施评估过程之前应首先获得高层管理者的支持。③持续改进:即采用持续的调查系统,而不仅仅只是一次性的调研。④协同运作:即调动企业内外资源开展客户满意调研行动。⑤基于事实:即要求客户满意度调研真实有效。

2.客户满意度问卷调查实施步骤

(1)客户满意度调查的策划。

客户满意度调查过程的成败首先取决于该调查的策划。如要充分考虑调研的目标是什么?对谁进行问卷调查?调查结果将会对哪些部门产生影响?谁将使用本次调查的数据?以什么方式使用本次调查的数据?如何交流本次调查的数据?如何制订、交流、实施和监督改进目标?

(2)利用客户数据库。

调研前,需要利用企业已有的客户数据库,并收集所有内部已掌握的客户数据。如果没有相关信息,则须尽快建立。建立数据库要明确需要哪些方面的客户信息以及数据库的结构。要决定数据库由谁建,以及使用方式和使用者。

(3)了解客户期望。

了解客户期望是为了能够明确判断自己产品和服务的哪些方面是促进客户满意程度的动力,同时还可以确定出客户对优质品质的期望。

在了解客户期望过程的初期阶段,定性的开放式讨论可以说是最佳的选择,与其他方法相比,它可以提供更加深入的信息。个人专访及专题小组讨论也是较有效的途径。

①个人专访。有利方面:深入客户所处的环境,了解客户的要求与期望程度。帮助发现客户的兴趣所在,并可进行深入探讨。不利方面:占用时间长,费用高,无法集思广益。

②专题小组讨论。有利方面:鼓励参与者相互启发和交流,可集思广益,并可加快完成速度。不利方面:容易受小组成员构成变化的影响,高度依赖主持人的主持技巧。

(4)草拟问卷。

客户需求信息收集齐备后,应草拟问卷。如果缺乏这方面的经验,则可以求助于问卷设计专家或专业公司。问卷设计可按如下步骤进行:

①设计问卷。设计问卷需要考虑:问卷的长度、问卷的结构、问题的类型、问卷的样式。

②基本的答问格式。基本的答问格式主要有自主答卷式、面谈问答式以及电脑答卷式。

A.自主答卷式。有利方面:方便答卷者,获得相对真实完整的答案。不利方面:一般来说答卷率较低,较难征询额外的信息,很难知道答卷者是否理解所提问题。

B.面谈问答式。有利方面:可以控制,可以深入征询意见,获得额外的信息。不利方面:

调查者可能因个人成见而影响问卷结果，占用时间长。

C. 电脑答卷式。有利方面：可以减少误差并提高数据的完整性，数据收集迅速。不利方面：答卷者可能不适合电脑答题，成本较高。

③问卷的提问类型。

A. 陈述性格式。如：

您对本小区增设的物业管理有偿服务项目如何评价？（请选择一个答案）

□完全同意　□比较同意　□不置可否　□倾向于不同意　□坚决不同意

B. 定性格式。如：

您如何评价本小区增设的物业管理有偿服务项目？（请选择一个答案）

□非常好　□很好　□一般　□尚可　□差

C. 对比格式（针对期望值）。如：

您如何评价本小区增设的物业管理有偿服务项目？（选择一个答案）

□喜出望外　□多少好于所期望的情况　□正如所盼　□多少劣于所期望的情况　□远劣于所期望的情况

D. 对比格式（针对竞争态势）。如：

您觉得本小区增设的物业管理有偿服务项目与其他项目相比为______。（请选择一个答案）

□出类拔萃　□好得多　□持平　□差　□非常差

(5)审核问卷。

在着手进行任何调查之前，应该就以下两项内容进行核实：①内容核实：审核问卷的内容，保证本衡量工具所调查的是所需的属性。②提问的科学性：审核调查提问的科学性，保证所调查内容的真实性和完整性。

(6)调查。

在实际开始向客户征集反馈之前，需要完成几项准备工作：

①确定抽样程序。应该每季度或每隔半年而不是在某一任意时间，对自己的基本客户群进行一次抽样，以保证全年客户满意情况的连续读取。

②决定是否将对答卷人提供表示谢意的纪念品，以此来感谢客户对调查的参与。

③找出提高或保证高答卷率的方法。与信函调查相比，电话采访一般可以产生相当高的回答率，因为调查者与应答者进行的是人际之间的交谈。倘若应答者无暇参加调查，应该请求约定一个较为方便的时间。在进行首次电话采访之前，应先发出一封礼貌信函，向应答者说明自己的目的。在信函调查时要打电话给客户，提醒将进行本次调查并就该客户的任何情况进行核实。在规定期限过后，若未收到答卷，可打电话进行提醒。物业管理公司通常采用上门发放调查问卷、上门回收的方式。

④应该由谁来执行本过程。完成本次调研的人选包括本机构内部人员、第三方咨询公司或二者兼而有之。其中，由第三方公司进行的调研，可提高有效性并排除可能存在的对客户的偏见，但需要支付额外费用。

⑤调查竞争对手的客户。衡量竞争对手业绩的方法有多，其中之一是请自己的客户根据评估内容来同样衡量竞争对手。另一个方法是请竞争对手的客户回答针对自己客户而进行的调查。

(7)分析结果。

以易于阅读的格式呈交有关调查数据，包括对照列表和对数据的统计分析，以便不同级别的人员都能看懂调查的结果；向他人讲解时最好用图表的形式，这种效果最佳。

(8)报告反馈与实施战略行动计划。

报告反馈是成功完成一次客户满意度调查过程的最重要步骤之一。向客户传达调查结果将使他们确信自己的意见得到了采纳，而在本单位内部交流这方面的信息则可以使企业职工准确地知道客户对公司产品与服务的看法。

(9)客户满意过程再评估。

必须对整体客户满意过程进行再评估，以保证其有效性并为持续改进作出相应的调整。

客户满意过程是一个持续而不断深入的过程，必须不断与客户沟通，并根据具体问题和反馈结果制订出可行的策略。

学习单元六　物业综合经营服务

一、综合经营服务的概念

物业综合经营服务是指由物业管理企业提供的、与物业的正常使用和业主在住宅小区、写字楼等物业中的生活、工作相配套的一系列商业、教育、卫生、娱乐、金融等经营服务项目的总和。经营是物业管理企业以管理区域内的条件为基础，以业主和使用人为对象所进行的经济活动，它是适应物业管理市场要求而必须具备的功能。由于物业的具体条件不同，各物业管理企业开展的经营项目也不尽相同。

开展物业综合经营服务是在物业管理的常规性服务之外、基于业主实际生活和工作的需要对物业管理企业提出的更高要求。从更广阔的方面来讲，物业综合经营服务是社会服务向物业管理区域内部的扩展。

物业管理本身就是个涵盖面很广的行业，物业管理属于服务性行业，其本质是服务。物业管理服务又分为公共服务和特约服务。公共服务是为全体业主和使用人、租户提供的经常性服务，是所有业主和使用人都可以享受的，贯穿于物业管理的始终，包括房屋维修、保洁保安、绿化管理等，接受服务的一方用定期交纳物业管理服务费的形式提供报酬。特约服务是为满足业主和使用特别需要而提供的个别服务，涉及的方面很多，比如送餐、订报、室内清洁等，接受服务者需要按价另行付费。《物业服务收费管理办法》第二十条规定，物业管理企业根据业主的委托提供物业服务合同约定以外的服务，服务收费由双方约定。我们这里所说的综合经营服务就是特指这种物业服务合同约定以外的特约服务。

二、开展综合经营服务的意义

1. 增加物业管理企业的收入

物业管理经费是搞好物业管理的物质基础。从目前物业管理行业的经营状况来看，仅依靠物业管理服务费收入，大多数物业管理只能维持简单再生产，尚不足以实现扩大再生产。因此，物业管理企业不能只依赖收缴物业管理服务费求生存，必须独立走向市场，开辟新的创收渠道,靠开展多种经营弥补物业管理经费的不足。要在政策允许的范围内“一业为主、多种经营”。在物业管理特别是住宅类物业管理处于微利甚至亏损的情况下,综合经营服务能够为物业管理企业开辟财源,弥补亏损。可以说,推动物业管理企业开展综合经营服务的直接动力是增加收入。

2. 提高物业管理企业的经营管理水平

业主的需求是一种可以开掘的资源,其中蕴含着不小的商机。物业管理企业应该“近水楼台先得月”,而不应忽略或浪费这个潜在的市场资源。综合经营服务项目的边界是开放性的,与常规服务相比,可以不断扩展和创新,形成富有特色的项目组合,其获利的前景非常广阔,企业也可在项目运作中得到锻炼。“以业养业”能够培养物业管理企业的造血功能,也能减轻业主的负担,使得物业管理企业长期稳定发展,还能间接促进企业主管业务水平的提高,增强物业管理企业的后劲和活力。

3. 为业主和使用人提供尽可能全面的服务

随着人们生活方式的进步、生产和工作的专业化与家务劳动的社会化、精神文化需求多样化,物业管理要向家庭延伸、向业主身边延伸、向人性化服务方向发展,要在常规服务的基础上提供更高层次的享受与便利。物业的配套设施是否完善、方便使用已经成为衡量物业项目管理水平、决定物业能否保值的一个非常重要的方面。物业综合经营服务项目的设立和运营,不仅能解除业主生活和工作中的后顾之忧,提高业主的生活质量,改善人们的生活、工作环境,而且还能提升物业项目的知名度、增大项目的吸引力。总之,除经济效益以外,综合经营服务还具有显著的社会效益。开展综合经营服务能使业主和使用人得到多层次、多项目、全面周到的服务,是物业管理的发展方向,也是物业管理工作中不可或缺的重要内容。

三、开展综合经营服务项目的要求

1. 提高效率,方便用户

综合经营服务项目要获得经济效益,必须提高经营管理的效率,选择能够方便用户的项目。

2. 态度积极热情,追求用户满意

综合经营服务项目的服务人员直接面对用户,态度应积极主动、热情周到,以达到用户满意为准。

3. 稳定经营,优质高效

综合经营服务项目的开展贵在不断完善、稳定经营、持续发展。如果创立的项目总是不能够长久运营,说明企业的经营管理能力是有问题的,也会使业主对物业管理企业失去信心。物业管理企业应在综合经营服务方面体现自己的特色,树立优质高效的服务形象。

四、开展综合经营服务项目的条件

1. 资金

启动资金是开展综合经营服务必不可少的条件。在发展初期,企业自身实力不足的情况下,可以主要采取出租场地、招商引资、联营合作的形式来开发综合经营服务项目,从而减少企业自筹资金的压力。待物业管理企业各方面的积累达到一定程度、有实力自主规划运营经营服务项目时，可以依靠自有资金、银行贷款来进行前期投入或启动项目。目前，物业管理企业向银行贷款一般需要提供担保，担保方式以固定资产抵押和保证为主，企业在申请贷款时需提供银行认可的固定资产作为抵押物或提供具有足够经济实力的保证人。如果自有资金不足，又不能获得银行贷款，也可以考虑采取职工集资的方法来缓解暂时性的资金困难。

2. 房屋和场地

在各类物业的开发过程中，建筑师都会按照国家标准（如《居住区级和居住小区级公共建筑设施定额指标》）设计专门的配套公共建筑设施，物业管理企业可以按照原设计用途对这些建筑和场地加以利用。很多新建居住建筑和写字楼的底层、裙房可以开辟为经营场所。如果物业管理区域的配套房屋建筑和场地不能满足需要，还需新建扩建，要特别注意合理选址，不能占用绿地、道路、广场、停车场（库）等已设定专门用途的用地和空间，避免损害业主的利益，引起纠纷。从权属方面来看，如果开展综合经营服务所需的房屋场地所有权属于物业管理企业，对其规划和使用会更加灵活。如果没有自有房屋和场地，可以考虑向开发商或业主租赁。

3. 物业管理企业自身的条件

如果物业管理企业曾经开展过综合经营服务，就应当对以往业绩和经验、擅长的项目类型、所产生的经济效益（定价、利润率等）等进行总结，充分发挥自身的优势与特长。例如，利用企业原有与商户之间的合作关系来运作新项目，见效会更快。如果在以往的经营中出现过一些问题，甚至有过亏损，也应在新项目的运作中着力采取措施改进提高。还可以通过向其他物业管理企业创新性的经营活动取经来开阔眼界、启发思路。

五、开展综合服务项目的原则

1. 选择综合经营服务项目的原则

选择综合经营服务项目时，应遵循以下原则：

(1)日常生活类项目优先；

(2)消费周期短、使用频繁的项目优先；

(3)易损易耗品项目优先；

(4)物业管理企业优势特色项目优先；

(5)中介服务项目优先。

2. 综合经营服务项目的布局原则

(1)适当集中布置，使使用人一次出行能接受到多种服务，满足多种要求，方便使用。

(2)布局位置要符合人流走向。使用人日常频繁光顾的设施应当布置在物业管理区域出入口处，以方便进出大门时利用。

(3)尽量缩小服务半径，为使用者节省时间、缩短距离，方便服务对象的使用。

(4)不能扰民，不能影响物业管理区域内部的整齐、宁静。产生噪声、气味、废弃物的项目要与居住建筑或写字楼保持足够的距离，以防互相干扰。

(5)条件允许时，尽量选择能够兼顾区内和区外的门户位置，以便增加客流量。

六、开展综合经营服务的注意事项

1. 经营方式

物业管理企业是综合经营服务的组织者，应该改变过去仅仅是把经营性用房出租出去坐收租金的简单作法，自主开展多种有偿收费服务项目，争取实现利润最大化。物业管理企业要用经济手段来管理物业，通过有偿服务、多种经营来保证企业的资金平衡和企业的经济效益。为此，企业的管理者要通过各种方法降低管理成本，要积极开拓经营渠道增加收入。从企业发展战略来看，物业管理企业不仅可以通过多种经营来取得经济效益，而且业务范围的拓展也可以帮助企业分散经营风险。

综合经营服务的开展要实行企业化管理。物业管理企业可以利用自身的人力物力去运作经营项目，但是根据专业化的原则，物业管理企业更应该将综合经营服务项目以合同形式发包给专业企业、承包商去运营，以减少人员和办公经费开支，提高效率和服务水平。将项目外包出去后，物业管理企业管理人员的主要工作就是按照合同进行管理、协调、监督与考评。在承包商的选择问题上要引入竞争机制，可以采取招标的方式，面向企业内部或面向社会公开招标，选择最佳的合作伙伴。

2. 收费问题

综合经营服务项目运营中的收费是很敏感的问题，需要谨慎处理。需求以收入为基础，服务以需求为基础，价格以服务为基础。不同收入水平产生不同层次的要求，设施和服务的收费水平与业主的收入水平相适应，收费标准以“成本＋劳务费”计算，使服务对象感到物有所值。对中低收入的业主可提供生活必需、保本微利的服务项目；对收入较高、追求生活舒适、消费观念较新的客户群，可提供利润率较高、时尚超前、享受型的服务项目。无论是物业管理企业自身定价还是承包经营商定价，都应该注意分层次提供服务、分档次收取费用。原则上服务价格应由提供服务的单位确定，而业主和使用人有自由选择权，因此双向选择的结果只有质价相符、公平合理的收费标准才能够被双方接受。物业管理企业的管理部门应作为客观中立的第三方对承包商起到监督作用，对服务收费标准严格掌握，杜绝滥收费现象，对业主的举报及时调查处理，必要时要向物价部门反映。

3. 正确分析优势和劣势

(1)优势。

直接面对消费者，设施就近、便利、可达性好、使用频繁，易于与顾客建立长期稳定的联系，在培养忠诚消费者方面有天然的优势。

(2)劣势。

投资较少，项目规模比较小，市场集中度低，不容易实现规模经济，和大型公共性商业服务企业相比，专业性差，不直接面对激烈竞争，服务水平提高慢。

物业管理企业的劣势也不是不可克服的，只要加强经营意识，努力开拓，物业管理企业也有希望成为跨行业、跨地区的大型服务企业。

4. 考虑相关规定

《中华人民共和国城市房地产管理法》规定，房地产开发必须严格执行城市规划，按照经济效益、社会效益、环境效益相统一的原则，实行全面规划、合理布局、综合开发、配套建设。

国家标准《城市居住区规划设计规范》(GB50180－93，2002 年修订)规定，居住区的规划设计，应遵循统一规划、合理布局、因地制宜、综合开发、配套建设的原则。居住区公共服务设施(也称配套公建)，应包括教育、医疗卫生、文化体育、商业服务、金融邮电、社区服务、市政公用和行政管理及其他 8 类设施。居住区的配建设施必须与居住人口规模相对应，并应与住宅同步规划、同步建设和同时投入使用。其配建设施的面积总指标，可根据规划布局形式统一安排、灵活使用。居住区配套公建各项目的规划布局，应符合下列规定：

(1)根据不同项目的使用性质和居住区的规划布局形式，应采用相对集中与适当分散相结合的方式合理布局。并应利于发挥设施效益，方便经营管理、使用和减少干扰。

(2)商业服务与金融邮电、文体等有关项目宜集中布置，形成居住区各级公共活动中心。在使用方便、综合经营、互不干扰的前提下，可采用综合楼或组合体。

(3)基层服务设施的设置应方便居民，满足服务半径的要求。

(4)配套公建的规划布局和设计应考虑发展需要。

此外，《城市居住区规划设计规范》规定，居住区内公共活动中心、集贸市场和人流较多的公共建筑，必须应配建公共停车场(库)。

本章小结

房屋维修管理在过去又被称为房屋修缮管理，它是指物业管理公司为做好房屋维修工作而开展的计划、组织、控制、协调等管理过程。

物业环境管理包括物业管理区域内物业共用部位、共用设施和场地等的清洁卫生、园林绿化和卫生虫害防治等管理服务。环境管理与业主、物业使用人生活工作密切相关，也是物业管理服务的直观体现，是物业管理的基本内容之一。

物业档案是指关于物业项目所有的包括过去和现在的一切活动中所形成的，具有参考价值，应当归档保存的各种文字、图表、声像等不同形式的历史记录。物业档案管理是对物业资料的综合管理，是指对在物业的购置、维修变迁和管理过程中所形成的各种图、档、卡、册、表等物业资料经过收集和加工整理分类，运用科学的方法进行的综合管理。

物业综合经营服务是指由物业管理企业提供的、与物业的正常使用和业主在住宅小区、写字楼等物业中的生活、工作相配套的一系列商业、教育、卫生、娱乐、金融等经营服务项目的总和。经营是物业管理企业以管理区域内的条件为基础，以业主和使用人为对象所进行的经济活动，它是适应物业管理市场要求而必须具备的功能。由于物业的具体条件不同，各物业管理企业开展的经营项目也不尽相同。

学习检测

一、不定项选择题

1. 国务院颁布的《城市绿化条例》是自(　　)年开始实施的。

A. 1990　B. 1991　C. 1992　D. 1993

2. 绿化养护管理的特点是经常性、针对性和(　　)。

A. 公益性　B. 动态性　C. 静态性　D. 阶段性

3. 物业环境管理的基本原则是(　　)的原则。

A. 以防为主，防治结合　B. 一治为主，防治结合

C. 以防为主，一治为辅　D. 一治为主，以防为辅

4. 手扶电梯打蜡应(　　)保洁一次。

A. 每天　B. 隔天　C. 每周　D. 每月

5. 城市绿化范围最广、面积最大、地位最重要的部分是(　　)。

A. 公园绿化　B. 道路绿化　C. 环带绿化　D. 居住区绿化

6. 垃圾的处理方法有(　　)。

A. 堆放法　　B. 填埋法　　C. 焚化法　　D. 无害化处理

7. 物业管理的环境保洁工作应做到(　　)。

A. 所有应清扫保洁部位都设专人负责　　B. 保洁区域内设有垃圾污物

C. 物业管理区域内路面保持洁净　　D. 当日垃圾当日清除

8. 住宅小区绿化的基本任务是(　　)。

A. 开展绿化创收工作　　B. 推广绿化养护技术

C. 为居民创造优美舒适的环境　　D. 促进居民的身心健康

9. 物业环境管理的内容主要包括(　　)等环节。

A. 防治污染　　B. 保洁管理　　C. 绿化管理　　D. 消防管理

10. 物业管理公司在物业区域卫生保洁中的职责范围是(　　)。

A. 区内公共场地的清扫保洁

B. 区内楼宇公共部位的清扫保洁

C. 区内生活垃圾和粪便的清运

D. 区内居民、商业、饮食服务业等执行城市环境卫生管理、物业环境卫生管理情况的监督检查

二、简答题

1. 房屋完损等级有哪些？标准各是什么？

2. 什么是房屋维修？其意义、范围和标准各是什么？

3. 如何正确处理客户投诉？

4. 物业安全管理的内容有哪些？

三、案例分析题

1. 因物业小区管区内有一片草坪茎叶茂盛，一片葱绿，而另一片草坪枯萎变黄，发生业主与物业管理公司之间的争议，业主认为是物业管理公司养护不当，而物业管理公司认为是业主对草坪爱护不够。

问题：

他们的看法是否正确？应如何处理？指出草坪管理的方法和要求。

2. 某物业管理公司刘经理与物业部李经理在巡视下属的一个物业小区时发现：废品收购人员骑自行车畅通无阻通过门卫进入小区；小区外停车场上部分车辆停放无序，有小孩在旁玩耍；室外垃圾筒敞开，周围堆放一些装修垃圾；草坪上有人在跳绳，有人在打羽毛球；保洁人员在用保洁设备清洗擦地时东张西望，原地不动；走廊里堆放纸箱；楼内垃圾筒无盖；消防栓前摆放花卉；电梯内有垃圾纸屑；楼内消防栓缺少消防枪头和消防水带。

问题：

指出上述现象是否是物业管理中的问题，说明其理由和规范要求。

综合实训

【实训目标】

增强学生对房屋及附属设备设施的感性认识。

【实训内容与要求】

组织学生到物业服务公司参观学习、了解房屋及附属设备设施的构成。

【成果与检测】

1. 撰写参观心得体会；

2. 班级汇报与交流。

学习情境八

物业服务企业管理

【知识目标】

1. 了解物业服务企业文化建设的要点；了解物业服务人员培训管理的内容；
2. 理解物业服务企业的企业文化建设的必要性；
3. 掌握物业资金管理的要点；掌握物业服务中的基本礼仪。

【能力目标】

1. 进行物业服务费用核算的能力；
2. 利用基本的公共礼仪服务客户的能力；

【技能目标】

1. 能结合基本的公共礼仪服务客户的技能；
2. 具有初步设计物业管理员工招聘方案的能力。

情境导入

前GE公司CEO杰克韦尔奇认为："健康向上的企业文化是企业战无不胜的动力之源"；我国著名的经济学家于光远先生观点："关于发展，三流企业靠生产、二流企业靠营销、一流企业靠文化"；海尔的首席执行官张瑞敏认为："企业文化是海尔的核心竞争力"。

请问：是什么原因可以使一个企业做得比另一个好；是什么原因可以使一个企业能够走向辉煌，而使另一个企业走向衰落；为何中国企业总是做不大，中国企业遇到的瓶颈问题到底是什么？

学习单元一　物业服务企业资金管理

一、物业服务企业资金管理概述

(一)物业服务企业收入来源

物业服务企业的收入主要是指物业服务企业的营业收入，是指物业服务企业从事物业服务和其他经营活动所获取的各项收入。根据物业服务企业的经营特点及经营活动的内容，物业服务企业的收入来源一般划分为主营业务收入和其他业务收入。

1. 主营业务收入

主营业务收入是指物业服务企业在从事物业服务活动过程中，为物业产权人、使用人提供维修、管理和服务所取得的收入,包括物业服务收入、物业经营收入和物业大修收入。

物业服务收入是指物业服务企业向物业产权人、使用人收取的公共服务费收入、公众代办性服务费收入和特约服务收入;物业经营收入是指物业服务企业经营物业产权人、使用人提供的房屋建筑物和共用设施取得的收入,如房屋出租收入和经营停车场、游泳池、各类球场等公用设施所取得的收入;物业大修收入是指物业服务企业接收物业产权人、使用人的委托,对房屋共用部位、共用设施设备进行大修取得的收入。

2.其他业务收入

其他业务收入是指从事主营业务以外其他业务活动所取得的收入,包括房屋中介代销手续费收入、材料物资销售收入,废品回收收入、商业用房经营收入、无形资产转让收入。

商业用房经营收入是指利用物业产权人、使用人提供的商业用房,从事经营活动所得,如开办健身房、美容美发屋、商店等经营收入。

(二)物业服务的收费规定

1.政府指导价与市场调节价

根据《物业服务收费管理办法》规定,物业服务收费应当区分不同物业的性质和特点分别实行政府指导价和市场调节价。具体定价形式由省、自治区、直辖市人民政府价格主管部门会同房地产行政主管部门确定。

物业服务收费实行政府指导价的,有定价权限的人民政府价格主管部门应当会同房地产行政主管部门根据物业服务等级标准等因素,制定相应的基准价及其浮动幅度,并定期公布。具体收费标准由业主与物业服务企业根据规定的基准价和浮动幅度在物业服务合同中约定。

实行市场调节价的物业服务收费,由业主与物业服务企业在物业服务合同中约定。

物业服务企业应当按照政府价格主管部门的规定实行明码标价,在物业服务区域内的显著位置,将服务内容、服务标准以及收费项目、收费标准等有关情况进行公示。

2.包干制与酬金制

《物业服务收费管理办法》指出业主与物业服务企业可以采取包干制或者酬金制等形式约定物业服务费用。

包干制是指由业主向物业服务企业支付固定物业服务费用,盈余或者亏损均由物业服务企业享有或者承担的物业服务计费方式。实行物业服务费用包干制的,物业服务费用的构成包括物业服务成本、法定税费和物业服务企业的利润。

酬金制是指在预收的物业服务资金中按约定比例或者约定数额提取酬金支付给物业服务企业,其余全部用于物业服务合同约定的支出,结余或者不足均由业主享有或者承担的物业服务计费方式。实行物业服务费用酬金制的,预收的物业服务资金包括物业服务支出和物业服务企业的酬金。预收的物业服务支出属于代管性质,为所交纳的业主所有,物业服务企业不得将其用于物业服务合同约定以外的支出。物业服务企业应当向业主大会或者全体业主公布物业服务资金年度预决算并每年不少于一次公布物业服务资金的收支情况。业主或者业主大会对公布的物业服务资金年度预决算和物业服务资金的收支情况提出质询时,物业服务企业应当及时答复。

二、住宅小区物业服务费的构成与测算

(一)住宅小区物业服务费的构成

依据2004年1月1日起施行的《物业服务收费管理办法》(发改价格[2003]1864号)的规定,物业服务成本或者物业服务支出构成一般包括以下九方面:

(1)管理、服务人员的工资、社会保险和按规定提取的福利费是指物业服务企业向所聘用的管理、服务人员按月发放的工资和按工资的14%提取的职工福利费。具体包括基本工资、津贴、福利基金、保险金、服装费及其他补贴等,不含奖金。

(2)物业共用部位、共用设施设备的日常运行、维护保养费主要是指门厅、楼梯间、电梯间、走廊通道、室外墙面、屋面、供水管道、排水管道、照明灯具、电梯、邮政信箱、避雷装置、消防器具、道路、绿地、停车场库、化粪池、垃圾箱等的维修养护费用及公共照明费等。

(3)物业服务区域清洁卫生费是指物业服务区域内公共区域的清洁卫生费,包括清洁用具、垃圾清理、水池清洁、消毒灭虫等费用,有时还包括单项对外承包费,如化粪池清淘等。

(4)物业服务区域绿化养护费用是指物业服务区域绿化的养护费用及开展此类工作所购置的绿化工具及绿化用水、农药、化肥、杂草清运、补苗等费用。

(5)物业服务区域秩序维护费用是指物业服务公共区域的秩序维护费。包括安全监控系统、设备、器材的日常养护费等。

(6)办公费用是指物业服务企业开展正常服务工作所需的有关费用,如交通费、通讯费、低值易耗办公用品费、节日装饰费、公共关系费及宣传广告费。

(7)物业服务企业固定资产折旧费是物业服务企业拥有的各类固定资产如交通工具、通讯设备、办公设备、工程维修设备等按其总额每月分摊提取的折旧费用。

(8)物业共用部位、共用设施设备及公众责任保险费用为从经济上保障物业服务区域内水电、电梯等设施遭受灾害事故后能及时进行修复和对伤员进行经济补偿,物业服务企业必须对这些建筑物及设备设施投财产保险和相关责任保险,对于险种的选择是由所管物业的类型、性质来决定的,但必须考虑业主的意愿和承受力。

(9)经业主同意的其他费用,即经与业主协商,其同意包括在物业服务费中的内容。

应当注意的是,物业共用部位、共用设施设备的大修、中修和更新改造费用,应当通过专项维修资金予以列支,不得计入物业服务支出或物业服务成本。

(二)住宅小区物业服务费的测算

根据《物业服务收费管理办法》,如果实行物业服务费用包干制,物业服务费用的构成,不仅包括物业服务成本,还包括法定税费和物业服务企业的利润;如果实行物业服务费用酬金制,在收取物业服务资金中不仅包括物业服务支出,还包括物业服务企业的酬金。下面以居住性物业服务为例,说明其物业费标准的测算过程:

$$V = \sum V_i (i = 1,2,3,\cdots\cdots 12)$$

式中:V—— 求得的物业服务费标准(元/月·平方米或元/年·平方米);

V_i—— 各分项收费标准(元/月·平方米或元/年·平方米);

$\sum$—— 对所有费用项目算数相加之和。

测算居住性物业服务费标准时，一般事先对以下各项费用分别进行测算，然后求和，最后求出物业服务费标准。下面各项费用测算中各项费用单位为元/月，可分摊费用的建筑面积之和单位为平方米。

1. 管理服务人员的工资、社会保险和按规定提取的福利费 V_1

$$V_1 = \sum Fi/S\ (i = 1,2,3,4)（元/月 \cdot 平方米）$$

该项费用是用于物业服务企业的人员费用，包括基本工资，按规定提取的福利费、加班费和服装费，但是不包括管理、服务人员的奖金。奖金应根据企业经营管理的经济效益，从盈利中提取。

式中：F_1——基本工资（元/月），各类管理、服务人员的基本工资标准根据企业性质、参考当地平均工资水平确定；

F_2——按规定提取的福利费（元/月），包括福利基金、工会经费、教育经费、社会保险、住房公积金等；

F_3——加班费（元/月）；

F_4——服装费（元/月）；

S——可分摊费用的建筑面积之和，单位为平方米（m^2）。

2. 物业共用部位、共用设施设备的日常运行、维护费用 V_2

$$V_2 = \sum F_i/S\ (i = 1,2,3,4,5)（元/月 \cdot 平方米）$$

式中：F_1——公共照明系统的电费和维修费。其具体为：①电费：$(W_1 \times T_1 + W_2 \times T_2 \cdots + W_n \times T_n) \times 30 \times PE$；公式中 W_1 表示每日开启时间为 T_1（小时）的照明电器总功率（千瓦·小时）；T_1 表示每日开启时间（小时）；30 代表每月测算的天数；PE 表示电费单价（元/kW）；②维修费：这是一个估算的经验值，一般按照当地的工资水平费用和使用的零配件、进货的价格来测算。

F_2——给排水设施的费用。此项费用测算时又可分项为：①给水泵的电机功率（可包括生活水泵、消防蓄水池泵），电费 $= W \times 24 \times I \times 30 \times PE$（元/月）。$I$ 代表使用系数 $=$ 平均每天开启小时数/24；②消防泵的电机费（包括喷淋泵、消防栓泵），电费 $= W \times 24 \times I \times 30 \times PE$（元/月）；③排污泵的电机功率（包括集水井排水泵、污水处理排水泵），电费$= W \times 24 \times I \times 30 \times PE$（元/月）；④维修费（元/月）。

F_3——配供电系统设备维修费、检测费（元/月）。

F_4——建筑、道路维修费（元/月）。

F_5——电梯费用的核算：①电费$= n \times W \times 24 \times I \times 30 \times PE$（元/月），其中 n 为电梯台数；W 为电梯功率；I 为电梯使用系数，由于不同类型物业的电梯使用时间和频率不同，会产生差异，一般可通过统计的方法进行估算。居住类物业大致在 0.4；②维修费（元/月），可分包给电梯专业的维修公司，也可自行维修（包括人工费、材料费）；③年检费（元/月）。

费用项 F_1—F_5 并非固定项目，不同物业项目不一，不能机械套用。以下各项也是如此。

3. 物业服务区域清洁卫生费用 V_3

$$V_3 = \sum F_i/S\ (i = 1,2,3,4,5,6)（元/月 \cdot 平方米）$$

式中：F_1——人工费（元/月）；

F_2——清洁机械、工具、材料、服装费，按价值和使用年限折算出每月的值（元/月）；

F_3——消杀费(元/月);

F_4——化粪池清理费(元/月);

F_5——垃圾清运费(元/月);

F_6——水池(箱)清洁费(元/月)。

4. 物业服务区域绿化养护费用 V_4

$$V_4 = \sum F_i / S\ (i = 1,2,3,4,5)\ (元/月·平方米)$$

式中:F_1——人工费(元/月);

F_2——绿化工具费(元/月);

F_3——化肥除草剂等材料费(元/月);

F_4——绿化用水费(元/月);

F_5——园林景观再造费(元/月)。

5. 物业服务公共区域秩序维护费用 V_5

$$V_5 = \sum F_i / S\ (i = 1,2,3,4,5)(元/月·平方米)$$

式中:F_1——人工费(元/月)。

F_2——服装费(元/月)。

F_3——维修费(元/月)。

F_4——日常保卫器材费(元/月),包括对讲机、多功能警棍、110 报警联网等。

F_5——保安用房及保安人员住房租金(元/月)。

6. 办公费用 V_6

$$V_6 = \sum F_i / S\ (i = 1,2,3,4,5,6,7)\ (元/月·平方米)$$

常用全年的费用预算来折算出每月费用,即全年费用除以 12 个月。

式中:F_1——交通、通讯费用(元/月)。

F_2——文具、办公用品等低值易耗品费(元/月)。

F_3——车辆使用费(元/月)。

F_4——7 节日装饰费(元/月)。

F_5——公共关系费及宣传广告费(元/月)。

F_6——办公水电费(元/月)。

F_7——书报费(元/月)。

7. 物业服务企业固定资产折旧费 V_7

该项费用指物业服务企业拥有各类固定资产按其总额每月分摊提取的折旧费用,包括交通工具、通讯设备、办公设备、工程维修设备等。按实际拥有的上述各项固定资产总额除以平均折旧年限,再分摊到每月每平方米建筑面积。值得注意的是,这里的固定资产应主要是直接用于该项目服务的固定资产。

8. 物业共用部位、共用设施设备及公众责任保险费用 V_8

$$V_8 = (投保总金额 \times 保险费率)/保险受惠物业的总面积$$

物业服务企业必须对住宅物业区内水、电、电梯等设施设备投财产保险、相关责任保险(如电梯责任保险)、公众责任险。保费按保险受惠物业总建筑面积分摊。

9. **经业主同意的其它费用 V_9**

该项是指业主大会同意的全体业主均能受惠的必要的服务费用。

10. **不可预见费用 V_{10}**

不可预见费用(一般按上述费用总和的 3%～10%计)。不可预见费应单独设账，严格控制其支出。

11. **利润或管理酬金 V_{11}**

物业服务协议不同，管理酬金的确定方式不同：

(1)按照租金收入确定：

管理酬金＝业主租金收入×酬金比率

(2)按物业价值的约定使用年限计算，当物业是业主自己使用的情况下可以采用该方法。

管理酬金＝(物业价值/物业约定使用年限)×酬金比率

(3)按定额利润/酬金或行业利润率/酬金率确定。定额酬金或利润是指双方协商在管理企业完成合同规定的服务任务情况下给服务者已固定数额的酬金或利润。不过，现行最通常的利润酬金确定方式是以上述 1～10 项的支出之和为基数乘以行业利润率/酬金率付给管理企业利润/酬金，即：

管理利润/酬金＝服务费×行业利润率/酬金率

物业服务行业利润率/酬金率一般在 8%～15%，具体的比率可由双方根据物业服务的标准等因素协商确定。

12. **法定税费 V_{12}**

按现行税法，物业服务企业属服务业，上缴的税金包括以下方面：

(1)须按营业额缴纳营业税，税率为 5%；

(2)城市建设维护税，按营业税的 7%计征；

(3)教育费附加，按营业税税额的 3%计征；合计总营业额的 5.5%；

不过依照最新的《物业服务收费管理办法》，实行酬金制计费方式的物业服务费用不含税金。

【案例 8－1】

某项目可收费总建筑面积 10 万 m^2，经测算该项目全年各项费用如下：

(1)各类管理服务人员的工资、社会保险等 50 万元；

(2)共用部位、共用设施设备的运行维护费 20 万元；

(3)清洁卫生费 15 万元；

(4)绿化养护费 10 万元；

(5)公共秩序维护费 10 万元；

(6)办公费 5 万元；

(7)固定资产折旧 2 万元；

(8)物业共用部位、共用设施设备及公众责任保险费 2 万元；

(9)业主委员会办公费、社区文化活动费等其他费 6 万元。

合计：120 万元

若采用酬金制方式，且约定物业服务酬金比例为 10%，则该项目单位物业服务费标准为：

120 万元× (1＋10%)÷10 万 m^2÷12 月＝1.1 元/m^2·月

若采用包干制方式，如该项目法定税费和利润约12万元，则该项目单位物业服务费标准为：

$$(120\text{万元}+12\text{万元})\div10\text{万 m}^2\div12\text{月}=1.1\text{元/m}^2\cdot\text{月}$$

三、住宅专项维修资金

（一）住宅专项维修资金的概述

住宅专项维修资金，是指专项用于房屋共用部位和公用设施设备更新和大修理的专项资金。房屋共用部位是指住宅主体承重结构部位（包括基础、内外承重墙体、柱、梁、楼板、屋顶等）、户外墙面、门厅、楼梯间、走廊通道等。共用设施设备是指住宅小区或单幢住宅内，建设费用已分摊进入住房销售价格的共用的上下水管道、落水管、水箱、加压水泵、电梯、天线、供电线路、照明、锅炉、暖气线路、煤气线路、消防设施、绿地、道路、路灯、沟渠、池、井、非经营性车场车库、公益性文体设施和共用设施设备使用的房屋等。

业主交存的住宅专项维修资金属于业主所有。从公有住房售房款中提取的住宅专项维修资金属于公有住房售房单位所有。

（二）住宅专项维修资金的交存

1. 交存范围

应交存住宅专项维修资金的范围包括：住宅（一个业主所有且与其他物业不具有共用部位、共用设施设备的除外）、住宅小区内的非住宅或者住宅小区外与单幢住宅结构相连的非住宅。

2. 交存标准

商品住宅的业主、非住宅的业主按照所拥有物业的建筑面积交存住宅专项维修资金，每平方米建筑面积交存首期住宅专项维修资金的数额为当地住宅建筑安装工程每平方米造价的5%～8%。直辖市、市、县人民政府建设（房地产）主管部门应当根据本地区情况，合理确定、公布每平方米建筑面积交存首期住宅专项维修资金的数额，并适时调整。

3. 应计入住宅专项维修资金的其他部分

下列资金应当转入住宅专项维修资金滚存使用：住宅专项维修资金的存储利息；利用住宅专项维修资金购买国债的增值收益；住宅共用设施设备报废后回收的残值；利用住宅共用部位或共用设施设备进行经营的，业主所得收益（业主大会另有决定的情况除外）。

（三）住宅专项维修资金的管理与使用

1. 住宅专项维修资金的使用（费用分摊）原则

住宅共用部位、共用设施设备的维修和更新、改造费用，按照下列规定分摊：

（1）商品住宅之间或者商品住宅与非住宅之间共用部位、共用设施设备的维修和更新、改造费用，由相关业主按照各自拥有物业建筑面积的比例分摊。

（2）售后公有住房之间共用部位、共用设施设备的维修和更新、改造费用，由相关业主和公有住房售房单位按照所交存住宅专项维修资金的比例分摊；其中，应由业主承担的，再由相关业主按照各自拥有物业建筑面积的比例分摊。

（3）售后公有住房与商品住宅或者非住宅之间共用部位、共用设施设备的维修和更新、改造费用，先按照建筑面积比例分摊到各相关物业。其中，售后公有住房应分摊的费用，再由相关业主和公有住房售房单位按照所交存住宅专项维修资金的比例分摊。

(4)住宅共用部位、共用设施设备维修和更新、改造,涉及尚未售出的商品住宅、非住宅或者公有住房的,开发建设单位或者公有住房单位应当按照尚未售出商品住宅或者公有住房的建筑面积,分摊维修和更新、改造费用。

2.住宅专项维修资金的使用程序

在划转业主大会管理前,如需要使用住宅专项维修资金的,须按照以下程序办理:

(1)物业服务企业根据维修和更新、改造项目提出使用建议;没有物业服务企业的,由相关业主提出使用建议;

(2)住宅专项维修资金列支范围内专有部分占建筑物总面积三分之二以上的业主且占总人数三分之二以上的业主讨论通过使用建议;

(3)物业服务企业或者相关业主组织实施使用方案;

(4)物业服务企业或者相关业主持有关材料,向所在地直辖市、市、县人民政府建设(房地产)主管部门申请列支;其中,动用公有住房住宅专项维修资金的,向负责管理公有住房住宅专项维修资金的部门申请列支;

(5)直辖市、市、县人民政府建设(房地产)主管部门或者负责管理公有住房住宅专项维修资金的部门审核同意后,向专户管理银行发出划转住宅专项维修资金的通知;

(6)专户管理银行将所需住宅专项维修资金划转至维修单位。

划转业主大会管理后,如需要使用住宅专项维修资金的,须按照以下程序办理:

(1)物业服务企业提出使用方案,使用方案应当包括拟维修和更新、改造的项目、费用预算、列支范围、发生危及房屋安全等紧急情况以及其他需临时使用住宅专项维修资金的情况的处置办法等;

(2)业主大会依法通过使用方案;

(3)物业服务企业组织实施使用方案;

(4)物业服务企业或者相关业主持有关材料,向所在地直辖市、市、县人民政府建设(房地产)主管部门申请列支;其中,动用公有住房住宅专项维修资金的,向负责管理公有住房住宅专项维修资金的部门申请列支;

(5)直辖市、市、县人民政府建设(房地产)主管部门或者负责管理公有住房住宅专项维修资金的部门审核同意后,向专户管理银行发出划转住宅专项维修资金的通知;

(6)专户管理银行将所需住宅专项维修资金划转至维修单位。

学习单元二　物业服务企业人力资源管理

一、物业服务人员的素质要求

(一)物业服务人员应具备的职业道德

1.忠于职守,尽职尽责

物业服务人员要全心全意,自觉、主动履行物业服务人员的各项职责,凡属于自己工作范围内的一切事情,一定不能推诿、拖拉,要认真做好物业服务的各项工作。物业服务人员要有强烈的事业心和职业责任感，不掺杂私心杂念，不越位，不渎职。在工作中，凡属于自己工作范围内的工作，做好自己应该做的份内之事。出现问题，应该勇于承担责任，总结经验教训，真正为业主和住用人创造“安全、舒适、宁静、方便”的工作、生活、学习环境。

2. 兢兢业业，热情服务

物业服务是为公众服务的，所接触的是各种性格、各种职业、各种文化层次、各种素质修养的人。而物业服务对象的多样性，要求物业服务人员要有很好的心理素质及很好的适应性，无论对哪种类型的人物都要热情服务。做到对待生人和熟人一个样，对待官职高的人和普通平民百姓一个样，对待赞扬自己的人和批评自己的人一个样，工作忙时和工作闲时一个样，个人累时和轻松时也要一个样。任何时候，都不能把个人的情绪带到工作中，只有这样认真、细致、谨慎、勤恳地工作，才能得到领导和更多住用户的满意。

3. 积极主动，讲求时效

物业服务的内容多、范围广、要求急、情况复杂，要把各个方面的工作做好，单纯依靠领导分配什么干什么是不行的，必须依靠全体物业服务人员的积极性、主动性。积极主动，就是要进取向上，不依靠外力推推动动。只要属于自己工作范围内的工作，不要再等领导布置、别人提醒，要主动把它干好。要做到人找工作，不要让工作找人。工作时，要讲求时效，分秒必争，尽快干好，决不能拖拖拉拉，互相推诿。

4. 实事求是，办事公道

物业服务人员必须坚持实事求是的工作作风，一切从实际情况出发，客观地、正确地对待和处理问题，各项工作要求准确无误。要根据企业现有的条件，实事求是地解决住用户提出的问题，切忌主观臆断，捕风捉影，分析问题要从客观实际出发，要看到全面，防止片面。办事公道，也是物业服务人员必须坚守的信条。物业服务人员在为住用户服务时，在处理一些矛盾时，在办一切事情时，不搞暗箱接待，要把一碗水端平，切实做到公平合理。

5. 遵守纪律，奉公守法

遵守纪律，奉公守法，是所有公民都应该做到的，是合格公民应尽的义务。对于物业服务人员，遵守纪律，奉公守法，是进行正常工作的基本条件、基本要求。遵守纪律就是要求物业服务人员能够按照企业的规章制度，按时出勤，上班时不做与本职无关的事，坚守岗位，集中精力把本职工作做好。奉公守法，就是要求物业服务人员，在职业活动中，坚持原则，不利用职务之便谋取私利。要以国家利益、企业利益和群众利益为重，自觉奉献，不为个人谋取私利。物业服务人员要一心为企业、一心为用户，与企业共荣辱，在自己的实际行动中，抑制不正之风。

6. 谦虚谨慎，文明礼貌

谦虚谨慎，文明礼貌，要求物业服务人员能够虚怀若谷，做到虚心，不自满，取人之长补己之短，谦虚使人进步，骄傲使人落后。特别是在自己取得一定成绩时，不可自命不凡，盛气凌人。只有始终保持谦虚谨慎的态度，以平等的态度与他人共处。文明礼貌，要求对人谈话时耐心、细微，态度热情保持微笑，尊重他人意见，听取别人建议，不把自己的意志强加给别人。

7. 刻苦学习，提高素质

我们现在所处的时代日新月异，每时每刻都有新生事物出现，学习的内容更加丰富，物业服务中出现的问题日趋复杂，这就要求物业服务人员不断提高自身素质，才能适应工作的需要。要提高自己的素质就得学习。学习政治、学习文化知识，提高自己的觉悟，提高自己的修养，学习现代科学技术知识，开阔视野，不断接受新事物，研究新问题。目前，国际上普遍都在开展终身教育、继续教育，我们当然也要参加到各类学习中来。

8. 钻研业务，掌握技能

随着物业服务内容的增多，范围的扩大，要求的不断提高，物业服务人员必须钻研业务，不仅要掌握原有的业务知识，还要学习现代化的管理知识、业务技能，必须了解和掌握建筑业和物业服务中的新知识、新工艺、新办法、新成果，结合我国实际情况，运用到物业服务工作中。每个管理人员不仅要会管理，还要掌握物业服务工作各项技能，掌握一些能大大提高工作效率的技术，如计算机技术、办公设备的使用技术等。

(二)物业服务人员必须具有专业知识和专业技能

物业服务在我国仍属新兴产业，但它需要多方面的专业人才，没有一定专业知识和专业技能是无法从事物业服务工作的。

1. 物业服务人员必须具有现代管理知识

为了实现物业服务的现代管理与科学管理，降低成本，提高效益，物业服务人员必须具有科学头脑、科学思想，运用科学的手段从事管理工作。科学在创新，管理也在创新，管理人员必须善于学习，勇于实践，把学习的东西用于实践，把实践的经验上升为理论，把物业服务提高到一个新水平。

2. 物业服务人员必须具有物业服务的专业技能

物业服务的涉及面非常广泛，其中包括房屋管理、机电设备管理、上下水管理、环保环卫管理、治安消防管理等等，作为一个管理者如果对这些方面的知识一概不知或知之甚少，是无法从事这项管理工作的。为了能够进行科学管理和管理创新，首先必须具有这方面的专业技能，自己有了这方面的专业技能，才能管理他人、带领他人，才能创出新的管理经验、新的管理模式。

3. 物业服务人员必须能够掌握现代管理手段

所谓掌握现代管理手段，就是一定要会使用计算机。现代社会是信息时代，我们只有通过计算机才能更好地收集、整理、筛选、储存、提取各种信息，才能节省人力、节省资金，快捷有效地搞好管理工作。

(三)物业服务人员应具有较高的个人素质

物业服务人员，不仅要有较高的社会主义觉悟、高尚的道德品质和较高的业务能力与专业技能，而且还必须具有良好的个人素质。

1. 要有良好的语言表达能力

物业服务人员不仅是单纯管理物业，而更主要的还是要与人打交道。在物业服务中需要与业主和住用人打交道，需要与内部各类管理人员打交道，需要与各个相关部门打交道。在打交道过程中，如何准确地传递信息，如何交流思想主要是靠语言来表达，没有艺术的语言是难以完成各项工作任务的。

2. 要以端庄的仪容仪表，树立良好的形象

物业服务人员端庄的仪容仪表，得体的表情姿态，奋发向上的精神面貌，能够树立自己的良好形象，给人们带来信任感，让人们感到你有工作经验，有处理事情的能力。所以，对你要办的事情放心，并且愿意同你共同去完成一些工作。

3. 要有宽阔的胸怀，良好的心理素质

物业服务人员，在遇到一些比较复杂的情况下，能够表现得自信、自强，不畏惧，在遇到挫

折时不动摇，要有很好的承受能力，这样才会始终一往直前，创造出更大的成绩。

4. 要有健康的体魄

身体是一切工作的保证，物业服务的工作复杂，事情繁多，时间又不确定，要更好地为业主或住用人服务，没有强健的身体是支持不了的。

二、物业服务人员的招聘与解聘

（一）招聘计划的制订

员工素质的高低，直接影响到物业服务公司的运作与发展，为了确保物业服务工作的正常开展，物业服务企业的招聘应根据企业发展战略、管辖项目类型、物业面积的大业主构成情况、收入与消费倾向、消费特点等制订招聘计划。招聘计划的主要内容包括：计划招聘人员总数和人员结构，包括专业结构、学历结构等；各类人员的招聘条件；招聘信息发布的时间、方式与范围；招聘的渠道；招聘方法。

【案例 8－2】

多层住宅物业服务人员的定编标准，按建筑面积计算 1 万 m^2 配置 3.6 人左右（不包括车辆管理人员），各类人员配置及标准如下：

（1）管理人员：主任，总建筑面积 10 万 m^2 以下设 1 人，10～20 万 m^2，设 1 正 1 副，25 万 m^2 以上，设 1 正 2 副；助理，总建筑面积 10 万 m^2 以下设 1 人，在 10 万 m^2 以上每增加 5 万 m^2 增加 1 人；社区文化设 1 人，活动中心、场所的值班人员另计；管理处财务相对独立，一般设出纳、会计各 1 人，但可以兼职；其他人员如资料员、接待员、仓库管理员可根据物业大小和工作需要来设置。

（2）维修员：建筑面积每 4 万 m^2 设置 1 人。

（3）绿化员：绿化面积每 4000m^2 左右设 1 人。

（4）保洁员：每 140 户设 1 人。

（5）保安员：每 120 户设 1 人。

（6）车管员：根据道口或岗亭设置，车辆流量大的每班设 2 人，流量小的每班设置 1 人，一日 3 班。

知识链接

高层住宅物业服务人员定编标准

高层住宅物业服务人员定编标准，按建筑面积计算每 1 万 m^2 配置 7.5～7.8 人左右（不包括车辆管理人员），各类人员配置及标准如下：

（1）管理人员：建筑面积小于 5 万 m^2 设主任 1 名，每增加 5 万 m^2 增设副主任 1 名；助理每 350 户设 1 人；社区文化设 1 人，活动中心、场所值班人员另计；会计、出纳各设 1 人；其他人员可以根据工作需要设置。

（2）机电人员：高层住宅楼宇机电设备设施一般都有电梯、消防、供水、供电设施，要相应配备工程技术人员，建筑面积在 3 万 m^2 以上的楼宇每 1 万 m^2 配 1.5 人。

（3）保洁、绿化人员：建筑面积每 7000m^2 左右或 90～100 户配 1 人；公共场所或商业场所可适当调整人员。

(4)保安人员:每40户配1人或建筑面积3000m^{2}左右配1人。

(5)车辆管理人员:依据岗亭或道口设置,车辆流量大的每班每岗设2人,流量小的每班设1人,一日3班。

(二)招聘的组织实施

1.招聘方法的确定

应根据所需人员的类型而采取相应的招聘办法,既可以从公司内部选择和挖潜,也可以从社会广泛寻觅。一般做法是:所需人员技能层次越高,越是利用公司的内部人员,或通过私人介绍、推荐的方式;所需人员技能层次越低,则越是经常从公司外部劳动力市场招聘,或是利用就业服务的机构或广告招聘。通常,员工的招聘方法有以下几种:

(1)公司内部选择和挖潜。

这种方法可以给公司内部员工提供更多的晋升机会,可更好地用人所长,更好地调动和激发员工的积极性。

(2)广告招聘。

利用广告形式招聘员工,影响面广,但需支付广告招聘费用。

(3)人才市场招聘。

目前,我国各城市基本上建立了比较成熟的人才市场,通过人才市场招聘已成为各公司获得员工的主要方法之一。

(4)通过院校招聘。

随着物业服务需求的增长,举办物业服务专业的院校逐渐增多,通过这些专业院校的培养,也将为物业服务公司输送一大批合格人才。

2.公布招聘信息

物业服务企业可通过一定渠道或选择一定的方式,公布有关招聘信息,包括招聘的时间、招聘的职位、招聘的人员数量及相关资格要求等。

3.设计应聘申请表

为了保证应聘人员提供信息的规范性,企业在招聘活动开始时要组织人员设计应聘申请表。不管何种形式的申请表,一般都应能够反映以下信息:应聘者个人基本信息、应聘者受教育状况、应聘者过去的工作经验以及业绩、能力特长、职业兴趣等。

在设计应聘申请表时,应注意:内容的设计要根据职务说明书来确定,按不同职位要求及不同应聘人员的层次,分别设计应聘申请表;在设计申请表时要考虑申请表的存储、检索等问题,尤其是在计算机管理系统中。

4.对应聘者进行初审

初审是对应聘者是否符合职位基本要求的一种资格审查,目的是筛选出那些背景和潜质都与职务所需条件相当的候选人。

(1)判断应聘者的态度。

在筛选申请表时,对那些填写不完整和字迹难以辨认的材料可以直接将其筛选掉。在审查申请表时,要分析背景材料的可信程度,要注意应聘者以往经历中所任职务、技能、知识与应聘岗位之间的联系。在筛选申请表时,应标明疑点,在面试时作为重点提问内容之一加以询问。

(2)分析简历结构。

简历的结构在很大程度上反映了应聘者的组织和沟通能力。简历的内容大体可分为主观内容和客观内容两部分。在筛选简历时应重点查看客观内容。客观内容主要分为个人信息、教育背景、工作经历和个人成绩四个方面。主观内容主要包括应聘者对自己的描述,例如本人活泼开朗、工作能力强等对自我的评价和描述。在客观内容中,首先要注意个人信息和受教育经历,判断应聘者的专业资格和经历是否和应聘岗位相符。如果不符合要求,就没有必要再查看其他内容,可以直接筛选掉。在工作经历和个人成绩方面,要注意简历的描述是否有条理,是否符合逻辑。

5.确定选拔方法

物业服务企业要根据应聘岗位的特征、参加招聘人员的能力与素质及应聘者的数量和层次确定选拔方法。

(1)面试。

面试是面试者通过与应聘者正式交谈,达到客观了解应聘者业务知识水平、外貌风度、工作经验、求职动机、表达能力、反应能力、个人修养、逻辑思维等情况,并对是否聘用作出判断与决策的过程。

(2)心理测验。

心理测验是指通过一系列科学方法来测量被试者智力和个性差异,包括智力测验、个性测验、特殊能力测验等。

(3)知识测验。

知识测验的目的是了解应聘者是否掌握应聘岗位所必须具备的基础知识和专业知识。一般采用书面考试的方法进行。

此外,在招聘操作层员工时,还可根据应聘岗位的需要,对应聘者进行劳动技能方面的测验。

6.人员的录用

人员录用是人员招聘的最后一个环节,主要涉及人员选择之后的一系列有关录用事宜,如通知录用人员、签订试用合同、安排员工的初始工作、试用、正式录用等。

(三)员工的解聘

员工的解聘即物业服务企业与员工解除劳动合同。员工的解聘包括员工辞职、辞退和资遣三种情况。

1.员工辞职

辞职是指员工要求离开现任职位,与企业解除劳动合同,退出企业工作的人事调整活动。辞职的管理应注意:员工不符合辞职条件的,人事管理部门不能同意其辞职。如劳动合同尚未到期,与企业订有特殊工作协议等情况;员工辞职时,人事管理部门和有关用人单位应督促其办好有关工作移交及个人财物清理;物业服务企业在员工入职时即应明确告知,员工辞职应当提前30日以书面形式通知企业。

2.员工辞退

员工的辞退就是终止劳动合同。辞退员工必须慎重考虑,恰当处理。一般而言,对无重大过失者,不要使用辞退的手段。但若出现下列情况,应对当事人予以辞退:在试用期间被证明不符合录用条件的;严重违反劳动纪律或者用人单位规章制度的;严重失职,营私舞弊,对用人单位利益造成重大损害的;被依法追究刑事责任的。

3. 员工的资遣

资遣是企业因故提出与员工终止劳动合同的一项人事调整活动。资遣不是因为员工的过失原因造成的,而是企业根据自己经营的需要,主动与员工解除劳动契约。

资遣程序是企业人事调整中自上而下的过程。人事部门接到资遣通知后,确定资遣人员,并呈报有关部门主管核实。资遣审核权限与其他人事调整工作相类似。

资遣费是给资遣人员的经济补偿。资遣费的发放标准应根据各地劳动行政部门的规定及企业的实际情况发放。总的原则是:资遣人员服务年限长、贡献大、地位高,资遣费的发放标准就高。

三、物业人员的培训及管理

对物业人员进行定期的培训与管理可以改变目前物业服务企业整体素质,特别是员工素质不高的问题,缓解物业服务人才缺乏的矛盾,满足物业服务企业在使用新技术、新材料和开拓新业务、新领域的需要,同时可以开发人力资源、培植企业文化、形成企业精神、实现企业的长远战略目标。

(一)培训工作的原则

1. 新员工的培训

安排新员工的人事及教育,也就是安排新员工接受培训并分配到各工作部门,然后,在所分配的工作部门中,由第一线的管理、监督者来负责工作场所教育。

通过入职前培训,使新员工对公司保安、消防、设备维修保养和公司开源节流的重要性有初步的认识,对公司基本概况、员工守则、礼貌礼仪、个人卫生等有初步的了解。

但是对工作忙碌的第一线管理者或监督者来说,要全身心地教导新员工是不可能的。事实上,这种教导的责任大多是交给和新员工一起工作的资深员工们。而在将教育指导新员工的责任交给资深员工之前,必须先教导资深员工教育新员工的方法,在新员工尚未上班之前就必须将老员工培训成为新员工的榜样。

2. 在职老员工的培训

在培训在职老员工之前,首先要对员工的能力和素质做一次总检查。也就是说,对老员工的能力、素质等不足之处,一项一项检查总结。培训内容有:员工手册的加强培训;岗位职责、操作规程反复加深培训;政治素质培训(包括政治思想、职业道德、归属感、安全教育等);新设备、新产品、新技术、新操作流程培训;提高与本业务有关的管理知识、技能、技巧的培训;礼仪礼貌、仪容仪表的反复培训;就客人投诉反映出的问题,进行案例分析。

(二)员工培训的内容

1. 基本素质培训

基本素质培训是物业服务从业人员最基本最重要的培训内容,抓好基本素质培训可以使员工拥有良好的职业道德,如尊老爱幼、助人为乐、遵守秩序、爱护公物、信守诺言、团结合作、爱岗敬业等;可以使员工树立起服务第一的服务观念,全心全意地为用户服务;可以使员工拥有较好修养,在对用户服务时热情主动、文明礼貌、语言规范、谈吐文雅、衣冠整洁、举止端庄、尽善尽美等。

基本素质培训的对象是物业公司的全体员工,培训的基本内容包括:①员工的职业道德培训，包括职业思想（全心全意为业主和使用人服务的思想）、行为规范和行为准则（仪容仪表、日常行为、来电来访、上门服务等）培训；②员工的礼貌服务（如文明用语）、敬业精神、团队精神等培训；③物业服务基础知识培训。

通过以上内容的培训，使员工掌握物业服务最为基本的语言、行为规范以及必备的物业服务、服务知识。

2. 专业知识与技能培训

专业知识与技能的培训对象是物业服务公司的各岗位工作人员。由于工作岗位的不同，培训的内容也有较大的差异，如对财务人员进行财会知识培训，对工程技术人员应强化房屋与设备的维修管理知识与技能培训，对管理人员应侧重公共关系、管理技巧和领导艺术等知识的培训，对保安人员应加强保安业务知识的培训，而对绿化人员则应加强绿化工作流程、工作标准及种植、养护等知识技能的培训。

（三）员工培训的形式

1. 职前培训

职前培训是为新招员工提供的基本入职知识和基本操作技能的培训。培训的目的是使新员工了解公司的基本情况（如企业宗旨、企业精神、企业的历史、现状及发展趋势），熟悉公司的各项规章制度（如考勤制度，奖惩制度、考核制度、晋级制度等），掌握基本的服务知识（如职业思想、行为规范、语言规范、礼貌常识等），掌握岗位工作的具体要求（如岗位责任制、业务技能、工作流程与要求、操作要领等）。通过职前培训可以使新招员工熟悉和适应新的工作环境并掌握必要的工作技能。因此，物业服务公司在职前培训上花费较多的时间、精力、财力、物力是值得的。新员工对公司的最初印象、感受以及得到的培训知识，对他们未来的工作行为将产生极大的影响。

2. 在职培训

在职培训就是以在职员工为培训对象，旨在改进或提高现有员工的知识、观念、技能、工作能力的一种再教育方法。对在职员工进行培训是公司员工培训的重要内容，是提高物业服务公司员工整体素质和提高物业服务水平的重要途径，公司对在职员工的培训应常抓不懈。在职培训多为经常性中短期培训，培训的内容主要是针对员工的工作要求而进行，包括工作技能培训、管理技巧培训、形体语言培训等等。在职培训的形式多种多样，常见的形式有如下几种：

（1）岗位培训。

岗位培训是使员工掌握本岗位所需的专业知识，增加员工的知识量和知识深度，使员工能适应更高标准的要求而开展的培训。培训的组织形式既可以公司自己办班，也可以参加专业机构组织的各种岗位培训。

（2）业余学习。

这种方式是员工利用工作之余进行的以提高专业知识、技能为目的的学习方式，如参加物业服务专业函授学习和自学考试、读夜校等，这种方式是提高物业服务从业人员素质的重要途径。

（3）专题培训。

这种方式主要是针对物业服务公司在采用新的管理方法或应用了新的设备、新的技术或制定了新的制度时，为保证新方法、新设备、新技术、新制度的正常运行而开展的培训。专题培训既可以自己办班组织，也可以派员工外出学习。

(4)脱产进修。

这种方式主要用来培养公司紧缺人才,或为公司培养高层次的管理人才、技术人才,由公司推选员工到高等院校、科研单位、典型公司去进修、学习。这种培训,能切合公司的实际需要,是在职培训的重要方式之一。

四、物业服务人员的考核

对物业服务人员工作考核评价的目的是帮助物业服务人员认识并发挥自己的潜在能力,改进工作状况,为物业服务人员全面发展提供信息和依据。通过考核评价,还可以确定公司整体和各部门的工作情况,发现工作中的各种问题,为公司的人事决策和目标调整提供有效的参考,还可以全面评估出员工工作量的大小,工作质量的优劣,以此作为给员工付酬的依据,同时通过考核,对工作成绩突出的员工进行奖励,以鼓舞员工斗志,对成绩较差的员工进行教育处罚,鞭策后进,以提高物业服务公司的管理水平。

(一)物业服务人员工作考评可靠性的提高

员工工作的考核评价是对员工工作成绩和缺点的综合评述,它既是一个有严格标准的客观的反映和评价过程,同时又难免有一些主观评断和感情因素的干扰。因此物业服务公司在对员工考核评价时,尽量做到系统化、经常化、规范化。为提高考核的可靠性,应抓好如下几个方面工作:

1. 制订切合实际的考核方案

要制订一个比较科学的考核方案,就必须深入实际,到各部门详细了解岗位设置情况、员工工作职责情况,然后与各部门负责人和有关管理人员一起研究将考核的内容与员工岗位责任制挂钩,使考核的内容切合实际,易于操作。

2. 建立完善的考核机制

考核方案再好,也要靠人去执行。谁来考核呢?对物业服务公司,考核工作常常分部门进行,每个部门应成立一个考核小组负责员工的考核工作。公司则成立由公司经理、人事、财务及其他各部门经理在内并有员工代表参加的考核领导小组,负责统筹、监管各部门的考核工作,制定考核总体方案等。员工若对本部门的考核工作不满意,可向公司领导小组反映,也可向公司工会反映。只有建立完善的考核机制,方可避免考核成为走过场的形式主义,也可避免个别人凭印象说了算,真正反映员工的表现情况。

3. 尽量量化考核标准,增加考核内容

要使考核公正、客观,就必须尽可能将考核标准量化,采取动态考核方式,建立更好的客观标准,减少主观印象,避免定性标准。另外,还应尽量增加考核内容,使考核标准细化,从而更好地反映出员工的实际工作情况。

4. 增加考核工作的透明度

应该说,任何考核制度都有一定的内在缺陷,都可能引起被考核者的不满意或抵触,考核者也会所顾虑。要解决这些问题,比较理想的方法就是让被考核者参与制定考核标准,对考核者提出意见。在考核过程中,也应广泛发扬民主,认真听取员工意见,增加考核工作的透明度。

(二)员工工作考核标准的制定

对员工工作进行考核评价,最重要的是制定考评标准。一般来说,考评标准应包括两个方

面：①员工应该做什么，他们的任务、职责、工作要点是什么，这是数量方面的要求；②员工应该做到什么程度，应该怎样做，达到什么样的标准，这是工作质量方面的规定。

制定考评标准是一件比较困难的事，必须掌握以下原则：

(1)事前性。

标准应在考核评价之前制定和公布，要先告诉员工应该怎样做，以得到员工的合作，然后再进行的考评才是善意的、积极的和有效的。

(2)参与性。

被考评者有权参与对自己的考评标准的制定，只有得到被评价者参与，才会取得他们的合作和理解。

(3)公正性。

考评标准应该公正，各部门都要接受考评，以防止出现苦乐不均和评判死角。

(4)规范性。

考评标准应尽可能客观、准确、明确，以求最大限度地减少偏见和感情色彩等个人因素。

(5)奖惩性。

考评是为了鼓励先进，鞭策落后，只有奖惩分明，才能收到良好效果。

(6)可接受性。

可接受性是指考评人员和被考评人员对考评标准都能理解和接受。

(三)员工工作考评与激励

对员工工作进行考核评价的主体包括上级、同事、下级、自我和广大业主及使用人。下级和自我的考核评价不适于以人事决策、人事研究为目的的考评，上级考评的地位最突出，同事的考评作为一种参考也是必不可少的，业主和使用人的考评虽有时不太全面，但一般比较客观，应当引起物业服务公司的重视。对员工工作的考评不能限定半年一次或一年一次，应当使考评工作经常化，考评的结果应同员工本人见面，并纳入员工个人奖惩制度。

1.员工考评的基本内容

物业服务公司员工众多，不同员工处在不同的工作岗位上，有不同的工作职责，因而员工考核的内容就不完全相同。但对员工考核的基本内容主要包括德、勤、能、绩四个方面。

(1)德主要指人的政治素质、道德素质。德是一个人的灵魂，它决定了一个人的行为方向和行为方式。德的标准不是抽象的，而是随着不同时代、不同行业的要求而变化的。在物业服务行业中，德的表现主要包括政治素质、社会公德和职业道德等。

(2)勤是指员工勤奋敬业，主要包括员工工作的积极性、主动性和出勤率。不能把勤简单的理解为出勤率，出勤率高是勤的一种表现，但并非实质所在，员工可能出工不出力。真正的勤，不仅出勤率高，而且在工作中投入了全部精力。因此，人事考核工作应将表面形式的勤与内在实质的勤结合起来，重点考核员工的敬业精神、实干精神。

(3)能是指人的能力素质，即认识世界和改造世界的本领。一般来说，能主要包括员工的动手操作能力、认识能力、思维能力、学习研究能力、创新能力、表达能力、组织指挥能力、协调能力、决策能力等。对不同的职位，有不同的侧重、不同的要求。

(4)绩是指员工的工作绩效，包括完成工作的数量、质量以及经济效益和社会效益。对员工绩的考核，不仅要考核他的工作数量、工作质量，更要考核他所做的工作使用户满意的程度及给公司创造的经济效益和社会效益。

2.员工的激励

要调动员工工作的积极性，激发员工工作热情，就必须对员工进行有效的激励。所谓激励，就是创造满足员工各种需要的条件，激发员工工作的动机，从而实现物业服务公司的管理目标。物业服务公司员工激励的基本方式有奖励与惩罚两种方式：

奖励的方式主要有物质奖励（如发放奖金、纪念品、晋级、旅游、培训、出国考察等）和精神奖励（如颁发奖状、获奖证书、奖杯、奖章、通报表扬、给予荣誉称号、照片上光荣榜等）。

惩罚是一种负激励，是对员工违背公司规章制度和违背公司目的的非期望行为进行的处罚，以使这种行为不再发生。犯错误的员工可通过惩罚改正自己的错误之处，并向公司期望目标转移。惩罚的方式主要有口头警告、书面警告、降级、扣发工资（奖金）、罚款、辞退、开除等。

知识链接

北京天鸿集团回龙观文化居住区物业服务中心员工工作考评制度

为了充分调动员工的工作积极性、主动性，加强员工的组织纪律性，提高员工的竞争意识，进一步促进物业服务水平的提高，特制定员工工作考核及奖惩制度。

1.考核种类

考核分月考核和年度考核，月考核由各部门主任进行评比打分，年度考核由经理与各部门主任组成考核小组进行评比打分，日常的记录、检查由各班组负责人进行记录。

2.考核频度

考核每月进行1次，年度总评1次。

3.奖惩

(1)每季度月考核平均分在9分以上为达标，可领取当季度全额奖金；8～8.9分为基本达标，可领取当季度奖金的90%；7～7.9分可领取当季度奖金80%；6～6.9分可领取当季度奖金的50%；6分以下取消当季度奖金。

(2)年度扣分累计在10分以下者，可领取全额年终奖；扣分在10～18分之间的可领取90%的年终奖；扣分在18～26分之间可领取70%的年终奖；扣分在26～36分之间可领取50%的年终奖；扣分在36分以上者取消年终奖。

(3)连续3个月考核在9.5分以上者，季度奖可上浮10%。

(4)连续2个月考核在6分以下者给予行政处分或辞退。

(5)年度考核评为先进工作者，年终奖可上浮10%，工资上浮一级。

4.适用范围

员工工作考核与奖惩制度适用于服务中心全体员工。

学习单元三　公共礼仪、企业文化与企业形象塑造

一、物业服务中的公共礼仪

（一）物业服务人员的仪表礼仪

仪表是指人的外表，包括人的容貌、姿态、服饰和个人卫生等，是人的精神面貌的外在表

现。根据首轮效应，在社交场合，初次见面者之间的第一印象，往往影响到他人对自己的看法与评价，而且第一印象一旦形成，往往不易改变。影响首轮效应的主要是仪容、举止、表情、服装、佩饰等仪表要素。

1.仪容规范

仪容是指一个人的容貌、气质和风度。是个人仪表的重要组成部分之一，它由发式、面容、颈部、四肢修饰等内容构成。

整体应自然大方得体，符合工作需要及安全规则。精神奕奕，充满活力，整齐清洁。头发要经常梳洗，保持整齐清洁、自然色泽，切勿标新立异。男性前发不过眉，侧发不盖耳，后发不触后衣领，无烫发；女性发长不过肩，如留长发须束起或使用发髻。脸、颈及耳朵绝对干净，男性须每日剃刮胡须，女性上班要化淡妆，但不得浓妆艳抹和在办公室内化妆。注意个人卫生，身体、面部、手部保持清洁。勤洗澡，无体味。上班前不吃异味食物，保持口腔清洁，上班时不在工作场所内吸烟，不饮酒，以免散发烟味或酒气。

2.服饰规范

服饰礼仪是仪表礼仪的关键。服饰是一种文化，它反映一个人的气质，是人类追求内在美和外在美的统一。服饰具有极强的表现功能，人们在社交活动中通过服饰来判断一个人的身份地位和涵养水平，个体通过服饰来展示其内心对美的追求、体现自我的审美感受。要想塑造一个完美的个体形象，首先就要掌握服饰礼仪规范，通过和谐、得体的穿着来展示自己的才华和美学修养，并且应使服饰与自身的年龄、身份、地位一起成长，以获得更高的社交地位。

TPO原则是目前国际上公认的服饰礼仪标准。TPO是“Time”“Place”“Occasion”三个词的缩写，“T”指时间，泛指早晚、季节、时代等，“P”代表地方、场所、位置、职位，“O”代表目的、目标、对象。着装的时间原则，包含每天早、中、晚的变化，春、夏、秋、冬一年四季的更替和时代的变迁。着装的地点原则是指不同的环境需要与之适合的服饰打扮。着装的场合原则是指着装应与当时当地的气氛协调一致。服饰的TPO原则与“五应”原则是相互贯通、相辅相成的，是基于不同视角对服饰礼仪要求的不同表达。人们的社交活动总是会处于特定的时间、地点和场合中，熟练应用着装礼仪的TPO原则是走向成功的第一步。

(二)物业服务人员的仪态礼仪

仪态泛指人们平时所呈现出来的各种姿势。包括举止动作、神态表情等。仪态是人体及姿态发出的无声信息。心理学家认为，无声语言所显示的意义要比有声语言深刻的多。各种人际交往场合的优雅仪态，像一张无形的名片，让人在最短的时间内认识并记住你，喜欢你并接近你，为你带来朋友、机会和成功。

1.站姿规范

站姿是静力造型动作，优美、典雅的站姿是发展不同质感动态美的起点和基础。

男士站姿的基本要领是：抬头、挺胸、收腹。抬头的同时要收颌，挺胸的同时要夹肩，收腹的同时要提臀，并且要目视前方。若两脚分开，比肩略窄，重心在两脚之间；若双腿并拢，脚尖呈30°～45°的“V”字型。若双手合放于体前，左手压右手；若双手合放于体后，右手压左手；或选择双手各垂放于体侧。女士站立讲究挺直、舒展。其动人的立姿表现为：抬头、挺胸、收腹。抬头的同时要收颌，挺胸的同时要夹肩，收腹的同时要提臀，并且要目视前方。双脚呈“V”字型站立，双腿并拢，脚尖呈30°～45°的“V”字型；或者双腿并拢，脚尖呈“丁”字型(能够隐藏腿的弧度)。双手合放于腹前，右手压左手。

2.坐姿规范

文雅、端庄的坐姿也是展现气质与风范的重要形式。

落座时要轻缓,至少坐满椅子的 2/3,后背轻靠椅背,双膝自然并拢(男性可略分开)。对坐谈话时,身体稍向前倾,表示尊重和谦虚。如果长时间端坐,可将两腿交叉重叠,但要注意将腿向回收。男士可将双腿分开略向前伸,如长时间端坐,可双腿交叉重叠,但要注意将上面的腿向回收,脚尖向下。女士入座前应用背对着客人用手整理好裙子,并将裙角向前收拢,两手叠放于左右腿上。如长时间端坐可将两腿交叉重叠,但要注意上面的腿向回收,脚尖向下。

如下坐姿应当避免:上体不直,前倾后仰、歪歪扭扭;“4”字型叠腿,并晃脚尖;双腿分得过开,或腿长长伸出;把脚藏在座椅下或钩住椅腿;双手压放于臀部之下。

3.走姿规范

行走时总的要求是做到:方向明确;步幅适度;速度均匀;重心放准;身体协调;造型优美。

标准的行走姿势,要以端正的站立姿态为基础。其要领是:以大关节带动小关节,排除多余的肌肉紧张,才能走得轻巧、自如、稳健、大方。行走动作的驱动流程如下:手臂要伸直放松,手指自然弯屈,摆动时,要以肩关节为轴,上臂带动前臂向前,手臂要摆直线,肘关节略屈,前臂不要向上甩动,向后摆动时,手臂外开不超过 30°。前后摆动的幅度为 30—40 厘米。行走时,上体前倾,提髋屈大腿带动小腿向前迈进。脚尖略开,脚跟先接触地面,依靠后腿将身体重心推送到前脚脚掌,使身体前移。

如下走姿应当避免:步子太大或太小,脚蹭地面,走路不走直线;双手插入裤袋或反背于背后;弯腰驼背、歪肩晃膀,或大甩手,左顾右盼;外八字、斜肩、猫腰、大肚走法。

4.微笑规范

在现代职场,微笑是有效沟通的法宝,是人际关系的磁石,是社交场合最富有魅力的、最令人愉悦的也是最有价值的交际语言,有人把笑容比作人际交往的润滑剂。而微笑是有规范的,一般要注意以下四个结合:

(1)微笑和眼睛的结合。

微笑中眼睛的作用十分重要,眼睛是心灵之窗,眼睛具有传神传情的特殊功能。微笑要口到、眼到、神色到,笑眼传神,才显得情真意切。

(2)微笑和神情、气质相结合。

这里讲的“神”,就是要笑得有情入神,笑出自己的神情、神色、神态,做到情绪饱满,神采奕奕;“情”,就是要笑出感情,笑得亲切、甜美,反映美好的心灵;“气质”就是要笑出谦逊、稳重、大方、得体的良好气质。

(3)微笑和语言结合。

语言和微笑都是信息传播的重要符号,只有注重微笑与语言相结合,声情并茂,相得益彰,微笑方能发挥出它应有的特殊功能。

(4)微笑和仪态仪表结合。

得体的仪态,端庄的仪表,再配以适度的微笑,就会形成完整和谐的美,给人以享受。

5.眼神规范

眼睛是心灵的窗户。人的眼神是面部表情中最丰富生动也是最善于传情达意的礼仪手段。眼神的千变万化表露着人们丰富多彩的内心世界。在人际交往中,通过眼神来表达情感和思想常能达到“无声胜有声”的效果。但是眼神礼仪的运用是颇有讲究的。

(1)注意接触时间。

与人交谈,视线接触对方脸部的时间应该占全部谈话时间的30%到60%,超过这一数值被看作是对谈话者本人比对谈话内容更感兴趣,低于这一数值则说明对谈话者和谈话内容都不感兴趣,因此要把握好这一时间的度。长时间凝视对方会被认为是对私人空间或势力范围的侵犯,是不礼貌或挑衅的行为;完全不看对方,则常被认为是自高自大,傲慢无礼的表现,或者试图去掩饰什么,如空虚、慌张等。

(2)注意停留部位。

从视线停留的部位可反映出三种人际关系状态:一是视线停留在两眼与胸部的三角形区域,被称为亲密凝视,多用于朋友间的交谈;二是视线停留在双眼和嘴部之间的三角形区域,被称为社交凝视,是社交场合常见的视线交流位置;三是视线停留在对方前额的一个假定的三角形区域,称为公事凝视,能制造严肃紧张的气氛。

(3)注意眼神变化。

眼神变化能够准确地传递某种信息。不同的视觉方向表达不同的含义,如仰视表思索,俯视表忧伤,正视表庄重,斜视表轻蔑等,不可随便使用。眼神的变化要能协调自如,与有声语言有机结合,不能只顾眼神,不顾其他或者两者分离。

(三)物业服务中的日常交往礼仪

1. 握手礼仪

握手是在相见、离别、恭贺、或致谢时相互表示情谊、致意的一种礼节,双方往往是先打招呼,后握手致意。握手时,距对方约一步远,上身稍向前倾,两足立正,伸出右手,四指并拢,虎口相交,拇指张开下滑,向受礼者握手。握手的力量、姿势和时间长短往往能够表达出对握手对象的不同礼遇和态度,显露自己的个性,给人留下不同的印象。一般情况要紧握对方的手,时间一般以1～3秒为宜。但是过紧地握手或是只用手指部分漫不经心地接触对方的手都是不礼貌的。握手前,应脱下手套,摘下帽子(身穿军服的军人例外),切忌戴手套握手。握手时双目应注视对方,微笑致意或问好,多人同时握手时应顺其自然,按顺序依次进行,切忌交叉握手。

握手的顺序应遵循主人、长辈、上司、女士主动伸出手,客人、晚辈、下属、男士再相迎握手。被介绍之后,最好不要立即主动伸手。年轻者、职务低者被介绍给年长者、职务高者时,应根据年长者、职务高者的反应行事,即当年长者、职务高者用点头致意代替握手时,年轻者、职务低者也应随之点头致意。与年轻女性或异国女性握手,一般男士不要先伸手。女士不伸手无握手之意,男士点头、鞠躬致意即可。握手时,年轻者对年长者、职务低者对职务高者都应稍稍欠身相握。有时为表示特别尊敬,可用双手迎握。

握手时一定要用右手,用左手与人握手是不合适的。在特殊情况下用左手与人握手应作说明或者道歉。在任何情况下拒绝对方主动要求握手的举动都是无礼的,但手上有水或不干净时,应谢绝握手,同时必须解释并致歉。

2. 名片礼仪

名片是现代人的自我介绍信和社交联谊卡,是一个人的身份象征,已成为人们社交活动的重要工具。要使名片充分发挥作用,就必须掌握名片的递送、接受、存放礼仪。

在社交场合,交换名片的顺序一般是:“客先主后,身份低者先,身份高者后”。当与多人交换名片时,应依照职位高低顺序,或是由近及远,依次进行,切勿跳跃式地进行,以免对方误认为有厚此薄彼之感。递送名片时应将名片正面面向对方，双手奉上。眼睛应注视对方，面带微笑。

接受名片时应起身，面带微笑注视对方。接过名片时应说："谢谢"，随后应有一个微笑阅读名片的过程，阅读时可将对方的姓名职衔念出声来。然后，回敬一张本人的名片，如身上未带名片，应向对方表示歉意。

接过别人的名片切不可随意摆弄或乱扔乱放，也不要随便塞在口袋里或丢在包里，应放在西服左胸的内衣袋或名片夹里，以示尊重。

3. 介绍礼仪

做介绍时，受尊敬的一方有优先了解权，首先把年轻者、男性、资历较浅者、未婚女子和儿童，介绍给年长者、女性、资历较深者、已婚女子和成人。之后，再向另一方介绍。

自我介绍时要先面带微笑问好，得到回应后再向对方介绍自己的姓名、身份和单位。当他人为您做介绍时，要面带微笑、点头致意，介绍完毕后，握手并问候，可重复一下对方的姓名等称呼"您好，×先生/小姐！"。

（四）物业服务中的语言礼仪

交谈是表达思想及情感的重要工具，"酒逢知己千杯少，话不投机半句多"，"良言一句三冬暖，恶语伤人六月寒"，说明交谈在人际交往中的作用举足轻重。一个成功的交谈者需要具备三个要素：一是要真诚；二是要有幽默感；三是能熟练运用"三 T"方法（"Tact""Timing""Tolerance"三个单词的缩写，即"机智""时间""宽容"）进入谈话领域。

1. 物业服务人员交谈礼仪的基本要求

（1）真诚坦率。

真诚是做人的美德，也是交谈的原则。"出自肺腑的语言才能触动别人的心弦"，只有用自己的真情激起对方感情的共鸣，交谈才能取得满意的效果。

（2）互相尊重。

交谈是双方思想、感情的交流，是双向活动。要取得满意的交谈效果，就必须顾及对方的心理需求。交谈中，切不可盛气凌人、自以为是、唯我独尊，要把对方作为平等的交流对象，在心理上、用词上、语调上，体现出对对方的尊重。应尽量使用礼貌用语，谈到自己时要谦虚，谈到对方时要尊重。

（3）言之有物、言之有序、言之有礼。

交谈双方都希望通过交谈获得知识、拓宽视野、增长见识、提高水平。因此，交谈要有观点、有内容、有内涵、有思想。言之有序就是根据讲话的主题和中心设计讲话的次序，安排讲话的层次，即交谈要有逻辑性、科学性。交谈时，先讲什么，后讲什么，思路要清晰，内容有条理，布局要合理。此外，知礼能为交谈创造一个和谐、愉快的环境。交谈时讲话者态度要谦逊，语气要友好，内容要适宜，语言要文明。

（4）积极聆听。

听在人际交往中居于非常重要的地位。外国谚语说，"用十秒钟的时间讲，用十分钟的时间听"。高超的谈话艺术首先应学会积极聆听。在注意倾听的同时，思考自己所要说的话，整理自己的思路，运用恰当的词句完善地表达自己的意见，给人留下鲜明的印象。

2. 物业服务人员的语言礼仪技能

交谈声音是人的第一名片。交谈声音的基本要求是语音清晰、发音正确、音量适中、速度平稳、散发热情、具有活力。交谈过程中，要学会根据不同对象和场合调整语速、音质和声调。要准确表达自己的思想，发音首先必须正确。其次，说话的速度不宜太快，每分钟约讲120个字左右是最适宜的。最后要注意语调。在公关场合，为使自己的谈吐得体，一定要在声调的轻重、高低、快慢上有所用心。

交谈语言应配合对方的立场和个性使用适合对方的言辞，使用容易听懂的语言，避免使用专业用语，突出重点，条理清晰，并且多用谦语、敬语和富有朝气、充满诚意的话语。

交谈内容宜选择对方擅长的话题、时效性话题（近况，新闻等）和轻松愉快的话题（娱乐节目、体育比赛、旅游休闲、流行时尚、烹饪小吃、天气状况等）。谈话内容应注意：不随便非议交往对象或进行是非判断、不在背后议论领导、同行和同事、不窥探个人隐私、避免谈及金钱方面的事情、避免谈及哀伤伤感的话题、避免散播谣言与闲话等。

此外，还有一些物业服务人员需要掌握的交谈技巧：谈话时目光注视对方；恰当使用敬语、谦语、雅语、合宜地称呼他人的称谓；说话时与对方保持适当的距离；表情自然，语气平和，表达得体；多倾听，多询问，诚心诚意地适时赞美对方，少下结论，避免打断、补充、纠正、质疑对方；多谈对方感兴趣且乐观积极的话题；在合适的时机谈合适的事；掌握好谈话时间，顺其自然地结束谈话；结束谈话后注意打招呼道别。

二、物业服务企业的企业文化塑造

（一）物业服务企业的企业文化建设的必要性

1.物业服务企业生产的是服务

物业服务行业有八字箴言叫做“物的管理、人的服务”，但最终的落脚点还是在服务上。服务本身是一种无形的产品，它的质量的管理和鉴定似乎很难有量化的标准。比如说：航空服务业对微笑的要求具体到应该露出几颗牙齿，但是我们很难知道，即使有了那样标准的微笑是不是真的发自内心，是不是能真的愉悦和打动客户。很多物业服务公司制定了规范化的服务标准体系，比如说，电话铃响三声接电话，要用规范的礼貌语言，这对于每一个员工来说并不难做到。但是对电话交谈的内容，对业主提出问题的解答是否适宜，是否令业主满意都无从控制。这就需要在标准化规范要求之外，更多的需要在平时对员工个人素养的培养和训练。

2.物业服务传递的是形象

有人说，成为一名好的物业服务人，就是要学会如何和人打交道。也就是说物业服务的工作其实就是不断地和业主、使用人等各种对象进行沟通。很显然，在这个沟通的过程中，企业的形象是通过这些员工的言行举止、分析解决问题的能力、对突发事件的反应传递给了每一个受众，使他们在潜移默化中获得对企业的形象认知，并且会很多程度上决定他们对这个物业企业的接受程度。所以每一个员工都是企业的形象大使，而这个观念完全需要企业文化对员工进行引导和熏陶，单纯的制度规范的约束是不能达到的。

3.物业服务企业竞争的是品牌

随着物业服务市场的逐步建立和完善，物业服务企业间的竞争将愈发激烈，竞争也必然从最初的价格竞争、产品竞争进而为品牌竞争。品牌的重点不仅仅是它的知名度，更重要的是品牌所蕴含的文化内涵。对于物业服务企业来说，品牌中蕴含的人文关怀的精神更是不可或缺的。企业自身的价值观能否从商业氛围中升华出来必然直接影响到品牌的文化内涵。而且在

品牌建立起来以后，需要每一个员工像爱护自己的孩子一样去爱护它、支持它，以员工对于品牌的忠诚度来影响业主对品牌的忠诚度。

4.物业服务行业急需的是人才

现在令很多物业服务公司头疼的是人才难寻，人才难留。物业服务人才市场成为卖方市场确实有点始料未及。物业不断接管，却没有合适的人才去管理，更谈不上人才的储备了，甚至很多公司自己培养的人才也在不断流失。这个问题的解决不能只从经济激励着手，还需要企业文化所特有的感召力和凝聚力。在强调团队精神、公平竞争的企业文化下，人才更容易产生对企业的归宿感，更愿意将自身的愿景和企业的发展结合起来。

(二)物业服务企业的企业文化建设的难点

(1)物业服务行业自身的特殊性导致了在企业文化建设的困难。

企业文化的建设要求在企业精神、价值观、品质观、企业目标等方面实现企业的统一性，这就和物业服务本身具有的复杂多样性产生了矛盾。

①物业服务企业管理项目的复杂性。物业服务的项目由住宅小区、写字楼、工业区、医院、学校、旅游景点等不同类型，有本地的有外埠的，有高档物业也有普通物业。每一类型的项目要求不尽一致，管理的对象各有不同，地点分散四处，并且都必须考虑和本物业周边文化环境的协调。

②物业服务企业员工的复杂性。由于管理内容多样，使公司的员工在专业、层次、年龄、学历和个人素养上有着很大的差异。这决定了员工对企业文化的理解和接受程度不尽相同。

③物业服务企业组织机构的复杂性。物业服务公司的职能部门偏多。随着管理面积的扩大，很多物业公司又不断设立管理处。一部分公司根据行业发展态势又增设了诸如客户服务中心、专业中心等部门。这些部门之间比较容易出现职能重复、权责不清的情况，这对于各部门间的关系协调配合和对企业文化的共同认知带来了影响。

(2)与其他社会文化的密切联系造成了企业文化建设必须更多地考虑与社会文化的协调又要保持个性。

①与社区文化的关系。物业服务企业本身负有建设社区文化的管理目标。长期以来，在社区文化建设上，物业服务公司只偏重于小区文娱活动的组织和支持，满足于建立几个业余文艺团队。这些工作固然也是必须的，但却是浅层次的。社区文化建设的根本目标应该是通过各种载体将公司的服务理念渗透到业主和使用人的业余生活中去，引导他们形成物业内的共同生活方式、共同价值观，形成小区的公共意识，建立和谐、高雅的生活工作氛围。要达到这一点，确实是有非常多的工作要做。

②与传统文化的关系。虽然是一个新兴的服务行业，但物业服务企业恰恰不能放弃对传统文化的吸收。因为物业服务的主要对象是住宅小区，更多的是对业主及其家庭的管理和服务。中国的传统文化以家庭为社会的基础，以家庭的和谐求得整个社会秩序的平稳。因此物业服务企业的企业文化的服务品质观如何更多地体现家庭美德、社会公德，将是需要我们认真思考的问题。

(三)物业服务企业文化建设遵循的原则

1.贯穿“以人为本”

“以人为本”是物业服务企业文化建设的首要原则和根本原则。以人为本体现为两方面的内容。第一在经营理念中突出以业主(或使用人)为本,业主至上。时时想业主之未想,急业主之所急,持续超越业主的期望。第二是突出以员工为本,为员工营造公平、公正、透明的竞争环境,以完善的培训体系和日常的沟通,促进员工不断成长,不断激发员工的积极性和创造性。

2. 突出团队精神

正因为物业服务企业在管理项目、员工构成、组织机构上的复杂性,必须突出团队精神的建设,才能使每一个人、每一个部门、每一个管理区域协调一致,既明确分工又相互配合形成合力,同时也更能使员工产生归宿感和责任心。

3. 强调与时俱进

文化是动态的,不是静态的。以文化来影响人的重要前提是这个文化必须是科学的、健康的、保持不断前进的。当前,智能化、专业化已经成为物业服务的行业发展趋势。这就要求物业服务企业在管理、服务、体制、技术等方面敢于突破敢于创新。相应的,在文化上要突出自我否定的勇气和不满足现状的精神。

4. 体现与社会文化的协调

文化不是封闭自足的,文化是开放吸纳的。物业服务企业在实际的经营活动中与业主或住用人、业主委员会、政府各部门之间不仅是信息交换的过程,而且还是一个文化交往的过程。企业的文化只有很好地与社会文化相协调,才能发挥它的作用。

(四)物业服务企业的企业文化建设的途径

1. 识别系统建设

识别系统是企业文化的重要的物质内容。从理念到行为、视觉各方面建立起企业的差别化形象。对于物业服务企业来说:在日常的管理服务活动中进行企业形象的传递是至关重要的,同时又要突出其中的与物业服务特色有关的方面。

(1)理念识别系统(MI)。

理念识别系统包括企业精神、经营理念、价值观和品质观、员工操守和企业远景规划等。理念识别是企业的精神支柱,但很容易停留在纸上,流于概念化和形式化。所以关键是如何在日常管理活动和员工培训中不断地有意识渗透这些精神,化外在的理念成为每个员工内在的心理诉求;

(2)视觉识别系统(VI)。

感性认识是理性认识的基础,而感觉又是感性认识的起点。心理学的刻板效应告诉我们第一感的重要性。物业服务企业的良好的外在形象可以在短时间内引起和抓住业主、住用人和潜在消费群的注意力,并在很大程度上主导他们对于企业的接受程度。由于管理项目、区域分散,一套统一的醒目的具有鲜明特色的视觉系统可以给人以鲜明的整体形象,也有助于人们形成对企业内在理念和品牌的文化内涵的感性认识。

(3)行为识别系统(BI)。

这一点对于物业服务企业来说,主要是建立起一套标准化的服务规范及流程,使得服务的每一个环节和步骤都能恰如其分,但是切忌只有规范没有内涵,要让员工知道每一步所体现的观念和意义。目前来说,物业服务规范趋同化比较明显,建立起有鲜明特色的一套规范是竞争的重要砝码。

2. 传播途径建设

(1)内部信息平台建设。

公司的领导核心和各职能部门、专业中心、管理处之间，管理处和业主或使用人之间的信息沟通除了一般的面对面方式之外，建立公司局域网非常必要，可以加快信息流通速度，迅速作出反应，降低信息流通成本。另一个我们以往比较忽视的途径是公司内部的人际关系建设。一个简单单纯的人际关系有助于企业内部良好氛围的形成。这里还要强调的一个途径是领导的言传身教。

(2)对外宣传管道建设。

近年来的发展经历告诉我们，物业服务行业的发展除了遇到法制环境的制约，媒体环境也是我们需要面对的问题。相对而言，除专业媒体外的部分媒体对于物业服务的负面报告偏多，某种程度上也影响了广大消费者对于物业服务的认识，而专业媒体的报道因受众人数有限影响力很小。当然，这里确有物业服务企业自身行为规范的问题，但也有与主流媒体的沟通和协作的问题，需加大对外形象宣传和正面报道的力度。

3. 社区文化建设

社区文化既是物业服务的管理目标之一，又是一个企业文化传递给业主的良好载体。文化活动易于接受、老少皆宜的特点可以帮助我们将企业文化在娱乐和休闲中更自然更广泛地传递给业主，达到一种润物细无声的效果。

4. 硬件载体的建设

品牌的文化内涵是内隐的。除了上述的一些途径以外，我们也应该重视硬件的、直观具象的载体。比如说在小区里的环境小品，写字楼里的雕塑等等。这或许和以上的一些途径比起来，需要物业服务公司作一些追加投入，但是它所起到的效果是非常明显的。北京的现代城牺牲建筑空间，设计建设了很多富有文化品位的小品、雕塑，极大地提升了自身的品牌形象。

总之，在物业服务发展到今天，谁也不再否认物业服务是一个朝阳产业，但绝大部分的从业者也承认今后的几年将是物业服务发展的艰难时期。扩大再生产由外延向内涵转变已成为大势，作为服务行业的物业服务经过二十多年的粗放式经营，也应及时作出这样的调整。建立起符合自身特点、行之有效的企业文化将是物业服务企业内涵发展的根本途径。

三、物业服务企业形象塑造

(一)物业服务企业形象塑造的意义

随着房地产发展，物业服务行业竞争激烈，企业只有树立良好的形象才能使企业脱颖而出。良好的企业形象是一个企业经济实力的体现和象征，同时企业形象本身也是企业的一笔巨大财富，是一种无形资产，它能够推动和促进企业有形资产的增值。良好的企业形象能够传达出企业的价值、文化和个性，能让人保持忠诚和充分信赖良好的企业形象对外能够提高产品的知名度，有利于创立名牌产品，提高产品竞争力，企业形象策划的具体功能可分为对企业内部和企业外部两个方面的功能，这两部分是相辅相成、互为补充的。

1. 对企业内部的功能

企业形象策划的内部功能是指企业形象对企业内部经营管理的作用，主要表现在促进企业文化的建设、企业凝聚力的提高，技术、产品竞争力的增强以及企业多元化、集团化经营优势的取得等方面。具体来说，塑造良好的企业形象对于提升企业内部功能保险在以下几个方面：

(1)塑造良好的企业形象有利于企业文化的建构。

企业文化是企业员工所追求的固有价值、思维方式、行为方式和信念的综合，它是企业员工在企业长期的竞争中逐渐吸取经验和教训而发展起来的。作为企业生命的一个重要因素，它对企业的现在和未来有着巨大的影响，是企业对付挑战和变化的力量源泉。

(2)塑造良好的企业形象有利于产品竞争力的增强。

企业形象给人印象强烈的视觉识别设计，有利于创造名牌，建立消费者的品牌偏好。有利于获得消费者的认可。名牌在消费者看来，是一种信任的标志，也是一种荣誉的象征。名牌所引申出来的气派和身价，让消费者认为即使花费比同类商品高出很多的钱也值得购买。

2.对企业外部的功能

企业形象策划的外部功能是企划广泛应用的原因，它有利于企业经营资源的利用，有利于消费者的认同，以及有利于企业的公共关系。正是企业形象策划的应用为企业创造了一个良好的经营环境，使企业与政府、供应商、推销商、股东、金融机构、大众传播媒介、地方社区、消费者等企业相关的组织和个人都保持了良好的关系，所以它有利于企业向着良性方向发展。有利于企业经营资源的利用。企业的经营资源主要包括人、财、物三个方面，企业形象策划的推行使企业外配置。有利于企业扩大流通渠道，优良企业形象，形成一个统一的识别系统，可以增强供应红色哪个和推销商的供销信心，促进供销商更为勤奋地工作，是企业建立长期稳定的供销网络和良好的供销关系，不断扩大产品的销售。另外有利于企业公共关系的运转。企业的公共关系是直接为企业的经营发展服务的，它通过传递企业的有关信息来协调企业与公众的各种关系，有利于信息传递的可信性、真实性和统一性，使企业的公共关系活动得到顺利发展。

企业形象策划的推行使企业信息的传播更为简单化，更易于公众识别和认同，从而达到最佳的沟通效果。同时，企业形象策划本身创造的优良企业形象，也使公共关系的运转有了更为坚实的基础。进一步增强竞争力，占领市场，进而提高经济效益和社会效益，促进企业的生存和发展。

【案例 8-3】房产行业某旗舰企业不断推进企业文化建设工作。在企业管理层将价值观等企业所倡导的核心理念确认之后，该企业物业也相继提出了自己的企业使命"持续超越顾客不断增长的期望"，正是在这种更加关注客户需求的理念指引下该企业内部进行了一番以满足客户需求为核心的系统改进工作，在各职能部门、经营管理部门、工程部门等对自身组织结构、制度体系和运行流程进行了全面梳理之后，提出了围绕客户需求进行变革的内容，如：通过市场研究持续关注客户需求和提出改进建议、定期上门服务发现问题及时解决、削减客户投诉程序的步骤、提供客户网站留言、引入 CRM 客户关系管理系统、组建客户服务中心等，特别是提供个性化服务措施，包括提供在常规性管理工作之外的，针对单个业主的单元物业所提供的特别管理服务和特约服务，如对每户建立独立的房屋维修记录档案、独立中央空调保养维修记录、接送小孩等。

同时该企业内部强调"先有满意的员工，后有满意的顾客"，这也正体现出该企业物业重视员工发展，满足员工需求的文化内涵，该企业物业内部强调企业良好的沟通环境、有效的激励机制、开放的创新氛围，使企业内部在一定程度上形成团队创新型文化特征。

【案例分析】从上面的介绍中可以看出，该企业物业的品牌中包涵了规范、专业、透明度较高、有创新精神、有理想的企业文化特征。而对企业内部而言，简单的人际关系、注重团队合作精神、规范化运作等特征又形成了企业内部凝聚人力的文化力量，也就是说四种文化类型在该企业物业均衡发展,得到了较好的融合。

这种企业精神和企业文化的培植,是增强广大员工对企业向心力和凝聚力的根本手段和重要途径,也能塑造良好的物业企业形象。

(二)影响物业服务企业的形象的因素

1.物业服务构架不完善

我国物业服务当前存在的首要问题是架构不完善,体制需进一步理顺和重新构建。其中,政府、管委会、物业服务公司责、权、利关系需要进一步明确。例如成都市近年来已竣工的住宅小区中,房屋及物业服务有三种基本形式:一是政府房地产管理部门管理的,二是房地产开发商以企业管理的,三是产权单位自管的,这三种物业服务模式大约各占 1/3。而且其中不少物业服务往往是局部的或单一的,一些物业服务单位企业忽视自身建设,把物业服务看成只是收费服务和简单生产活动,对企业发展和专业管理水平提高,一无规划,二无措施,没有明确管理目标责任制,企业既无压力也无动力,管理不计成本,年终无核算,对该建立哪些规章制度和管理标准,心中无数,照搬照抄了别人的规章制度,使这些规章制度流于形式。

2.物业服务质量不理想

目前部分物业服务公司不以“物业服务”为主业,而着重于多种经营,或只限于收租金和一般养护维修,而对于如何保养好建筑物的外貌、公用部位、周围环境,主动维修设备,提高物业的使用功能和经济价值未能很好顾及。多数物业服务企业仍是把服务的定位仅仅指向一些简单的、具体的服务形式,没有认识到物业服务企业的服务主要是集中于对公共事务的协调和处理。投资建设与物业服务脱节,配套设施运作不理想,物业服务滞后于住房消费使用也是导致物业服务质量不理想的原因之一。

3.物业服务法制不健全

全国性小区物业服务方面的法规很不健全,诸如物业服务体制、物业服务经费、住宅小区物业服务公司的资质审查、住宅小区的物业验收交接等关于住宅小区的物业服务中的重大问题都有待于进一步的明确规定。另外,在已出台的政策法规中,缺乏与物业服务相关的配套性政策,例如各地在房改及公房出售政策中,主要侧重于面积、价格、计价方法、优惠条件等问题,致使公房出售后,物业服务跟不上,在一定程度上制约了公房的销售速度。为此造成了物业服务很难纳入依法管理的法制轨道,实行住宅小区物业服务的规范化和标准化等缺乏法制的根本保障。

4.物业服务企业与社会相关方面关系不顺

物业服务企业在其经营管理服务过程中与街道、居委会、公安、交通、环保、卫生、市政、园林、教育、公用事业、商业及文化娱乐等部门都有密切关系。由于工作范围不明确,关系不协调,已成为物业服务中一大突出矛盾。物业只是受雇佣的用来管理社区的企业,应与社会各界处理好各方关系。

5.人才技术力量薄弱,专业化水平不高

人才对企业来说起着至关重要的作用。物业服务人员素质的高低,不仅影响到物业服务的质量水平,而且事关整个企业的兴衰成败。随着高档物业市场的不断涌现,只有高素质管理人才才能提供适应智能化、网络化等高质量的物业服务。然而,当前我国物业服务人员的知识结构层次不高、物业服务人员的业务水平有限以及物业服务人员的综合素质偏底,已经制约了这个行业的发展。而物业服务公司也由于经济和行业人才培养机制落后等原因,人才的引进与培训工作一直比较滞后，导致物业服务人员专业水平参差不齐的现状与业主的期望要求不相适应。

(三)物业企业形象的设计

1. 贯彻实施 IS9000 质量标准体系，做好服务质量

物业服务行业是服务性行业，唯有不断提高服务质量，才是物业服务企业生存的基础。为所有业主、用户提供高水平、个性化的服务，是物业服务企业发展的方向，也是在行业的激烈竞争中各物业服务企业水平高低的重要体现。实施 IS09000 质量体系是一项很专业、理论性很强的工作。其作用是指导公司的导入工作，协助建立物业服务文件化的质量体系，指导质量体系在本公司的有效运行、培训员工。因此只有贯彻和 ISO9000 质量体系才能完善服务手段，持续改进服务，形成服务特色，以标准化、规范化、专业化的服务，服务好每一位业主，管好每一寸物业，塑造一个良好的服务形象，弘扬“用心服务，业主第一”的服务宗旨，塑造极具情感的企业形象。只有如此，企业才能在激烈的竞争中立于不败之地。

2. 建立企业文化，树立品牌价值思想

文化是品牌的灵魂，品牌也是一种文化。创建物业服务品牌，必须以企业文化建设为基础，建设富有物业企业特色的服务文化。企业文化是企业的价值理念，也是企业文化聚焦独特的企业品牌形象，将企业文化在“抽象”中升华。企业品牌的“外”在表现是企业形象，“内”在蕴藏却是企业文化，“内与外”是互为条件、相互作用、相互依存、相互影响的。这种企业精神的内涵，就是一种具有特质的企业文化。

3. 提高物业服务人员的素质

物业服务这个 21 世纪的朝阳产业越来越受到关注。与体制相关，联系到行业的整合以及加入 WTO 的背景，被视为物业服务业软肋的人才问题显得越发严重。当今社会尤其是物业服务行业，学科交叉，知识融合，技术集成。每个人都要提高自身的综合素质，即要拓宽知识面，又要不断调整心态，变革自己的思维方式。因此，培养复合型人才，实行全员市场准入，强化复合型人才能力，将成为物业服务企业的核心竞争力所在。

4. 发展公共关系，提升物业企业形象

市场竞争不断加剧，各种交流渠道越来越畅通，使得各方面的交流日益密切和频繁，各种社会关系错综复杂，公共关系的作用也越来越受到广泛的重视。一个企业要发展，优质的产品和服务是基础，同时还应该创造出良好的社会关系和社会舆论环境，公共关系对企业的发展有着举足轻重的作用，如能有效引入物业服务行业，将会对物业服务企业塑造良好的企业形象，走上良性发展道路，起到较大的促进作用，赢得更好的社会和经济效益。企业的公共关系分为员工关系、金融界关系、供销关系、社区关系、新闻界关系等。

5. 积极参与市场竞争

物业管理行业正面临着日趋激烈的市场竞争，企业要生存发展，拓展市场，就必须不断提高自身的市场竞争力，形成品牌效应以及强有力的核心竞争力。物业企业竞争力是物业企业在经济世界中赖以生存、发展和壮大的优势所在。企业要想延长其寿命，就必须培育和发展那些能够形成竞争力的核心要素。

6. 制订物业形象发展战略

物业企业的形象发展战略就是企业发展的航向标，只有在明确的发展规划的指导下，物业服务企业形象才能更好的塑造。全面加强企业形象建设，全方位、多层次、高水平地重塑物业

企业形象，是物业企业成功的必经之路。物业企业在市场经济条件下新的经营战略更说明重塑自身形象的紧迫性和重要性。应当从产品形象、人员形象、风格形象和公众内心形象等企业形象构成的诸方面去认识其薄弱点，对症下药，找准突破口，结合物业企业实际和未来发展趋势，去实施新形象发展战略。

【案例8-4】

漏水的房子

场景：张珊是某物业公司客户服务中心的客户经理，负责来自业主投诉的接待和处理，今天，刚上班就接待了一位投诉房子漏水的客户。

客户角色：投诉自家房屋漏水的业主。

“经理呢，经理呢，经理呢！”

“请问先生你有什么事，有什么需要我帮忙的吗？”

“帮忙?！我家的房子都快变成游泳池了，你说怎么办？”

“对不起，您先别着急，我帮您解决，您请先坐下来慢慢说。”

“我不坐，又不是你们家，你当然不着急！”

张珊起身转过来，“我知道您很着急，可是您要跟我说清楚我才知道怎么帮您呀”。（倒杯水）“来，您先消消气，喝杯水，坐下来，您慢慢说。”客户很不情愿地坐了下来，喝了口水。

“请问您贵姓?”“我姓王！”“噢，王先生，来，您给我说说您的房子出现了什么问题。”

“什么问题，就是你们开发商欺骗消费者，我花了100多万买你们的房子，当初买房的时候你们跟孙子似的，屁股后面跟着我，把我们家的电话都快打爆了，花言巧语地把你们这座破楼的质量吹得跟皇宫似的，我就上了你们的当，出了事儿再找你们，我才知道我成孙子了！”

“对不起，王先生，您的心情我很理解，您请放心，我会竭尽全力帮您解决的，您能不能先告诉我您的房子怎么了？”

“上个月我才搬进去，住了还没到3个星期，上礼拜下雨，我就发现墙壁渗水，我新贴的壁纸洇了一大片，我就打电话给你们物业，你们也不知道是谁告诉我，说当时没工人，第二天来，结果第二天又说没人，第三天才派了两个人上我家，查完后说是房子的外墙有问题，帮我又做了一遍防水，说没事了，谁知道他真修了还是假修了，结果前天下雨后又漏了，我气得又打电话，然后他们告诉我，那是施工质量的事，他们管不了，让我找开发商，我就说你们收我的物业费，凭什么让我去找，他们就说因为这和他们没关系，我都快被他们给气疯了，你说这怎么办？我要退房！”

“对不起，王先生，您别生气，真照您这么说，物业公司服务态度就有问题，我首先代表公司向您赔礼道歉，您放心，我现在想办法马上帮您解决！”

【案例点评】用户因对服务不满，通过来电、来访、来函等方式向有关部门反映的行为称之为投诉。物业服务投诉原因涉及物业布局与配套、房屋质量、物业服务与费用、突发事件、相邻关系等方面。要有效处理好客户投诉，首先必须弄清投诉的真正原因，掌握处理投诉的总原则：“先处理感情，后处理事件”。通过不断改善公司同客户的双边关系，最后架起更为信任的友谊桥梁，使问题变得更易于解决。

接受客户投诉时，应首先站在客户的角度思考问题，急客户之所急，想客户之所想，尽量考虑周到。一般不要轻易对客户许诺，一旦许诺就必须守信，按照约定期限解决问题，不能解决的，应立即向上级或相关部门反映，并及时跟踪，并向客户反馈问题解决的进度，直至最后解决问题。处理问题时，如客户觉得不满意，要及时道歉，请求对方谅解，可说“请您原谅”“请您多包涵”，同时要配合适当的补偿行为，对客户的表扬要婉言感谢。

物业服务企业在受理客户投诉时，除了要做到文明礼貌、热情友善、耐心周到、语言谦恭等要求外，还应遵循如下原则：责任原则，即“谁受理、谁跟进、谁回复”；记录原则；及时原则；彻底原则；真心诚意地帮助客户解决问题；把“对”让给客户；不损害公司的利益。

物业服务企业按照服务礼仪规范处理投诉的技巧可以归结如下：①耐心倾听，不与争辩；②详细记录投诉内容；③重复投诉问题，加强交流与沟通；④确定物业服务投诉的性质；⑤尽快处理投诉内容；⑥把投诉处理的结果直接反馈给客户；⑦感谢客户的意见和建议。

在本例中，我们可以看到客户经理在接到客户投诉时，一开始关注的不是问题本身，而是客户愤怒的心情，当她通过道歉，耐心说服，表示理解，然后复述客户的情感以后，客户的音量逐渐相应地变小，然后再变小，逐渐变得平和下来，这时再来解决问题就相对顺利得多。由此可见，服务礼仪在润滑矛盾冲突，平衡人际关系方面发挥着无可替代的作用。

本章小结

本章主要介绍了物业服务企业企业资金管理，物业服务企业人力资源管理，物业服务企业的公共礼仪、企业文化与企业形象塑造的基本内容。物业服务企业收缴物业服务费用之前必须对物业服务成本进行合理的测算，进而确定物业服务收费的标准；制定灵活的收缴办法和合理有效地使用资金。物业管理人员应具有爱岗敬业、诚实守信、遵纪守法等职业道德，还需要具备现代物业管理专业知识和相关技能，还要有良好的身体素质，取得相关职业资格。另外，员工的招聘的标准、员工招聘的来源与方法、员工招聘的程序方法，员工解聘的原因、员工的不得解聘情形、员工的解聘的程序及方法，员工培训的意义、员工培训的原则、员工培训的内容、员工培训的形式，员工考核的作用、员工考核的内容也是本单元的学习内容。最后，物业服务企业的人员必须符合一定的基本形象要求，包括一般礼仪、与客户交往礼仪、语言礼仪等。另外，企业文化和企业品牌的塑造对物业服务企业来说也相当重要。

学习检测

一、不定项选择题

1. 在预收的物业管理费中按约定比例或约定数额提取酬金支付给物业管理企业的计费方式是(　　)。

A. 酬金制　　B. 分成制　　C. 包干制　　D. 分红制

2. 由业主向物业管理企业支付固定的物业服务费用的计费方式是(　　)。

A. 酬金制　　B. 分成制　　C. 包干制　　D. 分红制

3. 专项维修资金属于(　　)所有。

A. 全体业主　　B. 行政管理部门　　C. 物业公司　　D. 建设单位

4. 物业管理员工考核通常采用(　　)等方法。

A. 定性考核法　　B. 物质奖励法　　C. 定量考核法　　D. 目标考核法

5. 物业服务企业的营业成本包括(　　)。

A. 直接人工费　　B. 直接材料费

C. 间接费用　　D. 企业业务支出

6. 物业管理企业的利润总额为(　　)。

A. 营业利润　　　B. 电梯广告收益

C. 营业外收支净额　　　D. 投资净收益　　　E. 补贴收入

7. 物业服务成本或者物业服务支出构成因素包括(　　)。

A. 管理服务人员的工资、社会保险和奖金

B. 物业共用部位、共有设施设备的日常运行、维护费用

C. 办公费用、物业服务企业固定资产折旧费

D. 物业共用部位、共有设施设备及公众责任保险费用

E. 物业服务企业财产保险费

8. 关于员工奖励,不适宜的做法是(　　)。

A. 奖励及时　　　B. 奖励的方式固定不变

C. 奖励程度要与员工的贡献相称

D. 把物质奖励与精神奖励有机结合起来

9. 下列关于酬金制和包干制的说法中,正确的包括(　　)。

A. 包干制是指业主向物业服务企业支付固定物业服务费用,盈余或者亏损均由物业服务企业承担

B. 酬金制条件下,物业服务企业的经济利益按固定数额或者固定比例收取的酬金

C. 包干制条件下,物业服务企业的利润是固定的

D. 酬金制条件下,物业服务企业的利润是固定的

10. 关于专项维修资金(　　)的说法正确的包括。

A. 购买商品房的,由购买人缴纳维修资金,并归全体业主所有

B. 购买公有住宅的,维修资金依据规定由售房单位和购房人共同筹集,归购房人所有

C. 新建商品房在质保期内,不能用维修资金用于维修开支

D. 维修资金闲置期间,可以用以购买股票让其增值

二、简答题

1. 简述物业管理企业员工招聘正确的招聘步骤。

2. 物业服务企业人员的基本形象要求有哪些?

3. 为什么物业服务企业需重视企业文化和企业品牌的塑造?

三、案例分析题

1. 2015 年 3 月,某广告公司入住某小区 A1 栋别墅,2015 年 3 月至 7 月,该广告公司应交纳物业服务费 2296 元,水电费 1543 元。然而,2015 年 5 月 4 日,该广告公司发现有人进入公司窃取了价值 1 万元左右的财物,立即报案。当久佳物业管理公司向该广告公司收取物业服务费等费用时,该广告公司以物业管理公司单方面违约,未能履行好治安管理职责为由,拒绝交纳物业服务费和水电费。双方为此发生纠纷,物业管理公司以该广告公司拒付所欠费用为由诉至法院。

问题:

(1)该广告公司是否可以拒付所欠物业服务费和水电费?

(2)物业管理公司应当怎样处理广告公司拒交物业服务费的问题?

2. 某住宅小区实行业主用燃气卡买气的消费方式。2015年2月16日上午，两名业主到物业管理公司购买天然气。因这两名业主长期不交纳物业服务费，物业管理公司拒绝向这两名业主出售天然气，双方发生争执。在争执中，业主损坏了物业管理公司的办公用品。物业管理公司最终也没卖给业主天然气，而且要求业主赔偿损坏的物品。

问题：

(1)物业管理公司的做法是否妥当？为什么？

(2)物业管理公司应该怎样妥善解决上述问题？

综合实训

【实训目的】

让学生更好地掌握作为物业企业服务人员所必须遵守的站姿。

【实训内容和要求】

1. 学生应身穿职业服、半高跟鞋在一间空教室里排队站立。按照站姿的基本要求练习。老师不断提醒动作要领，并逐个纠正。学生进行自我调整，尽量用心去感觉动作要领。训练时可放些优雅、欢快的音乐，调整学生的心境，使微笑要自然。每次训练20分钟左右。

2. 贴墙站立。要求学生后脚跟、小腿、臀、双肩、后脑勺都紧贴墙。这种训练是让学生，感受到身体上下处于一个平面。

3. 背对背站立。要求两人一组，背对背站立，双人的小腿、臀部、双肩、后脑勺都贴紧。两人的小腿之间夹一张小纸片，不能让其掉下。每次训练20分钟左右。

4. 站姿训练可结合微笑进行，强调微笑的准确、自然、始终如一，可配上优扬、欢乐的音乐以调整学生的心境。

【成果与检测】

1. 学生分小组上台演练，按照站姿的基本要求练习；

2. 老师分别点评各组成员站姿是否符合标准，提出存在的问题和需要改进的方面。

学习情境九 物业管理服务风险防范与紧急事件

学习目标

【知识目标】

1. 了解物业管理风险的内容；

2. 掌握物业管理风险防范的措施。

【能力目标】

具备应对物业管理风险防范的能力。

【技能目标】

具备典型紧急事件的处理的技能。

情境导入

2015 年 3 月 10 日上午 10 点左右，某小区物管中心接到住户报告，该小区五幢二单元楼道中弥漫有煤气味。物管维修人员赶赴现场发现煤气是由该单元 301 室溢出。但业主不在家，发出通知后业主返回。

请问：你作为物业服务人员，接到业主报案后应当如何处理？发生易燃气体泄漏事件情况严重时，我们应采取何种紧急措施？

学习单元一　物业管理风险的内容及防范管理

物业管理涉及关系复杂，风险无时无处不在。物业管理风险如果不加以妥善合理防范，在一定条件下就有可能演化为突发的、影响比较大的紧急事件。因此，物业管理风险的合理防范和紧急事件的有效处置，是物业管理企业普遍面临且无法回避的问题。

一、风险与物业管理风险的概念

风险是指因未来的不确定性所带来的可能损失，是收益或结果偏离期望值或平均值的可能性。物业管理风险是指物业管理企业在服务过程中，由于企业或企业以外的自然、社会因素所导致的应由物业管理企业承担的意外损失。

物业管理的风险类型包括早期介入的风险、前期物业管理的风险和日常管理的风险。其中，日常管理风险按行为主体分类，可包括业主(或物业使用人)在使用物业和接受物业服务过程中的风险、物业管理项目外包服务过程中的风险、市政公用事业单位服务过程中的风险、物业管理员工服务过程中的风险和公共媒体宣传报道中的舆论风险等。

二、物业管理风险的内容

(一)早期介入的风险

早期介入的风险主要包括项目接管的不确定性带来的风险和专业服务咨询的风险。

1. 项目接管的不确定性带来的风险

有的物业管理企业在还没有确定取得项目接管权的时候,就投入了较多的人力、物力和财力。但因为种种原因,最终未被建设单位选聘,物业管理企业不仅蒙受人、财、物的损失,企业的品牌形象也受到了损害。

2. 专业服务咨询的风险

早期介入涉及面广、时间长、技术性强、难度高,当物业管理企业不具备足够的具有相当专业技术能力和物业管理操作经验的人员全过程参与时,难以发现在项目规划设计和施工等方面存在的隐患和问题,其提供的专业咨询意见和建议也可能出现不足和偏差。此外,如果不能与建设、施工和监理单位有良好的沟通和配合,早期介入提出的合理化建议将得不到重视和采纳。以上两个方面都有可能导致物业建成后管理运作中的一定风险。

(二)前期物业管理的风险

前期物业管理的风险有许多方面,但最主要的是合同风险。合同风险具体包括以下三个方面:

1. 合同期限

根据《合同法》第四十五条规定:“当事人对合同的效力可以约定附条件。附生效条件的合同,自条件成就时生效。附解除条件的合同,自条件成就时失效”,前期物业服务合同是附解除条件的合同,《物业管理条例》26 条规定:“期限未满、业主委员会与物业管理企业签订的物业服务合同生效的,前期物业服务合同终止”。因此,前期物业管理合同的期限具有不确定性,物业管理企业随时有可能被业主大会解聘。一旦被提前解约,企业对物业管理项目的长期规划和各种投入将付诸东流,企业将蒙受损失。但如果企业过多局限于这一因素,致使前期的规划和投入不到位,可能会带来操作上的短期行为,也会引发业主(或物业使用人)与物业管理企业的矛盾和冲突。

2. 合同订立的风险

在订立前期物业服务合同时,物业建设单位居于主导方面。而且物业相关资料的移交,物业管理用房、商业经营用房的移交,空置房管理费缴纳等均需要物业建设单位的支持与配合。因此,建设单位在与物业管理企业订立前期物业服务合同时,可能会将本不该由物业管理企业承担的风险转嫁给物业管理企业。此外,一些物业管理企业为了取得项目管理权,在签订合同时盲目压低管理费用,这将影响到接管项目后正常经营的维持;一些物业管理企业在签订合同时没有清晰约定有关责任,或忽视免责条款,甚至作出一些难以实现的承诺,致使在接管后发生不测事件(家中财产被盗、人员伤亡等)时,处于被动局面,在合同内容上的疏忽都有可能成为业主向物业管理企业索赔的理由。

3. 合同执行的风险

前期物业服务合同是具有委托性质的集体合同,由建设单位代表全体业主与物业管理企业签订。虽然这种合同订立行为是法规规制的结果,但在业主入住和合同执行的过程中,由于缺乏相应法规知识或其他原因,可能会发生对前期物业服务合同的订立方式、合同部分条款和内容不认同、不执行,从而引发业主与物业管理企业之间的纠纷。

前期物业服务阶段处于各种矛盾交织的特殊时期,工程遗留的质量问题、设施设备调试中未妥善解决等问题,都会影响业主正常生活。由此引发的对前期合同的争议和纠纷,若处理不当,将会诱发管理风险。

(三)日常物业管理的风险

日常物业管理的风险包括两个方面:一是业主(或物业使用人)在使用物业和接受物业服务过程中存在的风险;二是物业管理日常运作过程中存在的风险。

1. 业主使用物业、接受服务中发生的风险

(1)物业违规装饰装修带来的风险。

业主(或物业使用人)违规装饰装修,不仅会造成物业共用部位损坏、安全隐患和邻里纠纷等,增加物业管理的运行、维修和维护成本,还会使物业管理企业承担一定的物业装饰装修管理责任。

(2)物业使用带来的风险。

在物业日常使用过程中,业主(或物业使用人)对物业使用出现不当行为和不当使用的情况,如高空抛物、改变物业使用功能、堵塞消防通道、损毁共用设施设备和场地等,是难以确定责任人的;或业主(或物业使用人)因物业的“瑕疵或当事人的疏忽”而发生意外事故,造成他人人身伤害或财产损失的情况下,物业管理企业就要承担一定的法律责任风险。

(3)法律概念不清导致的风险。

在公共安全、人身财产的保险和财产保管方面,业主(或物业使用人)往往对物业管理安全防范主体的责任认识不清,误将本应由公安机关或业主自身承担的安全防范责任强加给物业管理企业,导致物业管理企业与业主(或物业使用人)纠纷增加,物业管理企业为此投入大量的人力、财力和物力造成不必要的消耗,承担额外责任。

2. 物业管理日常运作过程中存在的风险

(1)管理费收缴风险。

业主(或物业使用人)由于各种原因缓交、少交或拒交管理费,是物业服务活动中比较突出的问题。由于物业管理企业普遍缺乏有效的追缴手段,收费风险是物业日常管理服务常见的风险之一。

(2)替公用事业费用代收代缴存在的风险。

在公用事业费用(如水电费等)的代收代缴以及公共水电费分摊中,物业管理单位居于收取和缴纳的中间环节,如业主(或物业使用人)不及时、不足额缴纳相应费用,势必导致物业管理企业蒙受经济损失,承担其不应有的风险。

(3)管理项目外包存在的风险。

物业管理服务项目外包是物业管理运作中常见的现象。在对项目外包单位的选择,以及合同订立、实施管理的诸多环节中,物业管理企业虽然可采取多种手段加以控制,但潜在和不确定的因素依然存在。如选择的专业公司履约时,专业服务行为不符合物业管理服务要求,虽然物业管理企业可通过要求整改予以解决,但其后果往往是业主(或物业使用人)仍将责任归咎于物业管理企业。

(4)物业管理员工服务存在的风险。

物业管理企业未能履行物业服务合同的约定，导致业主人身、财产安全受到损害的，要承担相应的法律责任。由于员工违规操作引发的问题，按照法律上称为的“雇主责任”，物业管理企业也将承担其属下员工不当行为的赔偿责任。

(5)公共媒体在宣传报道中的舆论风险。

在物业管理操作中，由于物业管理服务不到位、矛盾化解不及时、投诉处理不当和与各方沟通不及时等，均有可能导致物业管理的舆论风险。舆论风险不仅会影响物业管理企业的品牌形象，而且会给物业管理企业带来经济上的损失。

三、物业管理风险防范的措施

在物业管理活动中，风险是客观存在和不可避免的，在一定条件下还带有某些规律性。虽然不可能完全消除风险，但可以通过努力把风险缩减到最小的程度。这就要求物业管理企业主动认识风险，积极管理风险，有效地控制和防范风险，以保证物业管理活动和人们生活正常进行。

物业管理风险防范的具体措施应根据物业管理活动时间、地点和情况的不同区别处理，总体而言，物业管理风险防范可从以下六个主要方面进行把握：

(1)物业管理企业要学法、懂法和守法，物业管理相关合同在订立前要注重合同主体的合法性，合同服务的约定应尽可能详尽，避免歧义。在合同订立中要明确相关服务标准、服务质量、收费事项、违约责任、免责条件和纠纷处理的方式等。在参与投标、接管项目和提供服务等各个环节中自觉执行物业管理相关法律法规，并充分运用法律武器保护自身的合法权益，切实提高风险防范的法律意识、合同意识、公约意识和服务意识。

(2)物业管理企业要抓制度建设、抓员工素质和抓管理落实，建立健全并严格执行物业管理企业内部管理的各项规章制度和岗位责任制，不断提高员工服务意识、服务技能和风险防范意识，通过机制创新、管理创新和科技创新改进经营管理方式，提高管理水平和效率，降低运营成本，增强企业自身的市场竞争能力和抵御风险能力。管理中要特别注意对事故隐患的排除，在服务区域的关键位置，设立必要的提示和警示标牌，尽可能避免意外事件的发生。

(3)妥善处理物业管理活动相关主体间的关系。

①妥善处理与业主的关系。物业管理企业在向业主提供规范、到位、满意服务的同时，应通过业主公约、宣传栏等形式向业主广泛宣传物业管理的有关政策，帮助业主树立正确的物业管理责任意识、消费意识和合同意识，使他们既行使好权利，又承担相应的义务。

②妥善处理与开发建设单位的关系。物业管理企业要通过加强早期介入，帮助建设单位完善物业项目设计，提高工程质量，节约建设资金等，努力引导建设单位正确认识物业管理活动。

③妥善处理与市政公用事业单位及专业公司的关系。按照《物业管理条例》第四十五条的规定，在物业管理区域内，供水、供电、供气、供热、通信、有线电视等单位应当向最终用户收取有关费用。物业管理企业应当按此规定，与有关单位分清责任，各司其职。对分包某项专业服务的清洁、绿化等专业公司，要认真选聘，严格要求，并在分包合同中明确双方的责任。

④妥善处理与政府相关行政主管部门、街道办和居委会的关系，积极配合各级政府主管部门的工作，主动接受行政主管部门、街道办、居委会对服务工作的指导和监督。

(4)物业管理企业应重视企业的宣传，建立舆论宣传的平台，树立企业良好的形象。要与政府、行业协会、业主大会和新闻媒体等相关部门建立良好的沟通与协调机制。在风险与危机发生后，应当从容应对，及时妥善处理，做好相关协调工作，争取舆论支持，最大限度地降低企业的经济和名誉损失。

(5)适当引入市场化的风险分担机制。比如为其接管物业的共用设施设备购买保险，若发生楼宇外墙墙皮脱落伤及行人或砸坏车辆等意外事件，由保险公司承担相应赔偿责任。

(6)风险管理是一门新兴的管理学科，它是以观察实验、经验积累为基础，科学分析为手段。因此，物业管理企业要重视研究风险发生的规律，加强控制和防范风险的能力。应当建立事前科学预测、事中应急处理和事后妥善解决的风险防范与危机管理机制，把握风险的规律性，引入先进的风险管理技术规避、转移和控制风险，并针对不同类型的物业管理风险建立相应的应急预案来防范风险和应对紧急事件。

学习单元二　紧急事件处理

一、紧急事件

(一)概念

物业管理紧急事件，是物业管理服务活动过程中突然发生的，可能对服务对象、物业管理企业和公众产生危害，需要立即处理的事件。

(二)紧急事件的性质

(1)紧急事件能否发生、何时何地发生、以什么方式发生，发生的程度如何，均是难以预料的，具有极大的偶然性和随机性。

(2)紧急事件的复杂性不仅表现在事件发生的原因相当复杂，还表现在事件发展变化也是相当复杂的。

(3)不论什么性质和规模的紧急事件，都会不同程度地给社区、企业和业主造成经济上的损失或精神上的伤害，危及到正常的工作和生活秩序，甚至威胁到人的生命和社会的和谐。

(4)随着现代科技的发展和人类文明程度的提高，人们对各种紧急事件的控制和利用能力也在不断提高。

(5)面对突如其来的、不可预见的紧急关头或困境，必须立即采取行动以避免造成灾难和扩大损失。任何紧急事件都有潜伏、暴发、高潮、缓解和消退的过程，抓住时机就可能有效地减少损失。面临紧急情况要及时发现、及时报告、及时响应、及时控制和及时处置。

物业管理企业在处理紧急事件的过程中，通过对处理原则、处理程序和处理策略的正确理解和运用，将更有助于有效地处理好紧急事件，降低物业管理风险。

二、处理紧急事件的要求

对于紧急事件的处理，要做到以下几方面：

(1)在发生紧急事件时，企业应尽可能努力控制事态的恶化和蔓延，把因事件造成的损失减少到最低限度，在最短的时间内恢复正常。

(2)在发生紧急事件时,管理人员不能以消极、推脱甚至是回避的态度来对待,应主动出击,直面矛盾,及时处理。

(3)随着事件的不断发展、变化,对原订的预防措施或应对方案要能灵活运用,要能随各种环境与条件的变化而有针对性地提出有效的处理措施和方法。

(4)在紧急事件发生后应由一名管理人员做好统一的现场指挥,安排调度,以免出现“多头领导”,造成混乱。

(5)处理紧急事件应以不造成新的损失为前提,不能因急于处理,而不顾后果,造成更大损失。

三、紧急事件的处理过程

(一)事先准备

1. 成立紧急事件处理小组

紧急事件处理小组应由企业的高层决策者,公关部门、质量管理部门、技术部门领导及法律顾问等共同参加。

2. 制订紧急事件备选方案

紧急事件处理工作小组必须细致地考虑各种可能发生的紧急情况,制订相应的行动计划,一旦出现紧急情况,小组就可按照应急计划立刻投入行动。对物业管理常见的紧急事件,不仅要准备预案,而且针对同一种类型的事件要制订两个以上预选方案。

3. 制订紧急事件沟通计划

紧急事件控制的一个重要工作是沟通。沟通包括企业内部沟通和与外部沟通两个方面。

(二)事中控制

在发生紧急事件时,首先必须确认危机的类型和性质,立即启动相应行动计划;负责人应迅速赶到现场协调指挥;应调动各方面的资源化解事件可能造成的恶果;对涉及公众的紧急事件,应制订专人向外界发布信息,避免受到干扰,影响紧急事件的正常处理。

(三)事后处理

对于紧急事件的善后处理,一方面要考虑如何弥补损失和消除事件后遗症;另一方面,要总结紧急事件处理过程,评估应急方案的有效性,改进组织、制度和流程,提高企业应对紧急事件的能力。

四、典型紧急事件的处理

在物业管理服务过程中经常会面临的紧急事件有火警、气体燃料泄漏、电梯故障、噪声侵扰、电力故障、浸水漏水、高空坠物、交通意外、刑事案件和台风袭击等。面对不同的紧急事件,在物业管理服务过程中应采取不同的处理措施。

(一)火警

(1)了解和确认起火位置、范围和程度;

(2)向公安消防机关报警;

(3)清理通道,准备迎接消防车入场;

(4)立即组织现场人员疏散,在不危及人身安全的情况下抢救物资;

(5)组织义务消防队,在保证安全的前提下接近火场,用适当的消防器材控制火势;

(6)及时封锁现场,直到有关方面到达为止。

【案例9-1】某日上午9:30左右,控制中心收到报警,发现C座六楼厨房附近窗户有浓烟冒出。中心立即通知安防员携带消防工具赶到现场,并及时关闭了六楼的电源总开关及燃气总阀,来到单元门口时正遇业主返回,便协助业主迅速打开房门,此时屋内烟雾较大,厨房基本已经被浓烟覆盖。安防员迅速打开各窗户,在做好自我防护措施后进行灭火操作。事后确定是消毒柜短路引发火灾。

由于发现及时,当值安防员在监控中心指挥下,快速赶到事发地将火扑灭。此次火灾烧毁了部分橱柜及一些餐具等,部分天花板被熏黑。由于扑救及时,未对业主财产造成更大损失。

【案例分析】物业管理单位工作到位,安全员训练有素,处理方式正确果断,避免了更大的损失。

(二)燃气泄漏

(1)当发生易燃气体泄漏时,应立即通知燃气公司;

(2)在抵达现场后,要谨慎行事,不可使用任何电器(包括门铃、电话、风扇等)和敲击金属,避免产生火花;

(3)立即打开所有门窗,关闭燃气闸门;

(4)情况严重时,应及时疏散人员;

(5)如发现有受伤或不适者,应立即通知医疗急救单位;

(6)燃气公司人员到达现场后,应协助其彻底检查,消除隐患。

(三)电梯故障

(1)当乘客被困电梯时,消防监控室应仔细观察电梯内情况,通过对讲系统询问被困者并予以安慰;

(2)立即通知电梯专业人员到达现场救助被困者;

(3)被困者内如有小孩、老人、孕妇或人多供氧不足的须特别留意,必要时请消防人员协助;

(4)督促电梯维保单位全面检查,消除隐患;

(5)将此次电梯事故详细记录备案。

【案例9-2】某建设单位在售房期间,为方便购房人上下,提前使用了电梯。在此期间出现了电梯困人事件。

请问:

1. 当电梯困人时,电梯工应采取何种紧急处理措施?

2. 电梯故障的后续处理,应做好哪些工作?

【案例分析】

1. 当电梯困人时,处理措施如下:首先通过电梯对讲机或其他方式安抚被困乘客,稳定乘客情绪。同时告知乘客不要自行采取措施,以免出现意外。同时要立即联系其他电梯工盘车解救被困乘客。

2. 电梯故障的后续处理工作有:

(1)在解救被困乘客后,乘客若有不适应立即联系建设单位送乘客入院检查,相关费用由建设单位承担;

(2)将电梯困人情况书面报告建设单位;

(3)建议建设单位对故障电梯立即进行必要检查和修理;

(4)故障电梯在检查检修前应暂停使用。做好电梯安全防护,同时在现场设立标牌、标识,以警示乘客避免意外。

(四)噪声侵扰

(1)接到噪声侵扰的投诉或信息后,应立即派人前往现场查看;

(2)必要时通过技术手段或设备,确定噪声是否超标;

(3)判断噪声侵扰的来源,针对不同噪声源,采取对应的解决措施;

(4)做好与受噪声影响业主的沟通、解释。

【案例 9-3】某小区一业主反映每天晚上后半夜在家里听到“嗡嗡”的声音,影响入睡,于是向物业管理单位反映,希望得到及时处理。

接到业主反映后,物业管理单位派人到业主家里检查。首先怀疑是电梯运行所致,经测试噪声不超标,且后半夜电梯几乎停用,不发出噪声。为进一步验证,又将电梯在晚上十点后停止运行,业主反映当晚仍有噪声干扰。经进一步排查,噪声源最后锁定在住户卫生间排水管,该排水管与发生共振的二次供水加压水管接触,加压水管共振由水泵电源故障所致,于是通知负责小区供水系统运行的自来水公司处理,噪声得以消除。

【案例分析】业主投诉后,应及时查找原因,逐个排除。由于此案例系自来水公司工作失误造成的,物业管理单位应加大监督力度,跟踪服务。

(五)电力故障

(1)若供电部门预先通知大厦/小区暂时停电,应立即将详细情况和有关文件信息通过广播、张贴通知等方式传递给业主,并安排相应的电工人员值班。

(2)若属于因供电线路故障,大厦/小区紧急停电,有关人员应立即赶到现场,查明确认故障源,立即组织抢修;有备用供电线路或自备发电设备的,应立即切换供电线路。

(3)当发生故障停电时,应立即派人检查确认电梯内是否有人,做好应急处理;同时立即通知住户,加强消防和安全防范管理措施,确保不至于因停电而发生异常情况。

(4)在恢复供电后,应检查大厦内所有电梯、消防系统、安防系统的运作情况。

(六)浸水、漏水

(1)检查漏水的准确位置及所属水质(自来水、污水、中水等),设法制止漏水(如关闭水阀);

(2)若漏水可能影响变压器、配电室和电梯等,通知相关部门采取紧急措施;

(3)利用现有设备工具,排除积水,清理现场;

(4)对现场拍照,作为存档及申报保险理赔证明。

【案例 9-4】业主张小姐电话报称家中厨房的地漏冒水。维修工小黄带了设备赶到张小姐家并用吸泵试图抽通地漏。但因地漏堵得很死,需用疏通机器才能打通。按公司规定,使用疏通机须收取 30 元费用。当小黄向张小姐提及费用时,张小姐不同意,认为主水管堵塞不应收费,并电话投诉小黄。

请问：

1. 小黄应如何处理与张小姐的矛盾？

2. 在物管工作中处理业主投诉的方法有哪些？

【案例分析】

1. 小黄可这样来处理同张小姐的矛盾：

(1)按规定，主水管堵塞的疏通责任由物业公司承担，支水管堵塞的疏通费用和责任应由业主承担。若物业公司代为疏通，则应收取有偿服务费用；

(2)小黄可采取婉转沟通策略，进行疏通试验，并向张小姐加以约定和说明，若主水管堵塞，疏通后不收一分钱；若支水管堵塞，疏通后需支付维修费用；

(3)双方达成协议后，尽快疏通，帮助业主解决积水问题。疏通后，按规定向张小姐收取疏通费用。

2. 在物管工作中，处理业主投诉的方法有：

(1)耐心倾听，不与争辩；

(2)详细记录，确认投诉；

(3)真诚对待，冷静处理；

(4)及时处理，注重质量；

(5)总结经验，改善服务。

(七)高空坠物

(1)在发生高空坠物后，有关管理人员要立即赶到现场，确定坠物造成的危害情况。如有伤者，要立即送往医院或拨打急救电话；如造成财物损坏，要保护现场、拍照取证并通知相关人员。

(2)尽快确定坠落物来源。

(3)确定坠落物来源后，及时协调受损/受害人员与责任人协商处理。

(4)事后应检查和确保在恰当位置张贴“请勿高空抛物”的标识，并通过多种宣传方式，使业主自觉遵守社会公德。

【案例 9－5】某小区徐先生喜欢在三楼的阳台上养花。一天一只猫从另一个阳台跳到徐先生的花盆上，使花盆重心偏移掉下去，正好砸在过路的吴女士头上，吴女士当场被砸昏，被行人送往医院。医院诊断为吴女士头部重伤。伤愈后，吴女士向徐先生提出赔偿，徐先生说花盆是猫弄下的，他不应负责。吴女士找到物业公司赔偿，物业公司称是徐先生的花盆将其砸伤的，与其无关。

请问：花盆砸伤吴女士，徐先生和物业公司有无赔偿责任？

【案例分析】徐先生和物业公司都应承担赔偿责任。这是根据民法通则第一百二十六条“建筑物及其建筑物上的搁置物、悬挂物发生倒塌、脱落、坠落造成他人伤害的，它的所有人或应当承担民事责任，但能够证明自己没有过失的除外”的规定。可见徐先生及物业公司都应承担赔偿责任，假如物业公司曾对徐先生进行过劝阻并有劝阻证据，证明自己没有过失则可免去责任。

(八)交通意外

(1)在管理区域内发生交通意外事故，安全主管应迅速到场处理；

(2)有人员受伤应立即送往医院，或拨打急救电话；

(3)如有需要,应对现场进行拍照,保留相关记录;

(4)应安排专门人员疏导交通,尽可能使事故不影响其他车辆的正常行驶;

(5)应协助有关部门尽快予以处理;

(6)事后应对管理区域内交通路面情况进行检查,完善相关交通标识、减速坡、隔离墩等的设置。

【案例9-6】一天,一个新取得驾照的业主将自己的车从公共车库中移位开出。但由于技术不熟练,将自己的车猛撞到车库中另一辆车上,造成另一辆车侧面受损,但开车业主并未受伤。

请问:面对这种情况我们应该如何处理?

【案例分析】面对这种情况,可进行如下处理:

(1)保护现场,并立即通知受害车主到场;

(2)如有必要,可对现场拍照,保留相关记录;

(3)对肇事车主进行询问笔录并由双方车主共同对笔录进行签字确认或通知交警部门到现场笔录;

(4)撤离现场,疏导其他车辆出入;

(5)召集双方协商解决。

(九)刑事案件

(1)物业管理单位或控制中心接到案件通知后,应立即派有关人员到现场;

(2)如证实发生犯罪案件,要立即拨打110报警,并留守人员控制现场,直到警方人员到达;

(3)禁止任何人在警方人员到达前触动现场任何物品;

(4)若有需要,关闭出入口,劝阻住户及访客暂停出入,防止疑犯乘机逃跑;

(5)积极协助警方维护现场秩序和调查取证等工作。

【案例9-7】2015年3月两名歹徒从小区后门潜入3栋104室内并将业主杀害,劫去财物若干。3栋业主发现情况后,来物业公司报案。

请问:接到业主报案,物业公司应当如何处理?

【案例分析】接到报案,物业公司可进行如下处理:

(1)接到业主报案,物业公司应立即派安防负责人到现场察看,了解情况;

(2)如发生犯罪事件,立即拨打110报警,并派安防员保护现场直到警员到达;

(3)协助警员维护现场秩序和进行调查取证工作;

(4)协助警方处理事件和善后工作。

(十)台风袭击

(1)在公告栏张贴台风警报;

(2)检查和提醒业主注意关闭门窗;

(3)检查天台和外墙广告设施等,防止坠落伤人,避免损失;

(4)检查排水管道是否通畅,防止淤塞;

(5)物业区域内如有维修棚架、设施等,应通知施工方采取必要防护和加固措施;

(6)有关人员值班待命,并做好应对准备;

(7)台风过后要及时检查和清点损失情况,采取相应措施进行修复。

物业管理风险分析与防范

一、物业管理风险分析

物业管理的风险分很多种，从管理阶段来说分为前期介入接管风险和日常物业管理的风险，有效地降低前期介入接管的风险是为了降低日常物业管理的风险，有效地降低日常物业管理的风险是为了物业公司长期的稳定发展。前期是早期介入和前期物业管理，时限应该是开始建楼到业主装修完入住以后3个月左右。首先说早期介入，这个阶段涉及面广、时间长、技术性强、难度高，当物业公司不具备足够的具有相当专业技术能力和物业管理操作经验的人员全过程参与时，难以发现在项目规划设计和施工等方面存在的隐患和问题，会对日后的日常物业管理埋下隐患。再说前期物业管理，最主要的是合同风险和印象风险，物业管理合同和其他合同最大不同的地方就是“一次性”。为什么这么说，按现阶段的现状来讲，合同一旦订立，修改的可能性不是很大，因为业主众多，修改的过程繁琐，即使修改成功也会对物业公司产生负面影响。印象风险就好比刚刚认识的两个人，第一印象都会对以后的交往产生重要作用，前期物业管理处于物业公司与业主相互了解阶段，也是各种矛盾交织的特殊时期，工程遗留的质量问题、设施设备调试、业主装修等问题，都会影响业主正常生活，从而影响到日后的物业管理工作。由此可见，如不重视前期物业管理，将会引发管理风险。日常物业管理的风险是物业公司经营过程中的绊脚石，有效地降低日常物业管理的风险可以使物业公司长期、稳定发展。

日常物业管理的风险包括如下：

(1)物业使用带来的风险：不仅会造成物业共用部位损坏、安全隐维修和维护成本，还会使物业公司在物业日常使用过程中，业主(或物业使用人)对物业使用出现不当行为和不当使用的情况，如高空抛物、改变物业使用功能、堵塞消防通道、损毁共用设施设备和场地等。这些情况难以确定责任人的，即使确认了责任人物业公司一般也要承担一定的法律责任。

(2)法律概念不清导致的风险：如公共安全、人身财产的保险和财产保管方面。业主往往对物业管理安全防范主体的责任认识不清，误将本应由公安机关或业主自身承担的安全防范责任强加给物业公司，导致物业公司与业主纠纷增加，物业公司为此投入大量的人力、财力和物力造成不必要的消耗，承担额外责任。

(3)各项费用的收缴风险：业主由于各种原因缓交、少交或拒交管理费，是物业服务活动中比较突出的问题。由于物业公司普遍缺乏有效的追缴手段，收费风险是物业日常管理服务常见的风险之一，不单是物业费、供暖费，代收代缴的费用缴纳不及时势必导致物业公司蒙受经济损失，承担其不应有的风险。

(4)管理员工服务存在的风险：物业管理服务需要员工来实施，在对员工的选择及实施管理的诸多环节中，物业公司虽然可采取多种手段加以控制，但员工的工作如与物业公司不一致，虽然物业公司可通过要求整改予以解决，但其后果往往是对物业公司不利，物业公司也将承担员工不当行为的责任。

(5)公共媒体在宣传报道中的舆论风险：在物业管理活动中，由于物业管理服务不到位、矛盾化解不及时、投诉处理不当和与各方沟通不及时等，均有可能导致物业管理的舆论风险。舆论风险不仅会影响物业公司的品牌形象，而且会给物业公司带来经济上的损失。

二、物业管理风险防范

(1)物业公司应结合项目的实际情况,确定长期、中期和短期管理目标,不断总结并调整管理方向,确保管理目标的实现。加速人才培养,高度重视员工的培养教育,努力提高员工业务水平以及处理技巧,尽快形成高素质的、职业化的物业管理队伍。做好年度财务预算,积极公布财务报表,增加财务收支透明度,让业主感到物业公司帐目清楚,取得业主的信任和支持,避免多收费、少服务、少花钱以赚取最大利润的做法。

(2)提高业主对物业公司及物业管理行业的熟悉加强政策法规和消费意识的正面宣传,让业主了解物业公司收取的物业管理费是合理定价并公开透明的,达到理解、支持、配合物业公司各项举措的目的,才能更好地开展各项管理服务工作。

(3)运用法律法规保护自己,物业管理相关法规相继出台了一些配套的法律法规和规范性文件,明确了物业公司和业主双方的责任和义务,在一定程度上减少了物业管理风险的发生,物业公司要通过学法、守法,及时把握其条款及领会其精神,可以充分运用法律武器保护自身的合法权益,在签订各项合同时,明确相关方的权利、义务和责任,是规避物业管理风险的有力保障。同时,物业公司还要增强预见性、针对性,才能进一步提高自身防范和化解各种风险的能力。

(4)购买保险,除了自身提高管理水平,做到防患于未然外,为接管的物业公用部位及公用设施设备购买保险来转移和降低风险。防范因管理过程中的疏忽或过失造成经济损失。

总之,风险是一把双刃剑,物业公司只有正确地熟悉物业管理活动中存在的风险和做好风险防范措施,才能使获得良好的经济利益和长远发展。

本章小结

风险是指因未来的不确定性所带来的可能损失,是收益或结果偏离期望值或平均值的可能性。物业管理风险是指物业管理企业在服务过程中,由于企业或企业以外的自然、社会因素所导致的应由物业管理企业承担的意外损失。

物业管理的风险类型包括早期介入的风险、前期物业管理的风险和日常管理的风险。其中,日常管理风险按行为主体分类,包括业主(或物业使用人)在使用物业和接受物业服务过程中的风险、物业管理项目外包服务过程中的风险、市政公用事业单位服务过程中的风险、物业管理员工服务过程中的风险和公共媒体宣传报道中的舆论风险等。

物业管理紧急事件,是物业管理服务活动过程中突然发生的,可能对服务对象、物业管理企业和公众产生危害,需要立即处理的事件。

紧急事件处理可以分为事先、事中和事后三个阶段。

学习检测

一、不定项选择题

1. 物业管理风险是指由企业或企业外因素造成的,由物业管理企业承担的(　　)。

A. 可能损失　　B. 必然损失　　C. 一定损失　　D. 意外损失

2. 物业管理的风险类型包括(　　)。

A. 早期介入的风险　B. 前期物业管理的风险　C. 日常管理的风险　D. 合同风险

3. 前期物业管理主要是合同风险,合同风险具体包括(　　)。

A. 合同期限风险　　B. 合同执行的风险　　C. 合同订阅的风险　D. 合同编制的风险

4. 典型紧急事件，火警的处理程序有（　　）。

A. 了解确认起火位置、范围和程度　B. 向公安机关报警

C. 清理通道，准备迎接消防车入场　D. 组织现场人员疏散、抢救物资

E. 组织义务消防队控制火势　F. 封锁现场，直到有关方面到达

5. 业主在使用物业和接受物业服务过程中发生的风险主要有（　　）。

A. 违规装饰装修带来风险　B. 管理费收缴风险　C. 法律概念不清导致的风险

D. 物业管理员工服务存在的风险

6. 物业管理日常运作过程中，存在的风险有（　　）。

A. 管理费收缴风险　B. 公用事业费用代收代缴风险　C. 管理项目外包风险

D. 物业管理员工服务存在的风险　E. 公共媒体在宣传报道中的舆论风险

7. 物业管理风险的防范措施有（　　）。

A. 企业要学法、懂法和守法

B. 企业要抓制度建设，抓员工素质和抓管理落实

C. 妥善处理物业管理活动相关主体间的关系

D. 重视企业的宣传，树立企业良好的形象

E. 适当引入市场化的风险分担机制

F. 研究风险发生规律，加强控制和防范风险的能力

8. 物业管理紧急事件，是指在物业服务活动过程中突然发生的，可能服务对象、物业管理企业和公众产生危害，需要（　　）的事件。

A. 重视处理　B. 立即处理　C. 暂停处理　D. 推后处理

9. 处理紧急事件的要求有（　　）。

A. 尽可能控制事态的恶化和蔓延

B. 主动出击，直面矛盾，及时处理

C. 对原订的预防措施或应对方案要能灵活运用

D. 统一现场指挥，以免“多头领导”，造成混乱

E. 处理紧急事件应以不造成新的损失为前提

10. 紧急事件处理可以分为（　　）个阶段。

A. 事先准备　　B. 制定紧急事件沟通方式　　C. 事中控制　　D. 事后处理

二、简答题

1. 日常物业管理中的风险主要包括哪些方面？

2. 在制订物业管理风险防范措施时应把握的主要内容是什么？

3. 处理紧急事件的要求是什么？

4. 发生火警的主要应对措施有哪些？

三、案例分析题

1. 某日上午9:30左右，控制中心收到警报，发现C座6楼厨房有浓烟冒出，而当时该房房主不在家，事发后房主返回。

问题：

(1)面对此种情况应作如何处理？

(2)发生火警时，我们应采取的应对措施有哪些？

2. 夏季某日晚9时，因雷雨天气，小区突然断电，整个小区一片漆黑。

问题：

(1)面对这种故障，当如何处理？

(2)在小区中，我们应如何预防和处理电力故障？

综合实训

【实训目标】

熟悉和掌握紧急事件的主要应对措施。

【实训内容与要求】

将学生分组，分别到不同的物业管理项目部去调查和了解各种紧急事件处理的预案。

【成果与检测】

1. 各组撰写调查报告；

2. 班级汇报与交流。

参考文献

[1]裴艳慧.物业管理理论与实务[M].北京:北京大学出版社,2011.

[2]鲁捷.物业管理案例分析与技巧训练[M].北京:电子工业出版社,2007.

[3]劳动和社会保障部中国就业培训技术指导中心.物业管理员(师)国家职业资格培训教程[M].北京:中央广播电视大学出版社,2001.

[4]劳动和社会保障部中国就业培训技术指导中心.物业管理基础[M].北京:中央广播电视大学出版社,2004.

[5]苗长川,杨爱华.物业管理理论与实务[M].北京:清华大学出版社,北京交通大学出版社,2008.

[6]隋卫东,王淑华.房地产法[M].济南:山东人民出版社,2006.

[7]胡洁.物业管理概论[M].北京:电子工业出版社,2007.

[8]吴春岐,梦道文,王倩.房地产法新论[M].北京:中国政法大学出版社,2008.

[9]执业资格考试命题研究中心.2013全国物业管理师执业资格考试教材解读与实战模拟(物业管理实务)[M].南京:江苏人民出版社,2013.

[10]曲建国.物业管理实务[M].武汉:武汉理工大学出版社,2009.

[11]邵小云.物业管理工作手册(第二版)[M].武汉:化学工业出版社,2015.

[12]邵小云.物业客服培训[M].北京:化学工业出版社,2014.

[13]齐锡品,于冰,赵丽娜.物业管理理论与实务[M].北京:中国建材工业出版社,2002.

[14]卢恩平.物业管理实务[M].北京:中国轻工业出版社,2001.

[15]方芳,吕萍.物业管理实务[M].上海:上海财经大学出版社,2001.

[16]赵绍鸿.物业管理实务[M].北京:中国林业出版社,2000.

[17]孙兰,白丽华.物业管理实务与典型案例分析[M].北京:中国物资出版社,2002.

[18]鲁捷,付立群,胡振豪.物业管理法规案例分析[M].大连:大连理工大学出版社,2004.

[19]班道明.物业管理概论[M].北京:中国林业出版社社,2000.

[20]赵向标.物业管理操作制度范例[M].广州:海天出版社,2002.

[21]决策资源房地产研究中心.新地产物业管理利润V模式[M].广州:暨南大学出版社,2003.

[22]上海华联物业管理有限公司.华联商业物业管理企业标准[M].上海:上海科学技术出版社,2004.

[23]周宇,顾祥红.现代物业管理[M].大连:东北财经大学出版社,2001.

[24]李福平.物业管理学[M].上海:复旦大学出版社,2002.

[25]王在庚,白丽华.物业管理学[M].北京:中国建材工业出版社,2002.

[26]劳动和社会保障部中国就业培训技术指导中心.物业管理员(师)国家职业资格培训教程[M].北京:中央广播电视大学出版社,2001.

[27]谢凯.写字楼物业管理[M].广州:广东人民出版社,2002.
[28]谢凯.商场物业管理[M].广州:广东人民出版社,2002.
[29]谢凯.小区物业管理[M].广州:广东人民出版社,2002.
[30]刘存绪,万顺福,曾令秋.物业管理人员培训教程[M].成都:西南财经大学出版社,2003.
[31]张秀萍.物业环境管理与服务[M].北京:中国建筑工业出版社,2004.
[32]董傅年.社区环境建设与管理[M].北京:高等教育出版社,2003.
[33]王在庚.物业管理学[M].北京:中国建材工业出版社,2002.
[34]陈鹏志.现代物业管理范例精解与运营策略[M].延吉:延边人民出版社,2000.
[35]王秀云.物业管理概论[M].北京:高等教育出版社,2003.
[36]陈友铭.物业管理[M].北京:高等教育出版社,2003.
[37]杨振标,杨戟,陈德豪.物业管理实务[M].广州:中山大学出版社,2000.
[38]颜真,杨吟.物业管理危机处理及案例分析[M].成都:西南财经大学出版社,2002.
[39]劳动和社会保障部中国就业培训技术指导中心.物业管理基础[M].北京:中央广播电视大学出版社,2004.
[40]杨国龙.物业管理实务[M].北京:中国经济出版社,1997.
[41]中国物业管理信息网:www.pmabc.com
[42]中国物业管理网:www.100pm.net
[43]上海物业管理网:www.021wy.com
[44]焦点房地产网:www.house.focus.cn
[45]武汉市物业管理协会网站:www.warpm.cn
[46]湖南物业网:www.0731wy.com
[47]深圳物业管理协会网站:www.szpma.org
[48]房产之窗网:www.chomeday.com
[49]河南物业管理网:www.hnwygl.cn
[50]山东物业网:www.sdwuye.com

高职高专“十三五”物业管理专业系列规划教材

(1) 物业管理概论
(2) 物业管理实务
(3) 物业管理法规
(4) 房地产经营与管理
(5) 客户心理学
(6) 物业财税基础
(7) 物业营销
(8) 物业设施设备维护与管理
(9) 房屋维修与管理
(10)社区服务与管理
(11) 物业统计
(12) 智能建筑管理
(13) 合同管理
(14) 物业应用文写作
(15) 物业管理招投标
(16) 物业评估
(17) 物业环境管理
(18) 房地产开发与经营
(19) 房地产经纪人
(20) 房地产投资与评估
(21) 园林绿化
(22) 物业保险
(23) 建筑识图与房屋构造

欢迎各位老师联系投稿！

联系人：李逢国
手机：15029259886　办公电话：029－82664840
电子邮件：1905020073@qq.com　lifeng198066@126.com
QQ：1905020073（加为好友时请注明“教材编写”等字样）

图书在版编目(CIP)数据

物业管理实务/赵琴,洪媛主编. —西安:西安交通大学出版社,2015.11(2024.1重印)
ISBN 978-7-5605-8124-8

Ⅰ.①物… Ⅱ.①赵…②洪… Ⅲ.①物业管理 Ⅳ.①F293.33

中国版本图书馆CIP数据核字(2015)第288412号

书　　名 物业管理实务
主　　编 赵琴　洪媛
责任编辑 李逢国

出版发行 西安交通大学出版社
(西安市兴庆南路1号　邮政编码710048)
网　　址 http://www.xjtupress.com
电　　话 (029)82668357　82667874(市场营销中心)
(029)82668315(总编办)
传　　真 (029)82668280
印　　刷 陕西奇彩印务有限责任公司

开　　本 787mm×1092mm　1/16　**印张** 14.75　**字数** 349千字
版次印次 2016年1月第1版　2024年1月第5次印刷
书　　号 ISBN 978-7-5605-8124-8
定　　价 39.80元

如发现印装质量问题,请与本社市场营销中心联系。
订购热线:(029)82665248　(029)82667874
投稿热线:(029)82668133
读者信箱:xj_rwjg@126.com